《徐特立年谱》编纂委员会

徐特立年谱

《徐特立年谱》编纂委员会◎编

人民出版社

徐特立（1877—1968）

出版说明

徐特立（1877—1968），湖南长沙人，伟大的共产主义战士、杰出的人民教育家。早年创办长沙县梨江高小、长沙师范等学校，此后执掌、任教于长沙周南女子中学、湖南省立第一中学、湖南省立第一师范、湖南省立第一女子师范、湖南高等师范、延安自然科学院等众多学校，是毛泽东及蔡和森、何叔衡、李维汉、田汉、许光达等大批革命和建设人才的老师。他的一生，历经晚清、民国以及中华人民共和国三个时期，被誉为“光荣的一生，革命的一生，伟大的一生”。毫无疑问，这是一位曾经的志士、成功的先驱、睿智的长者，也是一位值得后人铭记与学习的榜样！

《徐特立年谱》的编纂意义重大，特对本年谱的编纂体例作如下说明：

一、本年谱在编纂中，尽量以可靠的资料为依据，力争翔实、准确、全面地对谱主一生的主要事迹进行客观陈述，一般不作评论。

二、记述谱主活动，一般省略主语。

三、按年月日顺序纪事，少数条目根据叙事需要采用纪事本末体撰写。

四、条文时间尽可能准确到日，日不清写旬，旬不清写月，月不清写季，且列于该旬、月、季之末尾，季不清者列于本年度之末尾。

五、日期一般都用阳历，重要的日期加注阴历，例：1877年2月1日（农历12月19日）、1937年1月30日（农历12月19日）、1947年1月10日（农历12月19日），等。

六、在史实的基础上，适当介绍了谱主的一些重要著作及其主要思想和观点，以便对谱主有更深入的认识。

七、与谱主有关的重要背景资料，或某些重大历史事件，适当收入，按时间顺序排列文中。

八、年谱中出现的人物，选取部分与谱主关系密切者，在文中第一次出现处，以脚注形式，对其出生年、籍贯、最主要的成就等做简要介绍，以方便读者阅读。

九、对部分存疑之处，在编纂时尽量做了考证，然后选取编者认为比较可靠的说法；少量暂时无法确定之处，同时载明不同观点，以供读者参考。

十、关于年龄，由于谱主出生、成长的年代习惯以阴历、虚岁计算，而后阴历阳历、虚岁实岁混用，极易造成混淆，尽管编纂时努力考证落实，但错讹之处在所难免，尚祈方家指正。

谨以此书纪念徐特立同志诞辰140周年！

《徐特立年谱》编纂委员会

2017年10月

目　录

1877 年　出生

2 月 1 日（农历丙子年十二月十九日） 出生于湖南省善化县[①] 五美乡（今属长沙县江背镇）荷叶塅一贫苦农民家庭。上有一个姐姐、一个哥哥，哥哥名立太（泰）。

祖父徐仁义，农民，略懂医道，在缺医少药的乡村，常热心为邻里乡亲诊病。晚年尤爱读书，除《本草纲目》、《伤寒论》之类的医药书籍外，还爱看《三国演义》、《水浒传》之类的旧小说。

父亲徐树兆，字景星[②]，勤劳朴实，不善言谈，靠辛勤耕种几亩薄田为生，农闲时烧窑或帮人赶脚、做零工，挣些收入弥补家用。

母亲胡氏，由于生活困难，劳动繁重，孕期产后调养不足，身体一向虚弱多病，才三十出头，就满面皱纹、未老先衰。

① 长沙历史悠久，秦王政二十六年（公元前 221 年）设郡，隋文帝开皇九年（589 年）改临湘县为长沙县，是为以长沙名县之始。宋哲宗元符元年（1098 年）划出县东南部分地区置善化县，中华民国元年（1912 年）复并入长沙县。

② 湖南省长沙师范学校编:《无产阶级教育家徐特立》，人民教育出版社 1986 年版，第 11 页。

祖父借助《康熙字典》，为新添的孙子取名“懋恂”[①]。懋，劝勉、勉励；恂，诚实、恭顺。老人不奢望孙子成“龙”，而是成为勤勉笃实的人。

按徐氏辈顺，又名“立华”。[②]

是年　中国近代最大旱灾的第三年，为有清一代“二百三十余年未见之惨凄，未闻之悲痛”，北方的陕西、山西、辽宁、河南、奉天等地灾情尤其严重。山西巡抚曾国荃在奏议中写道：“赤地千有余里，饥民至五六百万之众，大祲奇灾，古所未见”[③]。

① 徐特立非常珍惜“懋恂”这个名字，虽然后来更名“特立”，但仍经常使用“懋恂”，抗日战争时期写文章还经常以“懋恂”或“恂”为笔名。

② 据徐尚志等所编《中华徐氏通谱》（第一辑）记载，善化徐氏支系于1827年修谱时，从第18世起新编派字歌16字：“树立本经，敬宗克孝，才达名儒，庆延华诰。”据此，徐特立为徐氏该支系第19世。

③ 曾国荃：《曾忠襄公奏议》卷8。

1881 年　4 岁

2 月　清政府与沙俄签订《中俄伊犁条约》，收复伊犁地区。在此之前，沙俄强占伊犁地区长达 11 年之久。

11 月 14 日（农历九月二十三日） 母亲胡氏因病去世，葬漆家坑尾丙山，年仅 34 岁。

母亲去世不久，祖父病逝，家境更趋困窘，仅剩钱50余串。父亲与外祖母各出 50 串，买山地一块及茅房五间，两家合居。

与妹妹一起由外祖母抚育，哥哥跟父亲下地劳动。

因家庭变故，姐姐送熊姓人家做童养媳，哥哥亦娶一童养媳。

1883 年　6 岁

12 月　法军对驻守越南河内山西的清军发起攻击，中法战争爆发。

1884 年　7 岁

8 月　清政府对法宣战。

1885 年　8 岁

6 月　中法签订《越南条约》，中法战争结束，中国不败而败，法国不胜而胜。

是年　除夕夜，父亲上颜姓地主家讨取工钱，兄妹几人在家中等待，但直到大年初一早晨，才见父亲两手空空地回来。原来颜家仗势欺人，不愿付工钱。兄妹们含着泪水，凄楚地迎来新的一年。

1886年　9岁

是年　靠父兄资助入蒙馆读书。日后回忆：“前半年的蒙师，只能教学生读书，不能解释意义。后半年换了个蒙师，他很注重教我做人的道理。首先让我读朱柏庐的治家格言。这些道理既易懂又有用，对我的启发很大。随后又教我读杨椒山的遗嘱，读后使我流泪。这是杨椒山绑赴杀场以前给儿子留的遗嘱，极有感情。这篇悲痛的文章至今我还未忘却，可见感人之深。读了这篇文章以后，才教我读论语。然而，使我对书籍发生兴趣的，却是这两篇文章而不是论语。”①

是年　妹妹送陈姓人家做童养媳。

① 湖南省长沙师范学校编：《徐特立文集》，湖南人民出版社1980年版，第596页。

1889年　12岁

3月　慈禧“归政”，光绪帝亲政。

是年　居五美乡观音塘的伯祖父徐仁礼[①]去世。过继给伯祖母王氏为孙。伯祖父遗有三十石谷的水田；伯祖母61岁，半瘫痪。

娶小11个月的童养媳熊立诚，[②]一家老小三口，无劳动力，靠收租节俭生活。

伯祖母勤劳节俭，对家里的每一件事都有周密的筹划和安排，即如柴米油盐等事，均要做好一年的准备然后按月日分摊，不少亦不多。伯祖母自己穿的围裙上补丁叠补丁，连原来的底布也很难辨认了。

深受伯祖母节俭持家之风的影响，自谓：“节俭是我自小养成的生活习惯。”[③]

伯祖母家教很严，要求每日黎明早起，洒扫庭除之后大声朗读诗文，谓之“晨课”；夜晚为节省灯油，不让挑灯看书，不

---

① 据徐特立为伯祖父母所立墓碑，名为“仁里”。

② 一说：“十一岁接童养媳熊立诚。”参见林山：《徐老概谈自己的经历》，《徐特立研究》1990年创刊号，第19页。

③ 湖南省长沙师范学校编：《徐特立文集》，湖南人民出版社1980年版，第596页。

许外出串门走户，而是围坐身旁，进行治家教育。日后回忆："她经常以我高祖的贫穷，曾祖的起家，及祖父时代的没落，所以兴衰的原因，教育我们夫妇。我受祖母的治家教育最深刻，我一生刻苦和我妻能在二十岁以后脱离我独持家政五十年，都和祖母的教导有关。"①

① 湖南省长沙师范学校编:《徐特立文集》，湖南人民出版社 1980 年版，第 595 页。

1892 年　15 岁

8 月　沙俄出兵帕米尔地区，强占中国萨雷阔勒岭以西两万多平方公里领土。

是年秋　到南岳为伯祖母还愿。与同乡的十余个香客，共租一艘船去衡山。从小埠港上船启程，顺浏阳河驶入湘江，然后溯江而上。舟行四日，到南岳。到大雄宝殿向南岳圣帝敬香。两天后，依旧和同来的香客乘舟，经洣水入湘江，顺流而下，平安抵家。

是年　私塾换了个姓张的和尚老师，“他除教我读八股文外，还教我读佛家的禅宗语录。禅宗不立语言文字，反对不知意义的念诵和钻字句，其中有一偈云：‘十八木珠一串穿，终朝念佛涤心慊，可怜不识弥陀旨，数尽恒沙也罔然。’我读了这一偈后，就去了粗枝大叶不求甚解的恶习，而力求深入。禅宗破除一切执着。在御选语录中，曾有一王子问禅宗云：‘食肉者是，不食肉者是？’答云：‘食肉是王爷之禄，不食肉是王爷之福。’食肉与不食肉无严格的对立，这给了我启发，使我看问题时能掌握灵活性。同时，也懂得些唯心派的哲学。”①

① 湖南省长沙师范学校编：《徐特立文集》，湖南人民出版社 1980 年版，第 596 页。

是年 伯祖母去世，被迫辍学，在家边种田、边自学。①

是年 为寻谋生之职业，初学中医，后又学卜卦、算命、堪舆，“因我祖父业中医，且知卜卦算命和堪舆，于是我尽读祖父遗书，拟以医为职业”，由于“中国的医学理论与卜卦算命堪舆，同是以金木水火土，加以抽象化的理论为基础。于是我就成了医生和阴阳家，同时又是佛家，头脑完全封建化了”②。

虽然被迫辍学而自学，但也有另外的好处：“从九岁到十五岁，是在蒙馆念死书时代，全不了解内容和字义，先生和我一样不了解。十五岁时因没有钱读书，脱离了先生的束缚，得到了自由，开始脱离儒家经书的束缚而读最粗俗的农民能读的劝世文、歌本，最迷信的卜卦、算命、堪舆等书籍，给我以了解字义的机会，并且由劝世文进到看佛经，从禅宗的语录得唯心派的哲理，发展了我的思考力。”③“这是我思想杂乱的时期。”④

---

① 另一说：“十六岁叔祖父、叔祖母又相继去世，因丧负债而停学自学，兼教蒙馆。”参见林山：《徐老概谈自己的经历》，《徐特立研究》1990 年创刊号，第 19 页。

② 湖南省长沙师范学校编：《徐特立文集》，湖南人民出版社 1980 年版，第 597 页。

③ 同上书，第 104 页。

④ 同上书，第 596 页。

1894 年　17 岁

7 月　甲午中日战争爆发。

11 月　孙中山在美国檀香山创立兴中会，宗旨为“驱除鞑虏，恢复中华，创立合众政府”。

1895 年　18 岁

2 月　甲午中日战争以中国的失败而告终。

4 月　清政府与日本签订《马关条约》，将辽东半岛、台湾、澎湖列岛割让给日本，赔偿军费二万万两，开沙市、重庆、苏州、杭州为商埠，允许日本在中国内地办工厂等，中国进一步陷入半殖民地半封建社会的深渊。

5 月　康有为联合在北京会试的 18 省举人 1300 多人联名上书光绪帝，提出“拒和、迁都、练兵、变法”四项主张，史称“公车上书”。由此，变法维新运动的序幕拉开。

是年　湖南成为全国最富维新朝气的一省。谭嗣同、欧阳中鹄、唐才常等积极提倡变法；湖南巡抚陈宝箴、署按察使黄遵宪、督学江标及继任徐仁铸等积极支持变法。同年秋，谭嗣同、欧阳中鹄、唐才常等在浏阳创办算学社。10 月，陈宝箴与张祖同等创办和丰火柴公司，这是湖南最早的近代工业。

是年　决定放弃学医及卜卦、算命、堪舆，以教书为业，兼习科举，认为一面教书、一面读书，可以明理，有进步，又可以谋生。为此，到五美乡小塘湾教蒙馆，边教书、边自学；①

① 另据徐特立本人在《怎样当好乡村教师》一文中回忆，“在满清时代，甲午年起，我是农村里的蒙学教师，一直教了十年蒙馆”，则自 1894 年开始当塾师。

白天在蒙馆教书，晚上到七八里外的经馆，听王砚秋[1]先生讲授四书五经和八股时文。教蒙馆的收入很低，第一年只得三串钱，合大洋还不到四元。

① 王砚秋，生卒年不详，湖南长沙人。前清秀才，以讲授经学闻名乡里。

1896 年　19 岁

8 月　梁启超[①]、汪康年等在上海创办《时务报》。

是年　一批新式学校出现，如张之洞[②]创办的江南陆师学堂、湖北武备学堂、南京矿务铁路学堂及南京储才学堂，袁世凯创办的直隶武备学堂，王文韶创办的山海关北洋铁路官学堂，盛宣怀创办的南洋公学等。

是年　继续在乡村教蒙馆，自学读书、求学问。

① 梁启超（1873—1929），字卓如，号任公，又号饮冰室主人，广东新会人，近代著名政治家、学者，资产阶级改良派代表人物。早年倡导变法维新，后主张君主立宪，辛亥革命后曾任袁世凯政府司法总长，后任段祺瑞政府财政总长兼盐务总署督办。晚年致力于文化教育事业，倡导新文化运动。著有《饮冰室合集》等。

② 张之洞（1837—1909），字孝达，直隶南皮（今河北南皮县）人，同治进士，清末洋务派领袖。历任编修、学政、巡抚、总督、军机大臣、内阁大学士等职。主张“旧学为体，新学为用”。有《张文襄公全集》存世。

1897 年　20 岁

是年　湖南维新运动迅速发展：2 月，学政江标整顿校经书院；3月，江标、唐才常等刊行《湘学报》[①]；6月，岳麓书院改章，谭嗣同、欧阳中鹄将算学社扩大为算学馆；8 月，在陈宝箴、黄遵宪支持下，湖南创设时务学堂，熊希龄[②]为提调，梁启超任中文总教习，唐才常等任分教习；12 月，陈宝箴创练新军；同月，康有为第五次上书光绪皇帝，陈述民族危机的严重性，强调变法维新、救亡图存已刻不容缓。

是年　仍边教蒙馆边读书，曾致力于八股文和试帖诗的习读："二十岁开始读八股，因为没有先生的束缚，把八股乱读一通。在一年之中从考秀才用的官僚用的八股，进到明朝亡国时汉奸的八股（投降的项水心），反满清的民族英雄的八股（金

① 《湘学报》是湖南发行的第一份新式报纸，创刊于 1897 年 3 月 21 日，终刊于6 月 21 日，共出 45 册。为线装旬刊，曾名《湘学新报》，从第 21 册起，改名《湘学报》。办刊目的为开化湖南风气，宣传维新变法。这份报纸不仅宣传维新派的思想主张，还用不少篇幅介绍西方资本主义国家的政治、经济、文化以及自然科学知识等。

② 熊希龄（1870—1937），字秉三，湖南凤凰人。近代社会活动家、实业家、教育家和慈善家，曾任民国国务总理兼财政总长、世界红十字会中华总会会长等职。著有《双清集》、《东三省盐法志》、《香山集》等。

声[①]和黄淳耀[②]在明末死难）。”[③]

读八股时有心得，在项水心的一篇八股文中，从“身不正窃恐有人窥我也；心不正窃恐有人疑我也”的句子里，看出了汉奸的丑恶面目，认为项水心这种人的虚伪道德和漂亮言论，只不过是掩盖变节罪恶的烟幕弹。读黄淳耀的“畏祸深，则中情回惑，反并其可以获祸者而蹈之”，金声的“不避万物之怨者，乃能任万物之德；不畏物议之讥者，乃能求一心之安”等，深受其中蕴含的民族英雄气节所影响，激发了反对清朝腐败政治的情绪，认为“明朝亡国时的八股表现他们愤慨的，悲哀的，投降的三种精神，比较官僚时代的八股有声有色”。

是年　试作过 11 篇八股文，持此到长沙城向举人陈云峰先生请教，被评“有一隙之明”；半年后，再向举人先生求教，举人以纸扇相赠，上题：“读书贵有师，尤贵有书。乡村无师又无书，但书即师也。张之洞的《书目答问》[④]即买书之门径，《輶

---

① 金声（1598—1645），字正希，安徽休宁人，明末抗清义军首领。

② 黄淳耀（1605—1645），字蕴生，苏州嘉定（今上海市嘉定区）人，明末抗清义军首领。

③ 湖南省长沙师范学校编：《徐特立文集》，湖南人民出版社 1980 年版，第 104 页。

④《书目答问》系张之洞在同治十三年（1874 年）任四川学政时，为指引学生读书门径而编撰。全书共 5 卷，收书 2200 余种。所收图书都经过精心选择，较注重收录清后期的学术著作和科技图书。按经、史、子、集、丛书 5 部分类编排，大类之下再设小类，同类书按时代先后排列。著录书名、作者姓名（当世作者只记“今人”）、版本等。版本以当世习见为主。重要图书还撰有按语，指明阅读方法。书后附《别录》和《清朝著述诸家姓名略》。

轩语》① 即读书之门径。读此二书，终身受用不尽。”遂听此建议，购买《輶轩语》、《书目答问》，作为读书的指南。日后回忆：“一生知道读书方法，就得益于这位先生。”②

是年 教蒙馆因教得好，收入增加到20吊钱，但仍生活困窘。自谓：“反对考秀才用的八股，同时使我得不到秀才，使我在物质生活上受到很大的痛苦。”③

在半教半读中，虽然物质生活困窘，在学习上的收益却很大，期间跟一位懂得古数学的先生学了一个月的算学，学习时按先生“指定的书和指定的学习次序自己去学”，破除一切成法，从罗士琳的《比例汇通》、华蘅芳论微积分及《周髀算经》中得出算术与几何应融会贯通，不能截然分开，“粉碎了学科学的教条”，加上自己的不懈钻研，“一年后我就找到了门径”，在古算学、地理及自然科学方面得到了较显著的收获。

是年 制定“十年破产读书计划”，即将每年教书所得的二十串钱作为家里的生活开支，而将伯祖母留下的几亩薄田（一年可收二十石谷）逐年变卖，专门用来买书，期以十年，把

---

① 《輶轩语》系张之洞为成都尊经书院撰，全书分上篇“语行”、中篇“语学”、下篇“语文”三部分。语行篇从德行、人品、立志、气节及日常行为规范等方面，或正面倡言或严以告诫，对学子提出要求。语学篇从“通经”、“读史”、“读诸子”、“读古人文集”及“通论读书”诸方面论述为学之道，作初学有志者“阶梯之阶梯，门径之门径”。语文篇分时文、诗赋、经义、策论等，“举其有关程式及时俗易犯者”予以指教。并强调，读书宜求善本，不能畏难，要“期于明理，明理归于致用”。

② 湖南省长沙师范学校编：《徐特立文集》，湖南人民出版社1980年版，第597页。

③ 同上书，第105页。

书读通，这样也就势必破产。制订计划后，根据《书目答问》和《輶轩语》，有计划、有目的地读书、买书，一些价格很高的大部头书如《十三经注疏》、《读史方舆纪要》、《御批资治通鉴》等，也都一一买回来。

是年 苦读经史子集之余，接触《湘学报》。

1898年　21岁

2月　南学会正式开展活动，湖南第一份日报《湘报》创刊。该报由熊希龄、梁启超、谭嗣同、唐才常等担任董事，唐才常任主编，广泛宣传变法维新思想。

6月　光绪帝颁布诏书，实行变法，旨在学习西方文化、科学技术和经营管理制度，发展资本主义，建立君主立宪政体，使国家富强。

9月　慈禧太后发动政变，光绪帝被囚禁，康有为、梁启超分别逃往法国和日本，谭嗣同等“戊戌六君子”被杀，变法失败。在湖南，南学会被裁撤,《湘报》停刊，陈宝箴、江标、熊希龄等被革职，湖南新政除保卫局改为保甲局、矿务局被保留外，其余一律取缔。

是年　阅读《湘报》，尤喜梁启超、谭嗣同文笔泼辣、议论纵横、富有鼓动性的文章，一度以康梁的信徒自居。日后自述：“遇着戊戌政变，给我一个非常大的刺激，因为丁酉年（1897年）我自见过省政府办的工厂，看过《湘报》，亲见八股取士的废除。忽然抚台撤职了，学台撤职了，一切又复旧，六君子或逃或杀，我头脑中有很深的印象。”①

① 湖南省长沙师范学校编:《徐特立文集》，湖南人民出版社1980年版，第107页。

1899 年　22 岁

是年　帝国主义对中国的侵略不断加深和扩大。美国提出“门户开放”政策，法国强租广州湾。岳州（今岳阳市）正式开埠，湖南开始直接遭受帝国主义经济势力侵略。

是年　义和团运动兴起。湖南衡山农民、芷江农民起事。

是年　继续在乡村教蒙馆和实施“十年破产读书计划”。

1900 年　23 岁

5 月　英、法、德、美、日、俄、意、奥等国派遣联合远征军入侵中国，镇压义和团运动。

6 月　清政府向各国宣战。

7 月　湖南衡州发生教案。

8 月　八国联军攻下北京，慈禧太后仓皇出逃西安，途中下令剿杀义和团，并谋与列强妥协。

同月　唐才常在武汉领导自立军起义，遭湖南巡抚俞廉三镇压。

是年　继续在乡村教蒙馆和实施“十年破产读书计划”。

1901 年　24 岁

1 月　慈禧太后下诏变法，要“取外国之长”、“去中国之短”，开始实行“新政”。

3 月　湖南巡抚俞廉三以办理教案不力，被革职留任；秦力山在日本创办《国民报》，宣传资产阶级民主革命思想。

8 月　清廷创设江鄂书局（后改江楚书局），编译书籍。

同月　清政府下令改革科举考试内容，废止八股文体，在考试中增加政治、历史、地理、军事等科目。

9 月　清政府与英、法、德、美、日、俄、比、意、奥、西、荷 11 国签订《辛丑条约》，赔偿白银四亿五千万两，分三十九年还清，本、息合计九亿八千余万两，以关税及盐税作抵押，史称“庚子赔款”。

同月　清政府命各省选派学生出国留学。

是年　继续在乡村“教书兼习科举业”。耳闻目睹百姓生活在水深火热中，痛心疾首，赋诗一首以表达心中之忧愤：“为恶既无恶报，为善既无善报。何必安分守己，不做土匪强盗？”①

① 湖南省长沙师范学校编，陈志明执笔：《徐特立传》，湖南人民出版社 1984 年版，第 14 页。

1902 年　25 岁

3 月　湖南开始学制改革，将求实书院改为省城大学堂，并令各府厅州县开办中小学堂和蒙养堂，委派胡珍、俞诰庆、胡元倓[①]等12人前往日本，考察教育，培养师资。湖南自费留学日本也开始兴起。

7 月　湖南发生“辰州教案”。群众认为辰州发生瘟疫系洋人施毒所致，将两名英国传教士殴毙，捣毁教堂，酿成严重中外交涉。清政府严办此事，涉事文武官员，下自知县、都司，上至知府、总兵，或被革职，或被发边，甚至被斩首，普通民众先后被杀害者达10余人。[②]

8 月　清政府颁布“钦定学堂章程”，亦称“壬寅学制”，对辛丑年以后设立的各级各类学堂的学制、入考方式、教学内容等，作出一系列规定，这是中国近代教育体系整体设计的最初方案。

是年　继续在乡村教蒙馆和实施“十年破产读书计划”。

---

① 胡元倓（1872—1940），字子靖，号耐庵，湖南湘潭人。近代教育家，曾创办明德中学、经正中学、明德大学等。

② 参见王佩良:《1902年辰州教案真相》,《文史博览》2008年第4期。

1903 年　26 岁

是年　新任湖南巡抚赵尔巽将岳麓书院改为高等学堂，此系湖南省第一所文理兼备的高等学府。同年，创办湖南师范馆，为湖南正规师范教育之始。女子教育也在民间开始兴起，如影珠女学、湖南民立第一女学堂、淑慎女学等，但遭顽固势力非难而更名或停办。

是年　继续在乡村教蒙馆和实施“十年破产读书计划”。

1904年　27岁

1月　清政府颁布“奏定学堂章程”，亦称“癸卯学制”，将学校教育分为三段六级：小学为九年，中学为五年，高等教育六至七年，并规定由普通学堂、师范学堂、实业学堂分别实施普通教育、师范教育和职业教育。这是中国近代第一部由国家颁布实施的教育法规。

2月　黄兴、宋教仁等在长沙成立华兴会。

3月25日至4月3日（农历二月初九至二月十八）　中国历史上最后一次会试在河南开封举行。为庆祝慈禧太后70大寿，由正科改为恩科，是称“甲辰恩科”。直隶肃宁人刘春霖成为“末代状元”。

是年　大女儿徐守珍（又名徐静涵）出生。①

---

①　徐特立夫妇生子女9人，但长大成人的只有4人，即：徐守珍（1904—1973）、徐笃本（1905—1927）、徐陌青（1916—1994）、徐厚本（1917—1938）。

1905 年　28 岁

3 月　赴岳州（今岳阳市）参加科举考试。其时，清廷推行新式教育，明令取消八股取士，改考经文，并加试历史、地理。历史考题为《张居正毁天下书院论》，地理考题为《汉之安息即今波斯，条支即今亚拉伯辨》。初试在三千多名考生中位列第 19 位。

在一位不相识的预考朋友资助下交一元钱的复试费，参加复试。

另一说：徐特立参加初试后，因缺复试费又不愿接受富家公子资助，遂放弃复试，并作《言志》诗一首："丈夫落魄纵无聊，壮志依然抑九霄。非同泽柳新梯弱，偶受春风即折腰。"[①] 并改"懋恂"之名为"特立"，以示特立独行、高洁自守、不同流俗、出淤泥而不染的清高思想。

考试后返家，各处学堂争相延聘，年薪由 14 串升到 60 串。生计问题基本解决。日后回忆："我从二十岁到三十岁时，面前摆着习科举和求学问的歧途，又摆着或破产购书，或守财不学这两个歧途，要我抉择。我终抉择了其中之一，结果证明做对

① 武衡、谈天民、戴永增主编:《徐特立文存》(第一卷)，广东教育出版社 1995 年版，第 2 页。

了。”[1]“十年破产读书计划”取得成功。

本月　留日学生朱剑凡[2]归国，先在周震鳞[3]创办的宁乡速成师范学校教书，后将长沙泰安里私宅的半边园林“蜕园”辟为校舍，创办周氏女塾。

是年春　邀塾师好友姜济寰[4]、何雨农[5]赴长沙望麓园，入读宁乡驻省中学师范速成班。学习之余，阅读《民报》、《猛回头》、《浙江潮》、《新湖南潮》等新式报刊。日后回忆：“这时我的科学已远在教员之上，不过过去所学的都是旧的，在

① 武衡、谈天民、戴永增主编:《徐特立文存》(第五卷)，广东教育出版社1995年版，第339—340页。

② 朱剑凡(1883—1932)，原名周家纯，湖南宁乡人，教育家。1905年创办周氏女塾，1919年与陈润霖等创立健学会；1920年被选为湖南省议员，参加国民党“一大”，历任国民党长沙市党部常委、省政府委员等职。1930年参与发起自由运动大同盟。

③ 周震鳞(1875—1964)，字道腴，湖南宁乡人，曾任湖南高等学堂、京师大学堂等校教员。1903年与黄兴组织华兴会，任同盟会湘支部长，参加辛亥革命和讨袁、护法诸役，后任国民政府委员、国民党中央监察委员。新中国成立后任第一届全国政协委员、湖南军政委员会顾问，第一、二届全国人大代表等职。

④ 姜济寰(1879—1935)，号咏洪，湖南长沙人，早年为湖南立宪派骨干，辛亥革命后任长沙县首任知事、国民党湖南支部评议员、湖南省财政厅厅长。1922年后历任省议会议员、湘军总司令部秘书长、江西省政务委员会主任和国民党江西省党部执行委员。1927年参加南昌起义，后流亡日本。1929年任南京国民政府行政院参议。

⑤ 何雨农，又名何劲，湖南长沙人，民主教育家。曾参加辛亥革命。1912年任湖南演说团团长，办《演说报》(1914年改为《通俗教育报》)，反对袁世凯称帝，反对汤芗铭的统治，被捕入狱，出狱后任湖南通俗教育馆馆长。

四个月中一切科学知识却有新的发展，尤其是在革命学说方面，走上了反康梁而相信孙文的道路。"[①] 学习4个月，结业。周震鳞校长鼓励学生加入民主革命行列："我们办这个学校，不是培养你们当一个好教员，得到社会上的名誉地位，更重要的是希望你们创造事业，创造有利于国家民族的事业"，深受影响。

7月 与姜济寰、何雨农等在榔梨镇创办梨江高等小学堂，负责教学事务。学校以开发民智、教育救国为宗旨，专招农民子弟入学，附设速成师范班和女子班，改变了长沙附近农村没有新式学堂的状况。

为办好学堂，提出"多教课，只吃饭，不要工资"。

8月 中国同盟会在日本东京正式成立，推孙中山为总理，以"驱除鞑虏，恢复中华，创立民国，平均地权"为宗旨。这是中国第一个全国性的资产阶级革命政党。

9月13日 正值中秋节，妻子生下第二个孩子，大孩子正患痢疾。为兼顾家庭和学校，在此后约半个月的时间里，上午讲完4节课，随后步行50华里赶回家为妻儿熬药、煮饭、洗衣，次日天不亮又赶到学校上课。

本月 袁世凯、张之洞奏请立停科举，以便推广学堂，咸趋实学。清廷诏准自1906年开始，所有乡会试一律停止，各省岁科考试亦即停止，并令学务大臣迅速颁发各种教科书，责成各督抚实力通筹，严饬府厅州县赶紧于乡城各处遍设蒙

---

① 武衡、谈天民、戴永增主编:《徐特立文存》(第一卷)，广东教育出版社1995年版，第141页。

小学堂。

11 月　同盟会机关报《民报》创刊。

是年秋　与熊瑾玎[①]、唐怡臣[②]创办五美乡初级小学。

① 熊瑾玎（1886—1973），湖南长沙人，革命活动家。1927 年加入中国共产党，历任中共中央机关会计、新华日报社总经理、晋绥日报社副总经理、中国红十字会副会长等职，全国政协第一届至第三届委员。著有《熊瑾玎诗草》、《革命老人徐特立》等。

② 唐怡臣，湖南长沙人，民主教育家。

1906年　29岁

是年春　应朱剑凡之邀，受聘至周氏女塾任教，以国文教学为主，兼教地理、历史、数学、化学等课程。

6月　陈天华①、姚宏业②归葬岳麓山，长沙数万名男女青年身着白色制服，为之举行盛大的葬礼。

7月　受聘为周震鳞等创办的修业学校中学部教员，担任国文课教学。

是年　研读黄兴、陈天华、秋瑾、杨毓麟③、姚宏业等人

---

①　陈天华（1875—1905），湖南新化人，近代民主革命家。1903年留学日本，参与组织拒俄义勇队和军国民教育会，著《猛回头》、《警世钟》等书，宣传革命思想。次年，参与组织华兴会。1905年加入同盟会，担任书记部工作和《民报》编辑。12月，在东京参加抗议日本政府《取缔清韩留日学生规则》的斗争，投海自杀。著有《陈天华集》。

②　姚宏业（1881—1906），湖南益阳人。1904年赴日留学，设路矿学校，首倡保护路矿主权，次年加入同盟会。因反对日本政府颁布《取缔清国留日学生规则》，愤而归国。在上海创办中国公学，被推为干事。因感怀国事，1906年4月投黄浦江而死。

③　杨毓麟（1872—1911），湖南长沙人。曾任时务学堂教习。1900年参与自立军起义。1902年与黄兴等创立“湖南编译社”，任《游学译编》主编。撰写《新湖南》，宣传革命。1903年参加拒俄义勇队，参与创立华兴会。1905年在上海成立同盟会联络机关。后留学英国，闻广州黄花岗起义失败，于1911年8月投利物浦大西洋海湾，以身殉国。

的文章。对陈天华的《猛回头》、《警世钟》、《中国革命史论》和《警告湖南人》等诗文和杨毓麟的《新湖南》一文，赞佩之情“至于五体投地”[①]。

与朱剑凡交流对时局的看法，决定“利用周南女校做我们鼓吹革命的机关”[②]。

任教周南期间，以“教学要与社会生活相结合，要为社会改造和建设服务”为办学宗旨，改“垂帘施教”为面对面讲授，并同国文教员黄厘叔合作，创作《周南女校校歌》：

> 地处长沙，山环水重深深锁，女校修明，应推先进周南我。毁家兴学，蒙难开基，创出文明母。到如今，三湘七泽有蜚声，郁郁、欣欣、芬芬、馥馥如花朵。同学们，静心学业，静心学业。发放我历史之光荣，效忠祖国，效忠祖国，永获光荣果。

是年 支持乡董熊瑾玎开办五美乡李氏学校速成师范班和女子职业学校。

---

① 武衡、谈天民、戴永增主编:《徐特立文存》(第二卷)，广东教育出版社1995年版，第236页。

② 同上书，第143页。

1907 年　30 岁

8 月　共进会在日本东京成立，主要领导人是同盟会会员焦达峰[①]、日知会会员孙武等。

是年夏　谭延闿[②]、杨度[③]等在长沙发起成立湖南宪政公会。

是年　先后应聘到明德、长郡等中学任教，实践和推崇少而精的学习方法："我学《说文》，不晓得写篆文，晚上睡不着及走路时用手指在手掌中写来写去。我读《说文》部首五百四十字，一年读完，每日只读二字。我在修业中学教学生学《说文》

---

① 焦达峰（1887—1911），湖南浏阳人，同盟会会员，近代民主革命者。武昌起义后，率先响应，发动长沙起义，光复湖南，被推为都督，后因新军兵变被害。

② 谭延闿（1880—1930），湖南茶陵人，曾任湖南督军、省长，广州陆海军大元帅府大本营内政部部长，湖南省省长兼湘军总司令，建国军北伐军总司令，国民革命军第二军军长，代理武汉国民政府主席，中央政治委员会主席，代理国民党中央党部主席，国民政府主席、行政院院长等职。

③ 杨度（1874—1932），湖南湘潭人，政治活动家。1902 年留学日本，参与《游学译编》的创办。1907 年创办《中国新报》，主张君主立宪。1911 年任袁世凯内阁学部大臣，组织国事共济会。1914 年任参政院参政。1915 年组织筹安会，策划恢复帝制。后倾向革命，1922 年加入国民党，1929 年加入共产党，1932 年因病去世。

部首，要他们每日记一字，做两年学完，他们偏要星期六一日同时学六个字，我要他们背写，多半不能写出，正是要一时多学之害。我读书总是以少为主。”[①]

① 武衡、谈天民、戴永增主编:《徐特立文存》(第一卷)，广东教育出版社1995年版，第23页。

1908 年　31 岁

6 月　与朱剑凡组织发动长沙城内各公私立学校，共同发表宣言，举行湖南最早的一次罢课运动，反对湖广总督张之洞将“官督商办”的粤汉铁路筑路权收归“国有”。

是年　走访长沙、善化、浏阳等县的许多中小学教师，交换教育改革的意见。

1909 年　32 岁

4 月　以"拒债"、"集股"、"请归商办"为号召的湖南保路运动爆发。咨议局和商务总会粟戡时[①]、李达璋等组成湘路协赞会，致力于集股修路。

7 月　焦达峰化名左耀国自武汉返长沙，在太平街设立共进会机关，策划两湖革命运动。

本月　主张以平民教育"开发民智"，与周南几位教员一起，在长沙北门外李大中丞祠创办湖南第一所平民夜校，招收码头工人、人力车夫、泥木工人、店员、校工等，开设国文、算术、地理和国耻小史。既给学员传授基本的文化知识，又灌输爱国思想，鼓励他们投入反清反帝的革命斗争。这是长沙扫除文盲之始。

9 月　湖南省咨议局成立。

10 月 7 日　与姜济寰、黄宗彝、朱剑凡、黎先理、周阑本、彭叙畴、骆崇杰、易象垚、黄锡卣、曹惠、楚润珩发起成立夜

① 粟戡时（1882—？），湖南善化（今长沙）人。1909 年任湖南咨议局议员，次年参与保路运动，1911 年春任湘路协赞会副会长，同年 7 月参与发起辛亥俱乐部湖南支部。辛亥革命后任湖南参议院议员、都督府外交司长。1912 年任国民党湖南支部评议员。1913 年创湖南筹蒙会，任副会长。后任长沙群治大学校长。

学堂，其招生白话文广告如下：

我们为日里不能读书的起见，在北正街骆家祠堂开一个夜学堂，教认字，教写信，教打算盘，教做人的道理，无论做手艺的，做生意的，都可以听讲，不要一个钱学俸。报名的时候，只要交钱一百文做书本钱。你们有想读书的只要年纪满了十四五岁，请一个铺家作保，到纶章绸布庄、豫丰泰南货店、同文明刻字店等处报名，只有已在各小学堂读书的就不收。[1]

12 月 8 日　以校董兼教员身份，在修业学堂操坪给全校师生作时事报告，断指血书[2]，以示反帝爱国的决心。

① 参见《夜学招生》,《长沙日报》1909 年 10 月 8 日。

② 关于血书的内容，有两种说法：一为"请开国会，断指送行"，参见伊杰《徐特立"断指血书"事件考》、梁堂华《徐特立"断指血书"内容考辨》等；一为"驱逐鞑虏，恢复中华"，参见《徐特立传》等。

1910 年　33 岁

1 月　湖南省提学使司在长沙古稻田创建省立女子师范学堂①，附设女子小学堂、蒙养院保姆讲习所。

2 月　在朱剑凡资助下，赴上海参加江苏教育会主办的单级小学教师训练班学习。训练班老师有俞子夷②、杨月如③等。日后回忆："学了半年，我的成绩不及格，因为我不大安分，不好看心理学和伦理学等类的书籍。我好参观在上海的各种教育活动。无论那里开运动会，开展览会等我必到，每天五六小时的课，至多我上四小时就跑了，去进行我的参观考察工作，所

---

①　该校于 1912 年改名湖南省第一女子师范学校，1928 年改为省立第二中学，1934 年改为省立长沙女子中学，1939 年并入省立第一临时中学。

②　俞子夷（1886—1970），江苏吴县人，教育学家。南洋公学肄业。曾任东南大学、浙江大学教授。新中国成立后，曾任浙江省教育厅副厅长、厅长。毕生从事小学教育的实验和研究，著有《一个乡村小学教员的日记》、《小学算术科教学法》等著作。

③　杨月如（1873—1916），江苏川沙（今上海）人。1902 年留学日本。1905 年担任沪上教育研究会干事。1907 年参与创办上海速成师范讲习所。民国初担任江苏省立第一师范学校校长。1915 年奉北洋政府教育部命赴北京会商编审教科书，因车祸去世。著有《单级教授法》、《实用主义小学教育法》等。

以考书本不及格。”[①]

3 月 长沙爆发抢米风潮。杨文鼎署理湖南巡抚。

7 月 从训练班结业。由上海东渡日本，考察日本小学教育。在留日湖南学生的帮助下，重点研读日本教育学术研究会编写的《小学校事汇》、《三十六个优良小学校》等著作，同时进行实地参观学习，历时两个月。

10 月 回到长沙，接任周南女校校长，朱剑凡任董事长。日后回忆:“这时我任周南的校长，兼教员，每一天上课总是五点钟左右。全校有中学、师范及小学，学生三百余人，公家津贴每年纹银四百两，我和校中一切教员都是平等薪俸制，每人每月十元整。”[②]

创办《周南教育》周刊。日后回忆:“这杂志是我发起的，文章就是我和周南的同事以及学生写的。我自己校对，自己发行，自己筹款。……当着辛亥革命的前夜，我的文章就被反动势力压榨出来了，而学校的艰难，和家中的困难，以及建立该校的主人朱剑凡先生毁家兴学，该校教职员的薪俸不足养家等等，都是我写文章的刺激物。我对于教育得有一知半解，还是辛亥革命前夜的环境给我的。”[③] 杂志刊发上海、日本小学的经验介绍，对小学学制、课程、教材、教法、成绩考核、品德培养、教师生活等方面的探讨，以及师生的各种建议、质疑、研

① 湖南省长沙师范学校编:《徐特立文集》，湖南人民出版社 1980 年版，第 602 页。

② 武衡、谈天民、戴永增主编:《徐特立文存》(第二卷)，广东教育出版社 1995 年版，第 55—56 页。

③ 同上。

究心得等，为湘省民办教育刊物之开端。

12 月　走访长沙、善化、浏阳等县的中小学教师，同他们交换发展新教育的意见，并收集各校的学生课卷，集中展览，比较优劣，为了解、研究中小学教育获得第一手资料。

是年　年底至次年春，倡导及推动湖南教育会在长沙举办全省学生首次成绩展览会，主持其事并任评论员，写出《成绩批评手册》。

1911年　34岁

2月　辞去周南女校校长职务，任教于长沙单级教授训练所，主教《单级教授法》。同时，继续在北门外李大中丞祠开办平民夜校，学员发展到200多人。

是年春　参与组织和发动湖南“反对铁路国有”运动。

5月至7月　资产阶级革命派、立宪派团体或政党纷纷在湘开展活动。革命派方面：5月，共进会和文学社谋划两湖首先起义；6月，宋教仁、谭人凤等在东京召集11省区同盟会分会长会议，决定组织中部同盟会，以推进长江流域革命运动；7月，在上海召开成立大会，推谭人凤、宋教仁等为总务干事，并发布宣言和章程，总机关设上海，湖南设有分部。立宪派方面：6月，孙洪伊、汤化龙、谭延闿等在北京发起成立宪友会总部，推定谭延闿在长沙发起成立宪友会湖南支部；6月，资政院议员长福、罗杰、易宗夔等在北京发起组成辛亥俱乐部；7月，李达璋、罗杰、粟戡时等在长沙发起成立辛亥俱乐部湘支部。

7月15日　省城教育总会举办长、善两邑教育成绩展览会。

本月　经常与何雨农交流同盟会的情况，并找革命党人林伯渠[1]了解革命形势，表示追随孙中山，加入同盟会。

10月10日　武昌起义爆发。

10月22日　湖南革命党人焦达峰、陈作新[2]发动新军起义，中华民国湖南军政府宣告成立，焦达峰、陈作新任正、副都督。

长沙新军起义胜利后，被推选为湖南省临时议会副议长。两月后即辞职，“我还是回到教育界去，用教育来改革人心罢！从此以后，我就变成一个教育救国论者”[3]。

10月23日　中华民国湖南军政府更名为中华民国军政府湖南都督府，下设民政、军政两部。民政部下设民政、财政、教育、司法、交通、外交6司。任教育司科长。

10月31日　新军50标2营管带梅馨发动变乱，焦达峰、陈作新遇害。谭延闿被省咨议局推选为都督。

11月1日　教育司改为学务司，直属都督府，陈润霖[4]任

---

① 林伯渠（1886—1960），湖南临澧人。无产阶级革命家、教育家，党和国家重要领导人之一。早年加入同盟会。1921年加入中国共产党。曾参加南昌起义、长征等，任陕甘宁边区政府主席。新中国成立后，历任中央人民政府委员会秘书长，全国人民代表大会常务委员会第一、二届副委员长。

② 陈作新（1885—1911），湖南浏阳人。早年加入同盟会，曾任新军二十五混成协排长、教官。1911年武昌起义后，与焦达峰约集新军于10月22日攻占长沙，成立军政府，被举为副都督，后因新军兵变遇难。

③ 武衡、谈天民、戴永增主编:《徐特立文存》(第一卷)，广东教育出版社1995年版，第144页。

④ 陈润霖（1879—1946），湖南新化人，教育家。1902年留学日本，1906年归国，在长沙创办楚怡小学堂，参加立宪运动。1910年创办楚怡工业学堂。辛亥光复，任都督府教育司司长。1918年，当选湖南省教育会会长，1919年发起组织健学会。1939年当选湖南第一届临时参议会副议长。

司长，何衢任次长。

是年秋　应五美乡民众的要求，多方奔走，促成在丁家冲设立拥有高、初级小学，附设师范专修科的公立高等小学校，推荐唐怡臣任校长。

1912年　35岁

1月1日　中华民国在南京宣告成立。

1月8日　湖南省教育会在长沙成立，符定一[①]任会长，胡元倓任副会长。

2月12日　宣统帝下诏退位。

2月13日　袁世凯通电赞成共和，参议院选举其为临时大总统。

是年春　辞去湖南省教育司科长职务，任善化县第一高等小学堂（后改为长沙县立第一高等小学堂）校长。

3月　应长沙县首任知事姜济寰之请，创办长沙县立师范学校，担任校长兼教员。为全省第一所县办正规中等师范学校。校址设在善化学宫。

3月19日　长沙县立师范正式开学，招收6个班，其中5年制本科两个班，1年制一部讲习科两个班，半年制二部讲习科两个班，共300余人。

---

① 符定一（1879—1958），湖南衡山人。京师大学堂毕业，曾任岳麓书院山长、湖南省教育会会长、湖南高等师范学校校长、湖南省立第一中学校长、北洋政府财政部次长。新中国成立后，历任政务院文化教育委员会委员、中央文史研究馆馆长等职。是第一届全国人大代表，第一、二届全国政协委员。编有《联绵字典》，著有《新学伪经考驳谊》等。

7 月　任修业学校校董兼教员。

9 月　选定长沙城北荷花池泐潭寺为长沙县立师范校址。

10 月　为祝贺长沙县立师范半年制二部讲习科第 1 班学生毕业而撰《毕业歌》：①

休夸长沙十万口，子弟不教非我有。

十八乡镇半开化，少数通人难持久。

莫谓乡村阻力多，盘根错节须能手。

莫谓乡村馆谷薄，树人收获金如斗。

大家努力树桃李，使我古潭②追邹鲁。

11 月　与湖南各界人士两百余人发起成立湖南提倡国货会，③得到湖南民政司刘人熙、仇鳌等人的支持。

年底　因南北军阀混战，长沙县立师范学校经费极度紧张，濒临断炊停课。遂将学生先后带到简陋的李公庙、城隍庙坚持上课，而将校舍出租给省立第一中学，每月 400 银元房租，弥补办学经费之短缺。

是年　加入同盟会。

是年至 1915 年　受聘至宁乡驻省师范学校（前身为 1902 年由周震鳞创办的宁乡驻省中学速成师范科）任教，讲授《国文教授法》。

---

① 参见武衡、谈天民、戴永增主编：《徐特立文存》（第一卷），广东教育出版社 1995 年版，第 4 页。

② “古潭”即长沙，长沙旧称潭州。“邹鲁”，原指春秋时期的邹国和鲁国，因孟子生于邹，孔子生于鲁，故为文教兴盛之地的代称。

③ 参见《湖南提倡国货会发起宣言书》，《长沙日报》1912 年 11 月 12 日。

1913年　36岁

1月　将丁家冲高级小学搬到观音庙，同五美乡初级小学合并，改为五美乡高级小学，招收贫困农家子弟100余人入学。熊瑾玎代理校长，熊立诚负责事务工作。

为五美高级小学提出“勤、俭、公、实”的校训：“这勤字，就是勤劳、勤快。我们在学校里要勤读书，在家里要勤劳动，做一个勤快的好学生。这俭字，就是节俭、俭朴。我们不论在什么时候，都要注意节约俭朴，不要铺张浪费，你们从小就要养成这样的习惯。这公字，就是公正，秉公无私，办事公道。一个人不管做什么事情，首先要考虑大家，不能只顾个人，养成自私自利。这实字，就是老实、诚实、真实。我们在读书劳动的时候，都要老老实实，勤勤恳恳，不弄虚作假，不说谎，不欺人，长大了，不做伤天害理的事情。以上这些，你们都能做到了，那就是一个好学生。”①

在学校的一次恳亲会上，将父母对教育子女的责任总结为“生、养、卫、管、教、用”：孩子生下来以后，就要善于抚养，使他们健康成长。当孩子学会走路、能单独行动时，要很好地

① 《长沙县五美中学校史》（未刊稿）。

看护。当孩子再长大，对一切事物处于无知或半知状态时，就必须紧密配合，让他们读好书，知书明理，学会劳动技艺，成为国家有用的人才。最后是要使用得法，让他们找到正当的职业，无论种田、做工，或做其他的工作，都能发挥他们的聪明才智，于个人于社会有利。做到这些，才算尽到了教养子女的责任。

2 月　辞去长沙县立师范学校校长职务，任湖南省立第一师范学校教员，教授修身、教育、教授法课程，兼教育实习主任。所教学生有毛泽东[①]、蔡和森[②]、何叔衡[③]、罗学瓒[④]、李

① 毛泽东（1893—1976），湖南湘潭人，伟大的马克思列宁主义者，中国共产党、中国各族人民的领袖和导师，无产阶级革命家、政治家、战略家、理论家和思想家，中国共产党、中国人民解放军、中华人民共和国的主要缔造者和领导人，同时也是军事家、教育家、诗人、书法家。

② 蔡和森（1895—1931），湖南湘乡（今双峰）人，中国共产党早期领导人，无产阶级革命家、理论家和宣传家，中共第二、三、四、五、六届中央委员，第三、四届中央局委员，第五、六届中央政治局委员、常委，曾任中共中央代理秘书长、中共中央宣传部部长、中共两广省委书记。1931 年牺牲于广州。

③ 何叔衡（1876—1935），湖南宁乡人，无产阶级革命家、中国共产党的创始人之一。曾任中华苏维埃共和国中央执行委员、工农检查人民委员、内务部代理部长、中央政府临时法庭主席，中共江苏省委秘书长，最高法院院长等职。1935 年 2 月牺牲于福建上杭。

④ 罗学瓒（1893—1930），湖南湘潭人，1918 年参加新民学会，1921 年加入中国共产党。曾任中共湘区委员会委员、中共湖南区委宣传部长、中共醴陵县委书记、中共湖南省委委员兼中共湘潭工作委员会书记、中共浙江省委书记等职。1930 年 8 月牺牲于杭州。

维汉[①]、萧三[②]、陈章甫[③]、张昆弟[④]、张国基[⑤]、周世钊[⑥]等。

课堂上既注重以古今模范人物的嘉言懿行启发学生，也常

---

① 李维汉（1896—1984），湖南长沙人，无产阶级革命家。1922年加入共产党。历任中共湘区执行委员会书记，中共第四届中央委员和第五届中央委员、政治局委员，中央组织部长，军委第二野战纵队司令员兼政委，中共中央党校校长、宣传部副部长、统战工作部部长，中共第八届中央委员，第一、二届全国人大常委副委员长，第二、三、五届全国政协副主席，中央顾问委员会副主任等职。

② 萧三（1896—1983），原名子暲，湖南湘乡人。1922年加入共产党，历任青年团湖南区委书记、中共张家口地委书记、团中央组织部长并代理书记。1927年赴苏，任东方学院教师、《国际革命文学》中文版主编。1939年回国，任鲁迅艺术学院翻译部主任。新中国成立后，历任全国政协委员和常委、文化部对外联络局局长、世界和平理事会理事及书记处书记、中国作家协会书记处书记等职。

③ 陈章甫（1894—1930），又名陈昌，湖南浏阳人，新民学会会员，早期中共党员，湖南早期工运、党务负责人之一。1925年被选为国民党湖南省党部第一届执行委员。1927年参加八一南昌起义，1930年牺牲于长沙。

④ 张昆弟（1894—1932），湖南桃江人。中共早期工人运动活动家。曾参与组织新民学会。1922年加入中国共产党，曾任中共北京地委工农部长、河南省总工会委员长、全国铁路总工会党团书记、中共顺直省委工委书记、中央审查委员会候补委员、湘鄂西省总工会党团书记等职。1932年秋在湘鄂西“肃反”中被错杀于洪湖。

⑤ 张国基（1894—1992），湖南益阳人，华侨教育家。早年参加新民学会，后赴南洋任教。1927年回国，加入中国共产党，参加南昌起义。后再度赴印度尼西亚执教，参与创办雅加达中华中学。1958年回国，历任北京华侨补习学校校长，北京文史研究馆馆长，北京侨联副主席、名誉主席，全国侨联常委、主席、名誉主席，全国人大代表。

⑥ 周世钊（1898—1976），湖南宁乡人，教育家，爱国民主人士。早年参加新民学会，长期从事教育工作，曾任湖南省立第一师范教员、代理校长。新中国成立后，历任湖南省立第一师范学校校长、湖南省教育厅厅长、湖南省副省长、民盟中央委员、民盟湖南省委主任委员、全国人大常委。

以自己的生活体验感染学生；倡导学生自觉培养奋斗精神，锻炼坚强意志，陶冶崇高品质；在治学方面，倡导“定量”、“有恒”、“不动笔墨不看书”，教育学生标记书中要点，记下书中的精华和自己的心得体会，要读一句算一句、读一本算一本。

课堂之外，常举行有关教学问题的座谈会，每当观摩、见习小学教育后，要求学生详加分析评议，然后加以总结指导。对于教育实习，先听小学教师讲课，然后轮流每人教1节至2节，再开实习批评会，分析优缺点，研究怎样教好课。

是年　孙中山发起“二次革命”，湖南革命党人积极响应。7月25日，湖南宣布独立；8月13日，取消独立。“二次革命”失败。袁世凯下令谭延闿“入京待罪”，任命汤芗铭[①]兼任湖南都督。

是年　担任湖南孤儿院院长，至1919年6月。“在长沙办孤儿院，孤儿院都是一般的烂叫化。……小孩之不幸，乃是社会上没有好的教育。……我们若是不将这般烂叫化弄好，将来他们长大，定是无业的流氓。我们睡觉，恐亦不安。”[②]

---

①　汤芗铭（1887—1975），湖北蕲水（今浠水）人。早年曾参加兴中会，南京临时政府成立时曾任海军部次长。后与革命党人为敌，拥护袁世凯复辟。1933年与张君劢发起组织中国国家社会党。1937年七七事变后，曾任北平“治安维持会”会长。1946年8月，任中国民主社会党中央组织委员。新中国成立后，在北京两次被捕释，后从事佛学研究。

②　武衡、谈天民、戴永增主编：《徐特立文存》（第一卷），广东教育出版社1995年版，第71页。

1914年　37岁

1月　与黎锦熙[①]、杨昌济[②]、方维夏[③]等6位省立第一师范教员在长沙创办宏文图书社，编辑出版“共和国中小学各科教科书”。

是年　为系统阐发师范教育专业课教学的方法，在宏文图书社先后出版《教育学》、《小学各科教授法》、《初等小学国文教授法》。

《小学各科教授法》（上、下册）共12章，13万余字。前

① 黎锦熙（1890—1978），湖南湘潭人，语言学家、辞书编纂家。1945年与许德珩等倡导成立九三学社。新中国成立后，任中国科学院哲学社会科学学部委员、中国文字改革委员会委员、九三学社中央常委等职。著有《新著国语文法》、《新著国语教学法》、《国语运动史纲》等，主编《汉语辞典》等。

② 杨昌济（1871—1920），湖南长沙人，教育家。早年拥护康梁变法，参加南学会等组织。后留学日本、英国，回国后任教于湖南省立高等师范学校、第四师范、第一师范、商专、一中等校，支持新文化运动，参与筹备湖南大学，任教北京大学期间支持赴法勤工俭学运动。著作有《劝学篇》等，译作有《西洋伦理学史》等。

③ 方维夏（1879—1935），湖南平江人。早年留学日本，曾任湖南省立第一师范学监、湖南省教育会会长。1924年加入中国共产党，1927年参加南昌起义，后去苏联学习。回国后任闽西红军学校政治部主任，中央苏维埃政府总务厅长，中共赣南特委宣传部长、代理特委书记等职。1935年10月牺牲于桂东县。

11章为分科教学法，分别阐述修身、国语、算术、体操、历史、地理、理科、图画、裁缝、唱歌、手工等各科的教学任务、过程、原则、内容、方法、组织形式等；第12章为“教授法总论”即普通教学法，在“通义”上论述了“教授之定义”、“教授之原则”、“教授之目的”、“教授之材料”、“教授之方法”等。该书试图构建起较为系统的小学学科体系，并努力探求科学的教学规律，是我国近现代教育史上第一部教学论专著。

《初等小学国文教授法》共16卷，满足初等小学4年8学期之用。现仅存第3卷。该卷于1914年12月出版，共28课，依次为：新年、新书、早起、小鸟、我家、客来、雪、雪人、炉、兵、游戏、文生、小学生、钟点、睡、图画、河、鱼、船、笋、园、小鸟歌、风筝、桃李花、蝴蝶歌、出游、母鸡、石板等。每个教授方案包括课题、要旨（教授目的）、区分（课时分配）、教授内容、预备（教授导入）、教授、应用练习等7项内容。

是年　在《公言》1卷3号发表《国文教授之研究》。

1915年　38岁

5月　袁世凯与日本签订“二十一条”，湖南学生开展反对“二十一条”的斗争。第一师范教员石润山撰写了关于“五七国耻”的一组文章，支持毛泽东组织学生集资刊印，在校内外赠送宣传。卷首为《感言》，收录文章7篇:《救国刍言》、《中日交涉之前后状况》、《已签字之中新约及交换照会》、《请看日本前此计灭朝鲜之榜样》、《日本祸我中国数十年来之回顾》、《高丽亡国后归并日本之惨酷情形》、《越南亡国惨状略述》，附件乃《中日贸易出入额之比较》。毛泽东为该书吟四言诗《题志》:“五月七日，民国奇耻；何以报仇？在我学子！”[①]

6月　与杨昌济、方维夏、王季范[②]等教员，反对校长张干[③]开除为抗议缴学杂费而“闹事”的毛泽东等17名学生。张

---

① 中共中央文献研究室、中共湖南省委编:《毛泽东早期文稿》（1912.6—1920.11），湖南人民出版社2008年版，第10页。

② 王季范（1885—1972），湖南湘乡人，教育家。曾任湖南省立第一师范学监以及长郡中学、私立衡粹女子职业学校、私立育群中学校长。新中国成立后，任中央人民政府政务院参事室参事，是第一至三届全国人大代表。

③ 张干（1884—1967），湖南新化人。毕业于湖南优级师范，曾任湖南省立第一师范校长。新中国成立后曾任湖南省军政委员会参议室参议、湖南省人民政府参事室顾问。

干被迫收回决定。

是年秋　与杨昌济、方维夏、王季范、袁仲谦[①]等第一师范教员，以部分学生的名义致信修身教员廖名缙："先生在船山学社反对帝制，在第一师范鼓吹帝制，一人之身，两种面目。……吾等处积威之下，无以为报；将来有机会之时，当不忘先生之赐也。"[②]指斥廖的两面行径。

9 月 19 日　湖南省教育会改选，当选为湘江道候补干事。[③]当时，湖南全省分为湘江、衡阳、辰沅、武陵四道。

本月　陈独秀在上海创办《青年杂志》。

12 月　袁世凯发布"接受"帝位令，改民国五年为"洪宪"元年；蔡锷、唐继尧通电各省，宣告云南独立，并组织护国军出兵讨袁，护国战争爆发。

是年　对自家老屋加以改建，将其作为五美高级小学校舍，另扩建两间教室。家人住进老屋旁边新搭的两间茅屋，且从旁门出入，以便不影响正常教学。在其影响下，五美乡兴教之风渐浓，至 1917 年 4 月，先后办起公私立国民学校（或教学点）20 校 50 多所[④]。

---

① 袁仲谦（1868—1932），湖南新化人。1897 年中丁酉科拔贡，1914 年后任教于湖南省立第一师范、湖南省立第一中学、长郡中学、明德中学等学校，曾参加筹建湖南大学，并在湖大任教。撰有《文字源流》、《文学史》等著作。

② 中国人民政治协商会议保靖县委员会文史资料研究委员会 1992 年编：《保靖文史资料第五辑 · 毛泽东的国文老师袁仲谦》，第 51 页。

③ 参见《省教育会改选干事名单》，湖南《大公报》1915 年 9 月 21 日。

④ 参见湖南《大公报》1915 年 4 月 12 日。

1916 年　39 岁

1 月　汤芗铭因支持袁世凯称帝，改湖南都督府为将军府。

2 月　护国黔军入湘。

3 月　程潜在靖县设立招抚使署，着手建立湖南护国政府；袁世凯宣布取消帝制，但拒绝恢复《临时约法》。

4 月　程潜任湖南护国军总司令。

5 月　汤芗铭宣布湖南独立，并改称都督。

6 月　袁世凯在全国人民声讨声中去世。

7 月　汤芗铭被驱离长沙。

12 月　协助学监主任方维夏试办一期工人夜校，招收产业工人、人力车夫、蔬菜小贩和其他劳动者 70 多人，分两个班，授以国文、算术、常识，帮助“引车卖浆之徒”、“瓮牖绳枢之子”进学校，学文化，受教育。

是年　小女儿徐陌青出生。

1917年　40岁

2月至7月　在湖南高等师范学堂执教教育学，期间著名学生有蔡和森、舒新城[①]等。

10月28日　参加长沙城教育会在长沙县教育会召开的成立大会，与杨树达[②]一同当选为副会长，凌奎耀当选为会长。

10月至12月　与方维夏共同建议，夜校交由毛泽东任总务（主席）的学友会举办，并提议由第一师范拨出400元作为办校经费。

是年　小儿子徐厚本出生。

---

① 舒新城（1893—1960），湖南溆浦人，教育家、出版家、辞书编纂家。1928年应中华书局之约，主编《辞海》，后任编辑所所长兼图书馆馆长，1957年主持重修《辞海》，任编辑委员会主任委员。著有《道尔顿制研究集》、《近代中国留学史》、《近代中国教育史》等。

② 杨树达（1885—1956），湖南长沙人，语言文字学家。曾任职于湖南省立第一师范、北京高等师范学校、清华大学、湖南大学、湖南师范学院等学校。新中国成立后，曾任中国科学院哲学社会科学学部委员、湖南省文史研究馆馆长。著有《词诠》、《古书疑义举例续补》、《古声韵讨论集》等。

1918 年　41 岁

3 月　南北两军大战于岳州；直系军阀段祺瑞的亲信张敬尧[①]被任命为湖南督军兼省长。

6 月　杨昌济从北平致信毛泽东，告知吴玉章[②]、蔡元培[③]、李石曾[④]等人发起倡议的赴法勤工俭学活动。下旬，毛泽东召集

① 张敬尧（1880—1933），安徽霍邱人，北洋皖系军阀。任职湖南督军兼省长时，遭湖南人民驱逐，后在吴佩孚、张宗昌、张作霖部下任军长、司令等职。1932 年投靠伪满政权，次年在北京被刺身亡。

② 吴玉章（1878—1966），四川荣县人，无产阶级革命家、教育家、史学家、语言文字学家。曾任鲁迅艺术学院院长、延安大学校长、中共中央委员、中共四川省委书记、华北大学校长。新中国成立后，任中国人民大学校长、国务院文字改革委员会主任、全国教育工会主席等职。中共第六、七、八届中央委员，第一、二、三届全国人民代表大会常务委员。著有《辛亥革命》、《历史文集》、《吴玉章回忆录》等。

③ 蔡元培（1868—1940），浙江绍兴人，近代资产阶级民主革命家、教育家、科学家。1905 年加入同盟会，辛亥革命后任教育总长，1915 年在法国倡办勤工俭学，归国后任北京大学校长。“五四”前后支持新文化运动，宣传科学救国。曾任国民政府中央研究院院长等职。九一八事变后主张抗日，参与组织中国民权保障同盟。1940 年病逝于香港。

④ 李石曾（1881—1973），河北高阳人。中国最早的无政府主义者之一。曾发起组织世界社、京津同盟会、进德社、社会改良会、华法教育会等，与蔡元培等在北平和法国里昂分别创办中法大学。历任国民党中央监察委员会委员、中央政治会议委员、北平大学校长、北平师范大学校长、国立北平研究院院长、国民党中央评议委员、“总统府”资政等职。

留长沙新民学会会员10余人商议，一致同意全力组织、参与赴法勤工俭学运动。

7月　推荐周世钊任修业学校国文教员。

8月　毛泽东与张昆弟、罗学瓒、李维汉等24人乘船北上，经武汉乘火车赴北京，以组织、筹备湖南新民学会会员赴法勤工俭学。

年底　聘请因拥护白话文教学、不主张读经而被楚怡小学辞退的熊瑾玎到湖南孤儿院任教。

1919 年　42 岁

3 月 30 日　长沙洗心文社开讲，与杨树达等 6 人受聘担任讲员。[①]

本月　中国第一批、第二批留法勤工俭学学生分别于 17 日、31 日启程赴法。

5 月 28 日　组织讲演团，赴乡镇演讲。

同日　作为发起者之一，发起成立国货维持会。

本月　五四反帝爱国运动爆发；长沙学生积极响应，举行国耻纪念游行大会，遭到张敬尧的武装干涉；湖南省学联成立，决定组织长沙各校总罢课。

6 月 11 日　与姜济寰、童彪、罗启瑞等在长沙县立师范学校发起召开长沙讲演团联合会成立会。长沙城中学以上学校各校长及学生代表参加，涉及学校有十四五所之多。会议决议成立总务部、编辑部、调查部三个部门，推举长沙县立师范学校

---

① 《纪长沙洗心文社之讲演会》，湖南《大公报》1919 年 3 月 31 日。该社成立于 1918 年，初设于孚嘉巷厥中堂，1919 年移到府正街湖南图书纸张印刷局内，是一个研究新思想的团体，每月举行 4 期讲演，平时备有琴、棋、书、画、报纸、书籍等，供人学习。

校长邹希鲁[①]为临时会长，徐特立为编辑部主任，陈画农为总务部主任，调查部主任由各校推举两名学生调查员，通过互选产生。长沙县知事姜济寰负责筹集经费。[②]

联合会公开发布《长沙讲演团联合会简章》，组成50多个讲演团，经过统一训练，赴各县乡镇进行反帝爱国宣传，并开展抵制日货，惩罚奸商、洋奴和作恶之日本浪人的活动。

6月15日 与湖南教育界名流陈润霖、朱剑凡、杨树达、何炳麟等15人发起成立健学会。健学会“由同志组合，以输入世界新思潮，共同研究，择要传播为宗旨”，“会友应守之公约如左:（1）确守时间。（2）富于研究的精神。（3）学问上之互助。（4）自由讨论学术。（5）不尚虚文客气，以诚实为主。”健学会着力研究“改造社会”、“思想革新”、“妇女解放”、“民族自治”等问题，宣传世界新思潮。[③]

同日 长沙各乡教育界人士成立长沙各镇乡学友会，在长沙师范召开筹备会，将讲演作为该会一部分内容。[④]

6月下旬 决定赴法勤工俭学，筹集旅费后回乡告别妻儿。

7月12日 与汤松作为湖南省教育会代表，参加湖南各公团联合会在湖南省教育会举行的成立大会。[⑤]

---

① 邹希鲁（1880—1942），湖南长沙人，清末举人，毕生从事教育工作，曾任职于长沙师范学校、湖南省立第一师范学校、长郡中学、长沙女子师范学校等。

② 参见《发起长沙讲演团联合会》，湖南《大公报》1919年6月12日。

③ 参见湖南《大公报》1919年6月23日。

④ 参见《长沙各镇乡学友会之成立》，湖南《大公报》1919年6月14日。

⑤ 参见《湖南各公团联合会正式成立》，湖南《大公报》1919年7月13日。

7月17日 毛泽东撰文《健学会之成立及进行》，称赞健学会是思想界的创举，指出："东方的曙光，空谷的足音，我们正应拍掌欢迎，希望他可做'改造湖南'的张本。"[①]

本月 偕同17位学生，由长沙乘轮踏上赴法勤工俭学之程，前来送行的有毛泽东、何叔衡、熊瑾玎、陈凌增等人。经武汉转赴上海后，一时未能买到船票，滞留于沪。

离湘前，因联合陈润霖、张孝敏、易培基、赵鸿钧、朱剑凡等校长带领教师索薪，并往返于城乡之间，向学生、教师和群众揭露张敬尧兄弟的罪恶，被张敬尧假以通匪罪名下令通缉。

9月18日 通过姜济寰胞弟姜浚寰的关系，以一般客轮票的半价搭乘法国"波多斯"号货轮启碇离开上海。

途中货轮失火，在越南西贡港停泊15天。期间上岸参观华侨中学，并应校长之请讲演，题词 "威震南关"。船停缅甸仰光时，应仰光一位大学校长邀请讲演，并题写"万里旅居巡市井，百年长计课儿孙"的对联。

10月 孙中山在上海改组中华革命党为中国国民党。

11月12日 到达法国马赛。在华法教育会主持人李石曾的安排下，入木兰公立中学法语学习班。

11月20日 以湖南孤儿院院长名义，在北京《晨报》发表《致张敬尧的公开信》，历数"自北兵南来，劫杀淫掠，无所不至，老者弱者或流或亡，壮者少者生计陡绝，逼而为匪。然所

---

① 中共中央文献研究室、中共湖南省委编:《毛泽东早期文稿》(1912.6—1920.11)，湖南人民出版社2008年版，第338—339页。

谓匪者，实兵事制造成之，非吾湘固有之物”[①] 的种种事实。

12月4日 为驱逐张敬尧，省学联决定实行总罢课。

本月 毛泽东发动社会各界开展驱张运动，揭露张氏兄弟（张敬尧、张敬舜、张敬禹、张敬汤）的“虎、豹、豺、狼”罪行，指出“张毒不除，湖南无望”；还组织驱张请愿代表团分赴北京、上海、衡阳、郴州等地宣传。

湖南各中等以上学校和部分小学13000余人罢课，并发布“张毒一日不去湘，学生一日不返校”的驱张宣言。

本月 应萧子升[②] 约请，撰写《留法老学生之自述》一文，在《华工杂志》发表，后被国内部分中小学校选入国文教材。文章写道：“一般人都说年老者不能求学。年老的人多半在社会上有些权柄，倘若全不求学，社会上受害就不小……我今年四十三岁，不觉就到四十四、四十五，一混就六十岁来了。到了六十岁，还同四十三岁时一样无学问，这一十七年，岂不冤枉过了日子？这一十七年做的事情，岂不全无进步？到了六十岁时来悔，那就迟了，何不就从现在学起呢？”[③]

---

① 湖南省长沙师范学校编：《徐特立文集》，湖南人民出版社1980年版，第14页。

② 萧子升（1894—1970），湖南湘乡人。毕业于湖南省立第一师范，曾积极组织湖南青年赴法勤工俭学，历任国民党北平市党务指导委员、《民报》总编辑、中法大学教授、国立北京大学委员兼农学院院长、华北大学校长及国民政府农矿部次长、历史博物馆馆长等职。

③ 武衡、谈天民、戴永增主编：《徐特立文存》（第一卷），广东教育出版社1995年版，第21页。

1920 年　43 岁

1 月 5 日　撰《法化工厂之中国苦学生》一文，介绍在法国拉荷涉化学工厂做工的 53 名勤工俭学学生艰苦的工作、生活和学习境况，赞赏他们的吃苦精神，“皆系自己抱负有远大的希望……皆系彼等精神上之一种信仰，一种真乐，故虽作苦工，亦不能移其志也”[①]，认为如此吃苦有利于改变中国读书人的不良习气。

1 月 25 日　湖南《大公报》刊载《徐懋恂由巴黎致湘学界书》一文，介绍赴法勤工俭学的情况以及法国的社会情况，最后呼吁：“特立极望我国多送学生来此游历，国家前途，乃有莫大之希望也！”

本月　在寄自巴黎的信件中，痛斥民国外交被日本庖代，提倡国民外交。

1 月至 7 月　在木兰公学学习法文。

3 月　教育部通告国民学校文言体教科书分期作废，改用语体文。

6 月　张敬尧率部退出长沙，谭延闿再度督湘。

---

① 武衡、谈天明、戴永增主编：《徐特立文存》（第一卷），广东教育出版社 1995 年版，第 25—27 页。

7月15日 离开木兰公学去里昂。

8月30日 将所写《工读》一文寄给重任长沙县知事的老朋友姜济寰，就教育、警察、道路、森林、财政等诸多方面提出个人看法，力倡女子教育与植树造林。

是年 多次致函姜济寰，从学校、工业、造林等诸多方面，介绍法国值得借鉴的经验，希望姜济寰在治理长沙时为民造福，其中部分信件以《国民外交》、《工读》等名公开传世。

至是年，赴法勤工俭学者共17批，其中有周恩来[①]、蔡和森、赵世炎、陈延年、王若飞[②]、邓小平、陈毅、李富春[③]、聂

---

① 周恩来（1898—1976），字翔宇，曾用名伍豪、少山、冠生等。伟大的无产阶级革命家、政治家、军事家、外文家，中国共产党、中华人民共和国和中国人民解放军的主要缔造者和领导人之一。新中国成立后，任中华人民共和国政府总理兼外交部长、全国政协主席、中共中央委员会副主席等职。

② 王若飞（1896—1946），贵州安顺人，无产阶级革命家。早年参加辛亥革命和讨伐袁世凯运动，参与发起“旅欧中国少年共产党”，曾任中共中央豫陕区党委书记、中共中央秘书长、中共江苏省农委书记、中共中央委员等职。1945年，作为中共代表团代表之一，与毛泽东、周恩来赴重庆谈判，同国民党政府签订《双十协定》。1946年4月返回延安，因飞机失事遇难。

③ 李富春（1900—1975），湖南长沙人，无产阶级革命家，党和国家的主要领导人之一。曾任红军总政治部副主任、陕甘宁省委书记、东北人民政府主席。新中国成立后历任重工业部部长、国家计委主任、国务院副总理等职。是第七至十届中央委员，第八届中央书记处书记、政治局常委，第二、三、四届全国人民代表大会代表。

荣臻、向警予、蔡畅[①]、郭隆真、李维汉、李立三[②]、徐特立、陈乔年、张昆弟、罗学瓒、何长工、萧三、傅钟、刘伯坚、熊雄、萧朴生、李卓然[③]等。

本年起，由于法国经济不景气，学生赖以维持学习和生计的勤工岗位难以寻觅。

10月28日至11月初 杜威[④]在湖南以长沙教育会操坪为讲坛，做多场演讲，提出学校教育要随社会变迁，方可造出有用之才，并力倡平民教育。此后，教育家波尔·莫洛、

---

① 蔡畅（1900—1990），湖南湘乡人，无产阶级革命家，中国妇女运动领导人。曾任中华苏维埃共和国中央执委，中共中央妇委书记，中华全国总工会女工部部长，全国人大常委、副委员长，中共中央委员等职。

② 李立三（1899—1967），原名李隆郅，湖南醴陵人，1921年加入中国共产党。曾任中共武汉区委书记，上海总工会委员长，中华全国总工会执行委员、秘书长，中共广东省委书记，中共中央常委兼秘书长、宣传部长，中华全国总工会副主席、党组书记。新中国成立后，历任中央人民政府委员、劳动部部长、中共中央华北局书记处书记等职。中共第四届至八届中央委员和第五届、六届中央政治局委员，第三届政协全国委员会常委。

③ 李卓然（1899—1989），湖南湘乡人，革命活动家。1923年加入中国共产党。历任军委总政治部宣传部长，红四军、红三军、红一军团政治部主任，中华苏维埃共和国中央执委，红五军团政委，红军前敌总指挥政治部主任，红四方面军和西路军政治部主任，八路军总政治部宣传部长，中共东北局宣传部长兼东北军政委员会副主席，中宣部副部长，第五届全国政协常委等职。

④ 杜威（1859—1952），美国哲学家、心理学家与教育家，美国实用主义哲学的集大成者，实用主义教育思想的创始人。曾任芝加哥大学、哥伦比亚大学等学校教授，担任过美国哲学家协会主席、美国教授联合会首任主席、全国艺术科学院成员、“独立政治活动同盟”主席、“纽约州自由党”名誉主席等。

罗素[①]及国内的吴稚晖[②]、张溥泉、张东荪、章太炎等陆续来湘演讲。

① 罗素（1872—1970），英国哲学家、数学家、逻辑学家，分析哲学的创始人之一，20世纪西方最著名、影响最大的学者和和平主义社会活动家之一。主要哲学著作有《莱布尼茨的哲学》、《数学原理》（与怀特海合著）、《哲学问题》、《我的哲学发展》等。

② 吴稚晖（1865—1953），江苏武进人，近代资产阶级思想家、政治家、教育家、书法家。早年加入上海爱国学社，参与《苏报》工作，参加同盟会，鼓吹无政府主义。曾任国民党中央监察委员、国民政府委员、中央研究院院士。著作编入《吴稚晖先生刍集》、《吴稚晖先生选集》。

1921 年　44 岁

年初　与李卓然、王若飞来到法国南部的圣侠门钢铁厂，一边做工，兼替中国工人做饭，一边自学。做工主要学习钳工，自学主要学法文。李立三等随后来到该厂。

1 月 30 日　上海《时事新报》载，蔡元培和中国驻巴黎总领事廖世功、中国留欧学生监督高鲁联名致电北京政府教育部总长，认为赴法勤工俭学学生多不合所定条件，又无勤工之志，造成经费困难，要求阻止各省遣送勤工俭学学生。

本月　华法教育会发出通知，宣布与勤工俭学学生脱离经济关系。

2 月 28 日　400 多名留法勤工俭学学生在巴黎举行游行示威，到驻法公使馆要求解决入学和救济金问题。

本月　发表《致留法湖南勤工俭学生书》，通报全国赴法勤工俭学学生公举的六代表向华法教育会索款未果等事，建议大家不要再寄希望于华法教育会，并应该注意多种事项，尤其必须减少一切可以节省的开支以渡过难关。

3 月 8 日至 20 日　在湖南《大公报》连续发表《我的勤工俭学观》，提出学习法国的社会制度，或者“输入学问”，“一切问题都有解决的希望”[①]。

5 月 5 日　孙中山在广州就任中华民国非常大总统。

5 月 30 日　与李富春等数十人联合署名的《致湖南省教育会公开信》在湖南《大公报》刊载。该文介绍了湖南留法勤工俭学学生的基本情况，如工作难找、生活十分困难、原来提倡勤工俭学的“中坚人物”大多撒手不管等等。文章发表后，社会反响很大，湘督谭延闿拨款 3 万元，委托章士钊[②]和蔡元培转交湘籍留法勤工俭学学生。徐特立与在巴黎考察的湖南商专校长汤松，偕同学生临时代表领取由蔡元培带来的 1 万元，并负责管理和分配事宜，自己分文不取，为穷困学生解燃眉之急。

6 月至 8 月　留法勤工俭学学生发动旅法华人，反对北洋政府来法代表团向法国政府借款 3 亿（后增至 5 亿）法郎。

7 月 23 日　中国共产党第一次全国代表大会在上海法租界望志路 106 号（今兴业路 76 号）开幕，最后一天转移到浙江嘉兴南湖举行。出席大会的代表共 13 人，代表全国 50 多名党员。会议选举陈独秀为中央局书记。毛泽东、何叔衡代表湖南共产主义小组参会。

---

① 湖南省长沙师范学校编，陈志明执笔:《徐特立传》，湖南人民出版社 1984 年版，第 65 页。

② 章士钊（1881—1973），湖南长沙人，辛亥革命前后任《苏报》主笔、《民立报》主编。1917 年后，任北京大学教授兼图书馆主任、广东军政府秘书长、段祺瑞执政府司法总长兼教育总长。抗战时期历任第一至三届国民参政员。新中国成立后，任政务院法制委员会委员、全国人大常委、全国政协常委、中央文史馆馆长等职。

是年秋 里昂中法大学招收新生，校长吴稚晖拒招勤工俭学学生。

9月15日至20日 湖南《大公报》连载《徐懋恂致朱剑凡书》，主要讨论中小学教育和女子教育问题。

9月21日 被里昂中法大学拒之门外的留法勤工俭学学生，在派代表交涉未果的情况下，由蔡和森、李立三、陈毅等发动，各地代表125人组成"先发队"进驻里昂中法大学。

9月22日 进驻里昂中法大学的勤工俭学学生遭警察逮捕，其中的104人被遣返回国。徐特立与黄齐生[①]受周恩来、王若飞等人委托，赴里昂要求吴稚晖设法援助被捕和遭受饥饿的学生，遭拒。

10月10日 中国共产党湖南支部成立，毛泽东任书记。

是年 考入巴黎大学，选学数学和物理。

是年 湖南教育界人士发起成立湖南省教育经费保管委员会，教育经费独立运动取得阶段性成果。

湖南省政府公布《湖南全省实施义务教育暂行规程》和《筹施湖南全省义务教育程序及说明书》，提出到1929年全省普及四年义务教育的目标。

---

① 黄齐生（1879—1946），贵州安顺人，教育家。曾参与发动贵州起义、贵州护国起义，担任贵州省视学、云南开蒙垦殖局董事等职。1946年4月，由重庆返延安途中，因飞机失事遇难。

1922年 45岁

1月1日 湖南省省长赵恒惕[1]公布《湖南省宪法》，宣布实行省自治。

2月15日 湖南教育界陈润霖、曹典球[2]等人致书省教育会，吁请呈文省长派徐特立为驻法教育专员，每年拨给考察经费1200元。理由有二：其一，徐出身贫寒，以教育为天职，孜孜向学；其二，徐系留法400余名学生中学识经历兼备之突出者。[3]

2月21日 湖南省教育会第十七届干事会议讨论，提出应对徐特立优予奖励的五点理由，呈请省长任命徐特立为教育考

① 赵恒惕（1880—1971），湖南衡山人。早年加入同盟会，曾参加辛亥革命、二次革命、护法战争，历任广东军政府湘军总司令、湖南省省长、国民党军事参议院参议、湖南省参议会议长等职。1948年去台湾，曾任“总统府”顾问、资政。1971年在台北病故。

② 曹典球（1877—1960），湖南长沙人，教育家。曾任湖南高等实业学堂监督、南京教育部主事、国务院秘书、湘雅医学院董事长、湖南教育局长、北伐军第八军秘书长、湖南大学校长、省政府代主席等职。新中国成立后，历任湖南省军政委员会顾问、省政协常委、省人民政府参事、省文史馆副馆长等职。

③ 参见《请派徐特立为驻法教育考察员》，湖南《大公报》1922年2月16日。

察员。[①]

3月3日 省长赵恒惕拟委任徐特立为湘省驻法教育专员，每年拨给经费1000元，期限3年。

5月底 中共湘区执行委员会成立，毛泽东任书记。

6月24日 湖南省署电委徐特立为法国教育考察员，期定4月，共支出赀洋1000元，要求“悉月将考学所得，造报备核”，同时致电法国大使帮助介绍考察[②]。

8月2日 接到省署驻法教育专员的委任状。

8月5日 致书湖南《大公报》主持人李抱一[③]、张平子[④]等人，请求公开发表所寄信件，并“代特立向省长交涉，请其致函使馆取消原案，使特立恢复勤工俭学生资格”[⑤]。

本月 接到熊瑾玎以月息3分借贷的汇款200元；撰《湖南自治制草案评议》寄湖南《大公报》，现仅存续篇，续篇对《湖南乡自治制草案》中的部分条款提出评议。

9月29日 湖南《大公报》发表《徐君懋恂自法来函——

---

① 参见《教育会请委徐特立为留法考察员》，湖南《大公报》1922年2月22日。

② 参见《徐特立为留法考察员》，湖南《大公报》1922年6月25日。

③ 李抱一（1887—1936），湖南新化人，著名报人。曾担任《湖南公报》编辑、湖南《大公报》总编辑、湖南《建设公报》编辑主任、《国民日报》副刊主任等职。

④ 张平子（1885—1972），湖南湘潭人，著名报人。曾担任《湖南公报》记者，《公言》杂志编辑，《大公报》主笔、社长。新中国成立后，任湖南省文史馆馆员。

⑤ 湖南省长沙师范学校编：《徐特立文集》，湖南人民出版社1980年版，第32页。

报告归国原因》。

10月1日 于《中华教育界》第12卷第3期发表《新学制商榷书》。[①]

本月 撰写《请湘教育界诸公注意》寄湖南《大公报》发表，现仅存续篇。续篇指出国内教育界存在“毕业考试成绩不公开”、“教法不良”、“教科书不良”、“视学制度不良”、“女子小学太少”等5个问题，并提出相应的解决办法。

11月1日 北洋政府代总理王宠惠、教育总长汤尔和联署颁布《学校系统改革案》，史称“壬戌学制”。

是年 在湖南《教育杂志》第2卷第1号发表《公园建设管见》，介绍法国公园建设和植树造林等经验。

年底 赵恒惕组织湖南自治政府，设教育司掌管全省教育事务。

是年 晏阳初[②]应湖南省基督教青年会之邀，来长沙开展平民教育讨论会。

---

① 此处所谓的新学制，即本年11月1日由北洋政府代总理签发的《学校系统改革案》，史称“壬戌学制”。该文系根据是年6月20日《大公报》载湖南议行新学制，参考法国、日本的有关文献而撰写，当时新学制尚未正式颁布。

② 晏阳初（1890—1990），四川巴中人，中国平民教育运动倡导者，毕业于美国耶鲁大学。1923年担任中华平民教育促进会总干事，先后创设多所平民学校，曾在四川巴县、河北定县建立试验基地，实施文艺、生计、卫生、公民四大教育；在菲律宾等国创办乡村改造促进会和国际乡村改造学院。主要著作有《平民教育概论》、《平民教育的真义》等。

1923年　46岁

2月7日　吴佩孚对汉口江岸、郑州、长辛店等地罢工工人进行镇压，制造“二七惨案”。

3月1日　孙中山任大元帅职。

4月7日　国民党湖南支部成立。

6月12日至20日　中国共产党第三次全国代表大会在广州举行，决定全体共产党员以个人名义加入国民党，以建立各民主阶级的统一战线。

6月下旬　湖南留法勤工俭学学生代表罗益增回湘，争取到省教育司给留法勤工俭学学生每人津贴年支二百元的资助。

9月　离法赴德考察教育。

11月7日　湖南《大公报》报道：“现在法国考察教育之徐特立，因法国考察期满，现又将赴德、比、英三国考察教育，以资比较，并便道回国。但考察需费，昨特电请教育司照案发考察洋一千元。”①

① 《徐特立赴德比英考察教育》，湖南《大公报》1923年11月7日。

1924年　47岁

1月　离开德国去比利时考察教育。

1月15日　湖南省平民教育促进会成立。

1月20日至30日　在孙中山主持下，中国国民党在广州召开第一次全国代表大会，会上确立了“联俄、联共、扶助农工”三大政策，重新解释三民主义。第一次国共合作建立。

3月9日　自比利时寄《致黎邵西书》，称“中文在各国文字之上……语言之统一，除中国外无第二国”①。

4月1日　国民党湖南临时省党部成立。

是年初夏　从比利时起航回国。②

7月3日　国共合作举办的农民运动讲习所在广州正式开学。

7月6日　在广州登岸，辗转上海、武汉，转湘潭，20日回到长沙。

---

① 武衡、谈天明、戴永增主编:《徐特立文存》(第一卷)，广东教育出版社1995年版，第59页。

② 参见《中华民国史事日志》7月载：周恩来、任卓宣与徐特立、聂荣臻回国，中共旅欧总支部由邓小平、何长工负责。

本月 接到广州大学校长邹鲁[①]聘书，婉拒未就聘。

本月 就赴法勤工俭学和欧洲考察教育的情况多次演讲。其中《法国小学状况》和《欧洲义务教育现状》讲演稿，刊登于湖南《教育杂志》第3卷;《在法比游学归来的讲演》摘登于《育群期刊》，原题为《徐懋恂先生演讲录》。

8月中旬 周南女子中学校长朱剑凡致函徐特立，诚邀其出任周南教务主任。[②]

8月28日 联络长沙县教育界人士举行长沙女子师范建校筹备会议，与会人员有黄惠君、王愓、曹典琦[③]等12人，并有待考女生20多人参加旁听。会议公推狄昂人为主席，票选徐特立为校长。会后徐特立即着手筹备，8月底至9月招生100名，分成两班开学。

10月2日 参加长沙女子师范学校校董会成立会。到会及来函请假者还有李笛楼、俞秩华、曹典琦、张淑诚、王愓、李维汉、马僫馥等26人，会上公推李笛楼为主席，票选黄惠君为主任校董，李笛楼担任书记。[④]

10月上半月 向长沙县议会请愿，称自担任长沙女子师范校长以来，“虽得同志为之协助，而经费实苦无着”，请定长沙女

---

① 邹鲁（1885—1954），广东大埔人。早年先后参加同盟会、南社。曾任中山大学校长，国民政府委员、国民党中央执行委员。去台湾后，任国民党评议委员、监察委员等职。著有《中国国民党史稿》、《日本对华经济侵略史》、《邹鲁文存》等。

② 参见《徐特立为周南教务主任》，湖南《大公报》1924年8月19日。

③ 曹典琦（1897—1959），湖南长沙人。1924年加入中国共产党，曾任中共湖南区委宣传部长，1930年离党。1946年，参加中国民主同盟。新中国成立后，曾任国家出版总署编审局通俗读物编审处处长等职。

④ 参见《长沙女子师范校董会成立》，湖南《大公报》1924年10月3日。

师为代用学校，每年拨常年费洋1000元。[1]

10月14日 经县议会请愿股审查并向大会报告，请愿获得议员一致赞同。[2]

10月19日 参加长沙县教育会召开的湖南数学研究社成立大会，参会者还有赵□（注：原报纸原文缺失）、王正枢、易万之、章新明等10余人。决定定期公开讲演数学，地点暂定长沙县教育会，人数多时则以湖南省教育会幻灯场为会场。

10月26日 参加湖南义务教育促进会成立大会并被公推为董事，被推选为董事者还有罗教铎、何炳麟、曹子谷、狄昂人等人[3]。

10月26日 参加湖南数学研究社会员会议，到会者20余人。被公推在每周二、五晚7时到9时公开讲演数学，第一次讲演题目为"函数论"[4]。

是年 任国民党长沙县党部执行委员，敦请熊希龄和范源濂[5]继续为接济留法勤工俭学学生做筹款工作。

是年 留法勤工俭学的大批先进分子或回国，或转赴苏联学习。留法勤工俭学运动宣告结束。

---

① 参见《徐特立向县议会请愿》，湖南《大公报》1924年10月12日。

② 参见《长沙女子师范常费有着》，湖南《大公报》1924年10月15日。

③ 参见《纪义务教育促进会成立大会》，湖南《大公报》1924年10月27日。

④ 参见《徐特立定期讲演数学》，湖南《大公报》1924年10月27日。

⑤ 范源濂（1876—1927），字静生，湖南湘阴人。时务学堂毕业，后留学日本，1905年回国，充学部主事、清华学校校长，并创办法律学校和殖边学堂。民初任教育部次长、总长等职。1917年，与黄炎培等组织中华职业教育社。1923年后历任北京师范大学校长、中华教育文化基金委员会董事长、南开大学董事、北京图书馆代理馆长等职。

1925年　48岁

1月初　向长沙县教育会陈述长沙女子师范办学困难：建筑虽已完工，而开办费只筹得二百余元，校舍又需向长沙劝学所押佃租金，经费极其困难，请求长沙县教育会维持。①

1月11日至22日　中国共产党第四次全国代表大会在上海召开，第一次明确提出无产阶级在民主革命中的领导权和工农联盟问题。

1月22日　受教育司委派，出任湖南省立第一女子师范学校校长。前任校长黄国厚②13日由省教育司委任，在职仅9天。

1月28日　上午，就任湖南省立第一女子师范学校校长。继续兼任私立长沙女子师范学校校长。

1月底　与在南京东南大学求学、为筹学费回长沙的周世钊长谈，聘周到省立第一女师任教，并委托他为学校到外地招聘教师。

2月1日　公布《整顿第一女师之计划》，称赞教务主任钟

---

①　参见《长沙女子师范函请县教育会维持》，湖南《大公报》1925年1月6日。

②　黄国厚（1881—1968），女，湖南长沙人，日本女子师范毕业，长期从事教育工作，新中国成立前曾任湖南第一女子师范学校校长、衡粹女校校长。1952年，被聘为北京市文史研究馆馆员。

国陶[①]、事务主任熊瑾玎均德才称位，同时强调校长是学校的核心，学校一切用人与课程，均由校长主张。该计划称，要从教员水平和考试考查两方面狠抓教学质量，从人格感化与规则生活两方面抓训育工作。

3 月 15 日　孙中山在北平因病去世。

4 月 14 日　章士钊兼署段祺瑞政府教育总长。

5 月 4 日　湖南省学联所属各校学生 3000 余人召开五四纪念大会，省立第一女师、长沙女子师范学校学生积极参加。

5 月 30 日　上海发生“五卅惨案”，全国掀起反帝浪潮。

6 月 5 日　长沙数万学生、工人为声援上海“五卅惨案”举行示威运动。

7 月 1 日　广东国民政府成立。

同日　与章仙麓等 120 余人开会，筹备成立长沙县教育界联合会。

9 月 22 日　参加湖南省教育会筹备常年大会，被推为女子教育组干事。

9 月 26 日　与湖南省立第一师范等三校校长联合发表《湘教育界电救被拘黄静源[②]等》，申述安源所拘禁多名教员均系四校专心教育、向无越轨行为的毕业生，敦促释放。

---

① 钟国陶，字楚生，湖南浏阳人。新民学会会员。曾任周南女校教员、湖南省立第一师范附小主事、湖南省立第一女子师范学校教务主任等职。

② 黄静源（1897—1925），湖南郴县人，早期湖南工人运动领袖。1921 年加入中国共产党。曾任教于湖南省立第一女子师范学校。1924 年初，赴安源路矿主办工人子弟学校第七校，兼任路矿工人俱乐部株洲办事处主任，次年任路矿工人俱乐部副主任，领导路矿第二次工人大罢工。1925 年 9 月被捕，10 月慷慨就义。

10月1日 国民革命军举行第二次东征，消灭陈炯明势力，广东根据地基本统一。

10月16日 黄静源被枪杀于安源路矿工人俱乐部广场。

10月25日 上午10时到下午4时，组织召开长沙女子师范学校办学一周年纪念会，展览成绩，提出“将经过情形与校中现况，定期敦请家长及维持该校诸人来校批评指导，以资改进”[①]。

本月 反对长沙县县长周伯南决定恢复劝学所、撤销长沙县教育委员会的决定。

12月15日 参加省城公立学校校长联席会议，与黄士衡等被公推为代表赴教育司请愿，要求年关前发放两个月经费。次日，与各校校长齐往省长公署请愿。

12月23日 各公立学校校长及教职工代表20余人开会，再次向政府请愿索款。

12月29日 教育司职员因被积欠薪资达十个月以上，也联名呈请司长转省长，补发工资。

本月 向教育司提出“有北京之行”，请求辞职，未获允。

是年 在湖南省立第一女子师范写作“黑板诗”，对学生施以“诗教”。[②] 首篇为：“早起亲书数十行，格言科学与词章。为使诸生一浏览，移来黑板挂前廊。”[③]

---

① 《在长沙女师展览成绩》，湖南《大公报》1925年10月23日。

② 徐特立在1925年至1927年任职湖南省立第一女子师范校长期间，共写“黑板诗”百余首，多散逸，经后人回忆收集整理，名之为“校中百咏”，现存30首。

③ 湖南省长沙师范学校编，陈志明执笔：《徐特立传》，湖南人民出版社1984年版，第77页。

1926年　49岁

1月10日　参加省三民主义学会成立大会，与谢觉哉[①]等十余人当选为理事会员。

1月22日　参加长沙县教育会改选筹备会，被选为干事，熊瑾玎为驻会评议员。[②]

4月　吴佩孚[③]令叶开鑫[④]反攻长沙，长沙城内局势混乱。加上先年发生川滇黔湘赣大灾荒，长沙米价飞涨，学校生存愈发困难。遂与湖南一师等省立六师范校长向教育司提出呈请，要求增加学生伙食每人四分，共计每日一角八分，但被教育司以“库空如洗，照常开支，已属不济，设再增加，更难应付”而否决。

---

①　谢觉哉（1884—1971），湖南宁乡人，无产阶级革命家。1925年加入中国共产党，历任中央工农民主政府秘书长、内务部长、中央政府西北办事处司法部长、代理最高法院院长、审计委员会主席，边区中央局副书记、参议会副议长等职。新中国成立后，历任中央人民政府内务部长、法制委员会委员、最高人民法院院长、全国政协副主席。

②　参见湖南《大公报》1926年8月9日。

③　吴佩孚（1874—1939），北洋军阀首领。清光绪二十四年（1898年）投天津武卫前军当兵。光绪二十八年（1902年）入保定陆军速成学堂测绘科学习。历任北洋第三镇参谋、营管带、炮兵第三标标统等职。

④　叶开鑫（1885—1937），湖南宁乡人，1926年投靠北洋军阀吴佩孚。

4 月 11 日 收到第一女师全体教职员的联名致函，要求尽快支付薪金。[①]

4 月 24 日 在国民党省党部召开的长沙讨伐吴佩孚市民大会上演讲，号召社会各界积极参加讨伐叶开鑫战争。

本月中旬 第 6 次向教育司提出辞职，仍未获批准。[②]

本月至 9 月 多次参加长沙女子师范学生会讨论，呼吁社会各界支持长沙女师，并派代表郑杰[③]、殷毅、黄厚纯、易克琛 4 人先后向县议会、教育会、劝学所请愿，请求收归县办。

5 月中旬 第一女师因学生膳费无着断炊，校务被迫停顿。

5 月 17 日 湖南省立学校学生校务维持会召集各校教职员及学生会代表联席会议，讨论复课问题。

5 月 19 日 召集第一女师全体教职员开会讨论，“决定本星期内，恢复上课”[④]。

6 月 16 日 以“兼职误事”为由，再向教育司提出解职。[⑤]

7 月 1 日 广东国民政府发出《北伐宣言》。

7 月 11 日 北伐军攻占长沙。

7 月 25 日 以唐生智为首的湖南省政府宣告成立，教育

---

① 参见《第一女师陷入险境》，湖南《大公报》1926 年 4 月 13 日。

② 参见《第一女师校长坚决辞职》，湖南《大公报》1926 年 4 月 19 日。

③ 郑杰（1905—2002），又名刘英，湖南长沙人，中国妇女革命的先驱。1934 年与中共中央总负责人张闻天结婚。历任长沙女子师范学校党支部书记，湖南省委候补委员兼妇女部长，延安中央秘书处处长，辽东省委常委、组织部长，外交部部长助理，全国政协常委，中央纪委委员，全国人大代表等职。

④ 《省立学校纷纷恢复上课》，湖南《大公报》1926 年 5 月 20 日。

⑤ 参见《第一女师校长坚请辞职》，湖南《大公报》1926 年 6 月 17 日。

处随北伐军进入长沙，接管湖南省教育司及湖南教育经费保管委员会。教育处奉国民政府命令改为教育厅，周鳌山[①]任厅长。[②]

7月16日 参加在省教育会坪举行的湖南人民欢迎国民革命军大会，与仇亦山、刘伯伦、廖锡瑞、易礼容[③]等轮流演讲。

7月27日 教育厅厅长周鳌山为整顿教育、改革教材，聘请教育界富有专门学识或经验的徐特立、陈润霖等23人组成湖南教育行政会议临时委员会。[④]

7月30日 受湖南省教育厅聘请，与陈润霖、黄士衡、王季范、夏曦[⑤]等20名教育界名流和教育厅3位科长，组成湖南

① 周鳌山（1884—1959），湖南岳阳人。早年加入同盟会，1926年初，任北伐军前敌总指挥部总执法处处长、湖南省政府委员兼教育厅厅长；1927年后，历任国民政府军事委员会革命军事裁判所中将所长、军事委员会经理处处长、军事参议院参议、湖南省政府顾问等职。新中国成立后，任湖南省人民政府参事。

② 参见周秋光、莫志斌主编：《湖南教育史》（第二卷），岳麓书院2002年版，第582、601页。

③ 易礼容（1898—1997），湖南湘乡人，新民学会会员。1921年加入中国共产党。曾任湖南省农民协会委员长、国民党湖南省党部农民部长、中共第五届中央委员、中共湖南省委代理书记。新中国成立后，历任全国总工会执行委员会常委兼劳动保护部部长、政务院政治法律委员会委员、全国政协副秘书长、全国人大代表、全国政协委员会常委等。

④《十四教育行政会议委员之聘定》，湖南《大公报》1926年7月28日。

⑤ 夏曦（1901—1936），湖南益阳人。早年参加新民学会和湖南马克思主义研究会。1921年加入中国共产党。1927年参加八一南昌起义，后到苏联学习。中共六大时当选为中央委员，1931年任湘鄂西中央分局书记，推行王明"左"倾错误路线，使湘鄂西根据地和红军受到极大损失。1936年2月在长征中牺牲于贵州毕节地区。

省教育行政委员会。[①]

7月30日至8月27日 教育行政委员会开会十余次，先后议决了大学组织、教育局条例及学校新旧经费解决办法。在此期间，多次主持会议，并上书省教育厅，反对将六所师范学校改为政治学校[②]，获得批准。

8月2日 被教育厅厅长周鳌山委任为省立第一女子师范学校校长[③]，但教育经费仍无法及时到位。

8月8日 参加长沙县教育会选举大会，到会者55人。与黄宗宪同为监察员，丑先祺为发票员，陈子展[④]为检票员，陈彦等9人当选为委员[⑤]。

10月3日 湖南省立第一女子师范因政府积欠薪资达12个月之多，经费无着，全体教职员生活陷入绝境，开会并决定全体退聘辞职，次日全校停课。

10月4日 带领省立第一女子师范学校学生向教育厅请愿，要求速发经费以资维持。

10月4日晚 召集教职员会议，拟设法加息借债以图继续维持。教职员表示："以徐校长一介寒士，业已为校中经费负债

① 周秋光、莫志斌主编:《湖南教育史》(第2卷)，岳麓书院2002年出版，第582页。

② 《徐懋恂上教育厅之一封书》，湖南《大公报》1926年8月11日。

③ 《教育加委三校长》，湖南《大公报》1926年8月3日。

④ 陈子展（1898—1990），湖南邵阳人，作家、学者，九三学社中央委员。早年就读于湖南第一师范，曾在楚怡中学、长郡中学等校任教。从1933年起，长期担任复旦大学教授。著述有《诗经直解》、《楚辞直解》、《唐宋文学史》、《中国文学史讲话》等。

⑤ 《长沙县教育会昨日之选举大会》，湖南《大公报》1926年8月9日。

甚钜，再借亦属困难”。无果而散。

10 月 7 日　与朱剑凡、张坦然等一道出席省学联第二届代表大会并发表讲话。

10 月 10 日　北伐军攻陷武昌。

本月　长沙县教育会同意长沙女子师范学生所请，决定收归县办，并入长沙县立师范学校。本县学生免收学费，膳费仍由学生自理，该期开支津贴定为 4200 元。

12 月 1 日　湖南全省第一次农民代表大会在长沙召开，会议通过《农村教育决议案》。

12 月 13 日　国民党军政联席会议开始在武汉办公。

12 月 25 日　与李维汉、朱剑凡、周以栗[①]、夏曦一道，出席反文化侵略大同盟召开的集会并演讲。

本月中旬　在长沙望麓园与回湖南考察农民运动的毛泽东会面，根据毛泽东的意见，决定回五美乡调查农民运动的情况。

本月　为省农协教育部制定《农民教育计划大纲》。

年底　被选为国民党长沙市党部执行委员。

---

① 周以栗（1897—1934），湖南望城人。1924 年加入中国共产党。曾任武昌中央农运讲习所教务主任、中共河南省委书记、中共中央长江局军委负责人、红一方面军总政治部主任、中华苏维埃共和国临时中央政府内务人民委员等职。1934 年 11 月牺牲。

1927 年　50 岁

1 月 16 日　湖南各界举行 20 万人的反英示威游行。

1 月 23 日　与长沙县其他私立学校校长陆思成、范治倬、李丙烈等 30 余人集会，并齐赴长沙县教育局请愿，要求按时发给补助费。[①]

1 月 27 日　与朱剑凡等 5 人在国民党长沙市党部执行委员会第一次会议上，当选为常务委员会委员。[②] 随后，担任工农部长。

2 月 13 日　在国民党长沙市党部执行委员会会议上提出“请开设工运训练班案”。会议议决“由本部工农部长与工会接洽，拟具办法，再行续办”[③]。

2 月 22 日　考虑到县署经费核减太多，无论如何撙节，学校将来总难收支适合，与长沙师范其他几位委员一起提出总辞职。[④]

2 月 23 日　国民党长沙县党部以湖南新政纲已经颁布，其

① 参见《长沙私校联合大请愿》，湖南《大公报》1927 年 1 月 24 日。

② 参见《市民会议昨日重要会议记》，湖南《大公报》1927 年 1 月 28 日。

③《市党部执委会议记》，湖南《大公报》1927 年 2 月 24 日。

④ 参见《长沙师范委员总辞职》，湖南《大公报》1927 年 2 月 23 日。

推行自当以长沙为首，在县民会议尚未举行以前，应有适宜的县行政大纲，特组织长沙县行政大纲起草委员会，并推定各部起草委员：财政熊瑾玎，教育徐特立、李笛楼，公安陈士□（注：原文此处缺失），民政谢骧□（注：原文无法辨认）、周竞民，建设廖锡瑞、黄龙、魏振立。①

本月 长沙县立师范男女两部合办，改校长制为委员制。与李作华、熊瑾玎、周西邨等经县教育董事会选举为委员。

3月 担任湖南农民协会教育科科长，兼任农村师范农运讲习所主任。在主持湖南省农村师范农运讲习期间，长子徐笃本正在长沙一所中学念书，积极参加县农协的工作，不久加入中国共产党。

本月 介绍周世钊加入国民党。

是年春 回五美乡调查农民运动一星期，感叹不已："这时我已经教了三十年书，成了一个高级知识分子，在书本上没有见过妇女和儿童这样的伟大。我也曾经在日本考察过，在欧洲留学过，在法、比、德等国，时间最短的住过三个月，长的住过四年，没有见过不识字的农民及其妇女儿童这样伟大。我下乡住一个星期，使我从十八岁到五十岁以来的思想整个革了命！我过去崇拜的康梁和中山，比之有组织的农民对于中国革命的作用，渺乎小矣！"②

是年春 省教育厅正式下令缩减公立师范，长沙县立师范

① 参见《长沙县党部起草县政大纲》，湖南《大公报》1927年2月24日。

② 湖南省长沙师范学校编：《徐特立文集》，湖南人民出版社1980年版，第359页。

改为长沙县属中学。

4月12日 蒋介石[①]在上海发动四一二反革命政变，捕杀共产党员、国民党左派及革命群众。

本月 带领长沙县立师范等三校和农讲所的师生，参加湖南工农商学各界团体举行的有十万人参加的反蒋示威大会。

5月21日 许克祥[②]率军袭击湖南省总工会等革命机关、团体，解除工人纠察队和农民自卫军武装，释放所有在押的土豪劣绅，共产党员、国民党左派及工农群众百余人被杀害。因21日的电报代日韵目是“马”字，故此次事变又称“马日事变”。

同日 和熊瑾玎宿长沙市犁头街一位朋友家。听到省总工会一带传来密集的枪声，担心学员安全，起床奔赴讲习所，为戒严士兵所阻，未能通过。遂命熊瑾玎乔装转移出城，自己留下来相机营救被难的学生和朋友。

本月 “马日事变”后，隐蔽在五美乡道渡老塘冲章星德老农家，曾一度重新组织起一支梭镖队，有四五十个农民参加，后被长沙城派来的清乡队打散。

---

① 蒋介石（1887—1975），名中正，字介石，祖籍江苏宜兴，生于浙江奉化。近代中国著名政治人物，历任黄埔军校校长、国民革命军总司令、国民政府主席、行政院院长、国民政府军事委员会委员长、中华民国特级上将、中国国民党总裁、三民主义青年团团长、第二次世界大战同盟国中国战区最高统帅、中华民国总统等职。

② 许克祥（1890—1964），湖南湘乡人。1927年担任国民革命军第八军教导师、独立第三十三集团军团长，在何键指使下发动“马日事变”，杀害大批共产党人和工农群众。此后曾任湖南省防军第三师副师长、陆军第二十四师师长、第三十七军副军长等职。1948年出走澳门，后死于台湾。

6 月至 7 月初　来到长沙近郊黎家坨黎雪渠[①]家避难，遇原湖南第一师范学生罗迈（即李维汉）。经罗迈介绍，湖南省委负责人彭公达[②]批准，加入中国共产党。

7 月 12 日　中共中央改组，由张国焘[③]、李维汉、周恩来、李立三、张太雷[④]组成中央政治局临时常务委员会。下旬，中共中央政治局临时常委会决定在南昌发动武装起义。27 日，成立由周恩来、李立三、恽代英[⑤]、彭湃[⑥]组成的中共前敌委员会。

---

① 黎雪渠，生卒年不详，长沙近郊黎家坨乡绅，其女黎尚锦系徐特立学生，革命青年。

② 彭公达（1903—1928），湖南湘潭人。1924 年加入中国共产党，1927 年"马日事变"后与林蔚等组成中共临时省委，担任中共中央临时政治局候补委员、湖南省委书记、中共湘西特委书记等职。1928 年 7 月被捕牺牲。

③ 张国焘（1897—1979），江西萍乡人，1920 年参加北京共产主义小组，次年出席中共一大，被选为组织主任。中共六届一中全会当选为政治局委员。长征时任红军总政委，途中进行分裂活动，另立中央。1938 年投靠国民党。遗著有《我的回忆》。

④ 张太雷（1898—1927），江苏武进（今常州）人，无产阶级革命家，广州起义主要领导人之一。1927 年八七会议被选为临时政治局候补委员，任广东省委书记。在广州起义时，任广州工农民主政府代理主席兼陆海军人民委员长。12 月遭敌特伏击，中弹牺牲。

⑤ 恽代英（1895—1931），湖北武昌人，中国共产党早期青年运动领导人之一。曾以中共党员身份出席国民党二大，被选为中央执行委员；此后出任黄埔军校政治总教官，主持武汉中央军事政校。大革命失败后，参加南昌起义和广州起义。1930 年担任沪东行动委员会书记时被捕，次年在南京牺牲。

⑥ 彭湃（1896—1929），广东海丰人。早期无产阶级革命家、农民运动领袖。曾任海丰总农会会长、陆丰总农会会长、广东省农会执行委员长、农民运动讲习所主任、广东省农民协会副委员长、中共中央政治局委员、中共中央农委书记、广东工农革命军总指挥等职。被誉为"农民运动大王"、"中国农民运动的领袖"。1929 年 8 月于上海龙华被国民党杀害。

7月14日 到武汉，会见毛泽东。[①]

7月15日 汪精卫[②]在武汉发动七一五反革命政变，第一次国共合作全面破裂，大革命失败。

本月中下旬 经党组织批准，改变回湖南的计划，前往南昌参加起义。抵南昌后，周恩来、贺龙[③]等派人到车站迎接，宿江西大旅社。受周恩来所托，动员时任江西省政府代理主席姜济寰参加南昌起义。

8月1日 凌晨，参加由周恩来、贺龙、叶挺[④]、朱德[⑤]、

---

① 徐禹强、徐文浩主编:《万世师表徐特立》，中国档案出版社1998年版，第43页。

② 汪精卫（1883—1944），原籍浙江山阴（今绍兴）。早年参加同盟会，曾任《民报》主编；1925年担任国民政府主席，1927年在武汉发动七一五反革命政变。此后，历任南京国民党政府行政院院长、外交部长，国民党副总裁、中央政治委员会主席，国民参政会议长等职。1938年12月发表啃电，公开投降日本；1940年在南京成立伪国民政府，任主席；1944年死于日本。

③ 贺龙（1896—1969），湖南桑植人，无产阶级革命家、军事家，中国人民解放军的创建者和领导者之一。曾任红二方面军总指挥、八路军一二〇师师长、西北军区司令员、中央军委副主席、国务院副总理兼国家体委主任等职。

④ 叶挺（1896—1946），广东惠阳人，北伐名将，无产阶级军事家、中国人民解放军的创始人之一。曾任国民革命军独立团团长，南昌起义时任前敌代总指挥、十一军军长。参加领导广州起义，任总指挥部总指挥。1937年任新四军军长。1941年皖南事变，被国民党囚禁。1946年获释，同年因“四八空难”去世。

⑤ 朱德（1886—1976），四川仪陇人。无产阶级革命家、军事家，中国人民解放军创建人之一、中华人民共和国主要领导人之一。曾任红四军军长，八路军总指挥、总司令，中国人民解放军总司令。新中国成立后，任中央人民政府副主席，中华人民共和国副主席，国防委员会副主席，人大常委会委员长，中共中央政治局常委、副主席等职。

刘伯承[①]等领导的南昌起义，是起义队伍中年龄最长者。起义胜利后，以湖南代表身份出席中央执委及各省党部左派分子的联席会议，被推选为中国国民党革命委员会委员，兼革命委员会办事机构党务委员会委员。

8月2日　参加革命委员会在贡院侧公众体育场的就职典礼。到会者“除革命委员会全体在南昌成员及各团体代表数十人外，有民众团体二百余，到会群众有农工商学兵各界共数万人，旌旗蔽日，欢声震天，诚南昌前所未有之盛况，亦中国革命开一新纪元之佳兆也。”[②]

8月3日　中共前委按照中央原定计划，指挥起义军分批撤出南昌，沿抚河南下，计划经瑞金、寻邬（今寻乌县）进入广东省，先攻占东江地区，争取外援，尔后再攻取广州。

8月7日　担任国民革命军第二方面军第二十军第三师党代表，师长周逸群[③]。

9月中旬　随起义军经福建长汀、上杭，沿汀江、韩江南下。因病，在傅连暲任院长的长汀福音医院住院治疗，一起住

---

① 刘伯承（1892—1986），四川开县人，无产阶级革命家、军事家，中国人民解放军的创建者和领导者之一。曾任中央军委总参谋长、八路军一二九师师长、第二野战军司令员、军事学院院长兼政委、国防委员会和军委副主席、全国人大常委会副委员长等职。

② 《江西工商报》1927年8月3日。

③ 周逸群（1896—1931），贵州铜仁人，湘鄂西革命根据地和革命武装创建人之一。曾任湘西北特委书记、中国工农红军第二军团政委、湘鄂西五县联县苏维埃政府主席、湘鄂西特委书记等职。

院的还有在会昌激战中身负重伤的三营营长陈赓[①]。

9月23日　随革命委员会及起义军大队进入广东潮州，总指挥部设在涵碧楼。

9月25日　起义军在汕头举行军民联欢大会，庆祝占领潮州、汕头。

9月26日　与周逸群率第二十军第三师留守潮州、汕头，革命委员会留驻汕头。率官兵外出潮州筹款筹粮，完成任务准备回部队时，发现潮州已被敌人占领，无法返回。遂从甲子港乘小船经广州、香港脱险至上海。

10月　潜居上海，担任中共江苏省委农民部秘书。

是年　长子徐笃本因躲避敌人追捕涉水渡江，随后重病不治去世，年仅21岁。

---

① 陈赓（1903—1961），湖南湘乡人。无产阶级革命家、军事家。曾任中国人民解放军纵队、兵团司令员。新中国成立后，任西南军区副司令员兼云南军区司令员、中国人民解放军副总参谋长、国防部副部长、中共中央委员等职。

1928 年　51 岁

1 月　受中共中央委派，与贺龙、周逸群、郭亮[①]、柳直荀[②]组成五人委员会，拟开辟湘鄂西革命根据地。[③]

抵达武汉，突发严重的肠胃病，未能与贺龙等成行。

5 月底　病愈，被派往苏联莫斯科中山大学学习，从上海出发途经大连、哈尔滨，前往苏联。

6 月 17 日　到达莫斯科。

6 月 18 日至 7 月 11 日　作为代表旁听，出席在莫斯科近郊兹维尼果德镇塞列若耶别墅召开的中国共产党第六次全国代表大会。此次大会的任务是总结大革命失败和八一南昌起义以来革命斗争的经验教训，分析革命形势，确定新时期的任务和方针。

---

① 郭亮（1901—1928），湖南长沙人，革命烈士。湖南早期工人运动领导人之一。曾任中共中央委员、中共湖南省委书记、湘赣边区特委书记等职。后被叛徒出卖遇害。

② 柳直荀（1898—1932），湖南长沙人，革命烈士。曾任湖南省委委员、省农民协会秘书长、中国工农红军第二军团政治部主任、红六军政治委员、红三军政治委员、中共鄂西北特委书记等职。1932 年在肃反扩大化中遇害。

③ 参见萧三撰，文艺报社编:《人物与纪念》，三联书店 1951 年版，第 39 页。

7月　入莫斯科中山大学高级班，与何叔衡、董必武[①]、方维夏、林伯渠、吴玉章等同班。在莫斯科中山大学期间，刻苦学习俄语、马克思主义理论等，非常重视锻炼身体。日后回忆："在莫斯科我特别注意锻炼身体，每天早晨，我要到外面去跑步。冬天零下几十度，风雪无阻，从不间断。我的肠胃病就是这样靠增强体质好了的。"[②]

12月29日　张学良通电全国，宣布东北从即日起遵守三民主义，服从国民政府，改变旗帜。北伐战争结束，国民政府完成形式上的全国统一。

---

① 董必武（1886—1975），湖北黄安（今红安）人，无产阶级革命家，中国共产党创始人之一。中共一大代表。新中国成立后，历任中央党校校长，最高人民法院院长，中华人民共和国副主席、代理主席，全国人大常委会副委员长，中共中央政治局委员、常委等职。

② 徐禹强:《万里征途徐特立》，广东教育出版社1997年版，第11页。

1929 年　52 岁

1 月　毛泽东、朱德率领红四军主力从井冈山出发，转战赣南闽西，开创“工农武装割据”的新局面。

是年夏　莫斯科中山大学举行学年总结大会，瞿秋白①公开发表演讲支持多数派中国留学生，谴责米夫②、王明③等人，

---

① 瞿秋白（1899—1935），江苏常州人，无产阶级革命家、中国共产党早期领导人、中国革命文学事业的重要奠基者之一。1927 年 4 月中共五大后，被补选为中央政治局常委，同年 8 月主持召开中共中央八七紧急会议，纠正和结束了陈独秀右倾投降主义。会后任中共临时中央局负责人。1931 年 1 月，在中共六届四中全会上，受王明等人的打击，被排斥出中央领导机关。此后，在上海与鲁迅等一起领导左翼革命文艺运动。1935 年牺牲于福建。

② 米夫（1901—1938），原名弗尔曼（Firman Mikhail），苏联乌克兰人。1917 年加入俄国社会民主工党（布尔什维克），1925 年任莫斯科中山大学副校长，1927 年，率联共（布）宣传家代表团访华，同年参加中共五大。回国后任中山大学校长、共产国际东方部副部长。1928 年，作为共产国际代表参加在莫斯科召开的中共六大。1930 年以共产国际驻中国代表团团长的身份到上海。1931 年 1 月，在中共六届四中全会上，支持王明等取得领导地位。同年回国。1936 年后，任莫斯科东方大学校长、殖民地问题研究所所长。后被清除出苏联共产党。1938 年去世。

③ 王明（1904—1974），原名陈绍禹，安徽六安人。1931 年在党的六届四中全会上取得了在中央的实际领导地位，在党内推行“左”倾冒险主义，使中国革命遭受严重损失。后曾任中共中央长江局书记，又犯右倾投降主义错误。1956 年去苏联就医，故于苏联。

爆发了中共代表团和米夫、王明之间的公开斗争。

年底 苏联发动全国的大清党，莫斯科中山大学气氛紧张，中国留学生左权[①]等受到诬陷。

是年 据本人回忆："我的中心工作是参加斗争，如写壁报，做过一年 GPU（国家政治安全部）的工作"[②]。

---

① 左权（1905—1942），湖南醴陵人，无产阶级革命家、军事家。1925年加入中国共产党，同年赴莫斯科中山大学学习，后入伏龙芝军事学院。1930年回国，历任红军学校第一分校教育长、新十二军军长、第十五军军长兼政委、第一军团参谋长和代理军团长、八路军副总参谋长等职，1942年在对日作战中牺牲。

② 湖南省长沙师范学校编：《徐特立文集》，湖南人民出版社1980年版，第106页。

1930 年　53 岁

3 月　共产国际作出《共产国际政治委员会因中大派别斗争关于中共代表团的议决案》，指责中共代表团“帮助中山大学学生中间的派别斗争”，要求中共中央更换驻共产国际代表团成员。瞿秋白、邓中夏、余飞等被解除驻共产国际代表团的工作，王明小团体开始形成。

8 月　从莫斯科中山大学特别班毕业，学校也于这一期学员毕业后解散。

9 月　党的六届三中全会后，中央决定在赣西南建立苏维埃中心区，中央临时政府建立在此区。

11 月初　国民党调集 10 万兵力对中央苏区发动第一次“围剿”。

12 月　回到上海，根据党组织安排，由秘密交通陪同，前往中央苏区。经“香港—汕头—潮安—大埔”中共地下秘密交通线，到达闽西苏区。

12 月 30 日　抵达中央红军驻地宁都小布。

1931 年　54 岁

1 月 7 日　中共六届四中全会在上海召开，会议被共产国际东方部负责人米夫操纵。

本月　红军在毛泽东、朱德指挥下，诱敌深入，取得了第一次反“围剿”的胜利。

是年春　根据《古田会议决议》：“红军宣传工作的任务，就是扩大政治影响争取广大群众。由这个宣传任务之实现，才可以实现组织群众、武装群众、建立政权、消灭反动势力、促进革命高潮等红军的总任务。”受毛泽东、朱德委派，随红军做宣传工作。

3 月　在瑞金开办师资训练班，招收苏区各地选派来的旧式小学教师 200 余人，学制为一个月。因陋就简，亲自讲授政治、算术、理化等课程。

4 月 1 日　蒋介石以何应钦为总司令，率领 20 万兵力，对中央革命根据地进行第二次“围剿”。

5 月 31 日　红军取得第二次反“围剿”胜利。

7 月 1 日　蒋介石自任总司令，率领 30 万兵力，对中央苏区发起第三次“围剿”。

9 月初　红军粉碎国民党军的第三次“围剿”。赣南、闽西两区连成一片，革命根据地扩展到30多个县境，在24个县建立了苏维埃政府。

应毛泽东之邀，起草适合苏区实际情况的教育方案，并参与兴国县的教育工作，以期从兴国县获取经验，指导整个中央苏区。

9月18日　日本关东军制造“柳条湖事件”，九一八事变爆发。日本开始武力吞并东北三省，中华民族进入危急关头。

本月底　在兴国县城李寿庭公祠举办扫盲骨干培训班，学员90人，分省级和县级两个班。县级班教学以文化学习识字为主，省级班以“实习批评会”方式为主，同时针对苏区新教材奇缺的状况，组织教员自编乡土教材，经审查修改后，刻印分发各夜校及小学试用。

10月　在瑞金城北开办列宁师范学校，招收各级苏维埃政府选送的学生400余人，学制4个月。担任校长，兼做教务及总务方面的工作。课程设有国文、算术、历史、地理、政治、图画、唱歌、生理卫生、体操等。亲自编写教材并讲授政治课。

11月7日至20日　中华苏维埃第一次全国代表大会在江西瑞金召开。大会制定了《中华苏维埃共和国宪法大纲》，通过了《中华苏维埃共和国土地法》、《中华苏维埃共和国劳动法》等法令。《宪法大纲》规定：“中华苏维埃政权以保证工农劳苦民众有受教育的权利为目的，在进行革命战争许可的范围内，应开始施行完全免费的普及教育，首先应在青年劳动群众中施行。应该保障青年劳动者的一切权利，积极引导他们参加政治的和文化的革命生活，以发展新的社会力量。”会议选举毛泽东，周恩来、朱德、徐特立等63人组成中央执行委员会。

11月27日 毛泽东在中华苏维埃共和国中央执行委员会第一次会议上，当选为中央执行委员会和人民委员会主席，项英、张国焘（未到职）任副主席。

12月1日 中央执行委员会发布第一号《布告》，宣布中华苏维埃共和国成立。

任中华苏维埃共和国临时中央政府教育人民委员部副部长、代部长。

是年 深入到兴国县的长冈、江背和毗邻的于都县部分区、乡进行调查研究，把做好调查研究，掌握实际情况，看成是做好工作的基础。

1932年　55岁

1月27日　临时中央政府第五次常委会决定：调中央政府总务厅长方维夏为中央教育人民委员会委员。

1月28日　日军大举进攻上海，“一·二八”淞沪抗战爆发。

2月6日　临时中央政府第六次常委会议决：“批准中央教育部教育初步计划及教师生活费的标准。”①

2月19日　临时中央政府第七次常委会审查瑞金列宁师范学校的经费预算。②

3月1日　临时中央政府第八次常委会议决：方维夏报告在瑞金办小学教员训练班的经过情形；通过中央区列宁师范学校的经费预算，委任徐特立为校长；何叔衡报告开办政府工作人员训练班的经过；通过《政府工作人员要加紧学习》的命令，调徐特立来中央代理教育部长，调方维夏代理江西省文化部长。③

3月2日　临时中央政府发布《政府工作人员要加紧学习》的命令，规定：每一区、县、省苏政府都要设识字班，所有委

① 《红色中华》1932年2月10日。

② 参见《红色中华》1932年2月24日。

③ 参见《红色中华》1932年3月2日。

员、工作人员及群众团体的负责人都要参加学习；乡苏政府主席及苏维埃代表也要识字。

4月15日 中华苏维埃共和国临时中央政府主席毛泽东发表直接对日作战宣言。

5月1日 江西省苏政府第一次工农兵代表大会开幕，重要议题之一是文化教育问题。会议通过《文化教育工作决议》，指出要“以十二万分的努力发展群众的和儿童的文化教育与工农群众实际生活联系起来，使劳动和知识联系起来，简单说来，就是要使文化教育社会化、政治化、实际化、劳动化”①。

5月5日 中日签订《淞沪停战协定》。

6月9日 蒋介石在庐山召开军事会议，宣布“攘外必先安内”为基本国策。

6月13日 临时中央政府第16次常委会决定：在中央教育部组织编审委员会，以徐特立为主任，关蕴秋、施红光、蔡乾为委员；由中央创办列宁师范学校，以徐特立为校长。②

6月16日 蒋介石亲任“剿共总司令”，对中央苏区开始第四次军事“围剿”。

6月20日 临时中央政府发布第6号训令，要求各级文化部设立妇女半日学校，组织妇女识字班，举办家庭临时训练班、田间流动识字组，以提高妇女政治文化水平，培养妇女干部。

6月22日 临时中央政府发布第15号命令，要求各级政府

---

① 江西省教育厅编:《江西苏区教育资料选编》，江西教育出版社1960年版，第142页。

② 《红色中华》1932年6月16日。

深刻了解教育的重大意义，在百端节约经济和艰苦创造的情况之下来办各类学校，并“通令各级政府，各群众团体，各红军部队，及各学校职员，非在特殊情形临时需用情形之下，不得占据学校房屋及搬移学校器具，以免妨碍学校工作进行”[①]。

7月30日 临时中央政府召开第20次常委会，决定实施优待红军亲属受教育的各项优惠措施。[②]

8月17日 临时中央政府召开第22次常委会，讨论中央列宁师范的组织、课程及教职员之规定，委任徐特立、何叔衡（时任工农检察部部长）等5位同志为该校管理委员会委员。[③]

9月20日 临时中央政府召开第24次常委会，讨论教育部目前的中心工作，议决即日起起草教育部组织纲要，同时决定再办中央苏维埃工作人员训练班。[④]

10月 创办国立高级列宁师范学校[⑤]，校址设在闽瑞师范[⑥]，以培养初级师范、短期师范和中等普通学校、职业学校教员。学习期限三至六个月，课程有语文、算术、历史、地理、

---

① 王东:《从毛泽东、邓小平到“三个代表”重要思想（增订版）》（下册），北京大学出版社2004年版，第145页。

② 参见《红色中华》1932年8月4日。

③ 参见《红色中华》1932年8月30日。

④ 参见《红色中华》1932年9月20日。

⑤ 根据史料与当时所处的革命战争年代时间短、人力物力都十分缺乏等情况推断，中央区列宁师范学校、国立高级列宁师范学校、中央列宁师范学校系同一所学校，只是前后称谓或相关资料称呼不同。另据中央革命根据地纪念馆收藏的当年该校学生的毕业证，学校全称为“中华苏维埃共和国国立高级列宁师范学校”。

⑥ 后随中央教育部迁往洋溪乡洋溪村刘氏宗祠。

政治、图画、唱歌、生理卫生、体操、游戏等。学员由县级苏维埃政府选送，共400多人，其中男学员300多人，女学员100多人。除上课外，还开展军事训练，开荒、种菜，以改善生活。

年底　国立高级列宁师范学校校长改由罗欣然担任。

1933 年　56 岁

1 月 7 日　中国共产党临时中央政治局由上海迁入中央苏区瑞金。

1 月 31 日　临时中央政府第 31 次常委会决定，临时中央政府与中共中央局及全国总工会执行局联合创办苏维埃党校，后定名为马克思共产主义学校。①

2 月 26 日　临时中央政府第 35 次常委会召开，责成教育部召开教育工作会议，以检阅过去的工作，讨论今后实施的方针，并健全教育部组织。②

2 月 27 日　中央教育部召开中央教育会议，到会人员为江西、福建两省教育部长及中心各县教育部长。

3 月 13 日　临时中央政府第 37 次常委会检查中央教育部的工作情况，讨论今后的教育方针，并责成教育部健全整个教育系统的组织与工作，发布各种教育设施的办法，供给各地的教育材料。③

3 月 15 日　红军打破国民党军第四次“围剿”，中央苏区

① 参见《红色中华》1933 年 2 月 10 日。
② 参见《红色中华》1933 年 3 月 3 日。
③ 参见《红色中华》1933 年 3 月 21 日。

与闽浙赣苏区连成一片，红军迅速扩大到8万多人。

3月28日 临时中央政府召开第38次常委会，责成中央教育部即日颁发各级教育部的组织纲要，健全教育行政系统，指示各级文化部颁发关于教育任务与教育实施的具体工作方法，并通过徐特立、杨尚昆[①]、沙可夫[②]、魏挺群、曾镜冰、张欣等6人为中央教育委员会委员。[③]

4月1日 中国共产党第一次农工代表大会在江西瑞金召开。

4月11日 临时中央政府召开常委会，讨论《省、县、区、市教育部及各级教育委员会的暂行组织纲要》。《纲要》规定，省、县、区、市教育部的任务，“是正确执行中央政府和中央教育部关于教育的政策、计划、命令、训令”；在省、县、区教育部长、市教育科长及乡苏维埃政府之下，均设教育委员会，其职务为讨论工作计划，建议并检查关于发展该管辖范围内文化教育运动的一切问题。[④]

4月15日 中央教育部发布第一号训令《目前的教育任

---

① 杨尚昆（1907—1998），重庆潼南人。无产阶级革命家、政治家、军事家。曾任中共中央北方局书记，中央军委常委、秘书长、常务副主席，中华人民共和国主席等职。是中共第六届中央候补委员，第八、十一、十二、十三届中央委员，第十二、十三届中央政治局委员。

② 沙可夫（1903—1961），原名陈维敏，浙江海宁人，艺术教育家、戏剧教育家、剧作家。曾任中华苏维埃共和国临时政府机关报《红色中华》主编、教育部副部长兼艺术局局长，中华苏维埃大学副校长、延安鲁迅艺术学院院长、华北联合大学文艺学院院长。新中国成立后，历任文化部办公厅主任、党组副书记，人民出版社社长，中央戏剧学院第一副院长、党委书记等职。

③ 参见《红色中华》1933年4月8日。

④ 参见《红色中华》1933年4月17日。

务》，指出：“苏区当前文化教育的任务，是要用教育与学习的方法，启发群众的阶级觉悟，提高群众的文化水平与政治水平，打破旧社会思想习惯的传统，以深入思想斗争，使能更有力的动员起来，加入战争，深入阶级斗争，和参加苏维埃各方面的建设。”①

4月26日 临时中央政府召开第40次常委会，主要议决国民经济部与内务、财政、司法、教育各部的工作关系与职权划分。②

5月25日 作为代部长，签发中央教育部发出的《中央革命博物馆征集陈列品启事》。③ 征求各机关、团体及个人帮助，搜集物品寄中央革命博物馆筹备处。物品包括：1. 革命文件（1933年以前的），包括标语（贴在壁上的标语或标语稿本）；各种决议案、指示信、报告；传单画报、杂志、报纸、政治简报；革命印刷品或抄本；统计图表；等等。2. 反动文件（敌人进攻的计划书、反动传单品、反革命政治派别的各种文件等）。3. 私人物品，包括革命领袖的、烈士的、反革命首领的。④

本月 审定福建省小学用书《共产儿童读本》，并提出修改意见：“太偏重于政治，日常事项太少，且内容深浅，几册都没有什么分别”，又指出：“此项读本为应目前需要，用一、二

① 武衡、谈天民、戴永增主编：《徐特立文存》（第一卷），广东教育出版社1995年版，第91页。

② 参见《红色中华》1933年4月29日。

③ 按照临时中央政府的规定，中央教育部社会教育局负责中华苏维埃共和国革命博物馆的建立与展览事项。

④ 参见《红色中华》1933年6月29日。

学期或再编或改正，当更完善……”[①] 按照徐特立意见，教材进行了修改，增加了日常起居、饮食卫生和反对封建迷信等有关内容。

本月　蒋介石调集50万大军，发动对中央苏区的第五次“围剿”。

6月5日　署名签发教育部第二号训令《关于建立和健全俱乐部的组织和工作》，规定：各级教育部应经过各级教育委员会，经常讨论、有计划地领导俱乐部的工作，尤其是社会教育科负有专责。

6月8日　签发第三号训令《关于新调来的教育干部训练问题》，指示以下列四种办法训练新干部：在工作中训练；在斗争中训练；用行政纪律来教育；开办短期训练班。

7月7日　签发第四号训令《关于文教工作在查田运动中的任务》，训令指出：在查田运动中，文教方面负有特殊的、重大的任务；应在文化教育工作中，用一切有效办法来帮助查田运动的顺利进行，应加紧文化教育工作来提高广大工农群众的政治文化水平，发动广大群众参加查田运动，为彻底解决土地问题而斗争。训令要求各级教育部与查田委员会发生密切的关系，并编出各种查田运动的宣传品；各地俱乐部要组织化装宣传队等进行宣传；各地列宁小学的教员在教课中给学生讲解关于查田运动的政策及情况，提高学生的认识。

7月11日　临时中央政府召开第45次常委会，讨论第二

---

①　福建师范大学教育系教育史教研室编印：《闽西老革命根据地教育资料》，1982年油印本，第154页。

次全国苏维埃代表大会的准备工作，任命了一批政府工作人员，沙可夫担任中央教育部副部长。①

7月18日　与副部长沙可夫联名颁发中央教育部第二号通知，要求各级教育部选送学员，预备开办省、县两级教育干部办培训班。

7月22日　临时中央政府召开第46次常委会，委任陈丕显（当时负责中共苏区中央局儿童的组织宣传工作）、潘汉年（当时任苏区中央局宣传部长）为中央教育委员会委员。②

8月6日　中央教育部发布《夜校办法大纲》第十二号命令，指出：在国内战争环境中，青年和成年男女必须学会看路条、标语和文件等，尤其工作人员要提高文化和政治水平。为了更好地办好夜校，特规定了六条：（一）夜校的任务；（二）夜校设立的地点：（三）夜校的组织：（四）夜校的功课：（五）夜校教员的培训；（六）夜校的经费。

8月15日　中央教育干部学校在瑞金开学。

8月16日　临时中央政府召开第48次常委会，决定创办苏维埃大学，以毛泽东、沙可夫、林伯渠（当时任临时中央政府财政部长）、梁伯台（当时任司法部副部长）、潘汉年5人为大学委员会委员，毛泽东为校长，沙可夫为副校长。③

8月21日　苏维埃大学委员会召开第一次会议，决定暂设普通班以及土地、国民经济、财政、工农检察、教育、内务、

---

①　参见《红色中华》1933年7月23日。

②　参见《红色中华》1933年8月22日。

③　参见《红色中华》1933年8月31日。

劳动、司法等8个特别工作班，第一期招生1500名。

9月8日 与副部长沙可夫共同签发中央教育部第五号训令，支持团中央局发起的团对教育部工作的协助运动，要求各级教育部与各该级团的机关发生最密切的关系，在教育工作中求得广大团员的热烈参加与协助。

9月15日 临时中央政府召开第49次常委会，会议研究了教育问题，指出发展文化教育是一种争取革命战争胜利的武器，决定在10月召集一次中央苏区的文化教育建设大会，包括区以上教育部长，共青团、少先队、儿童团、工会及其文化团体都须有代表到会；临时中央政府须发一训令，指出文化教育的任务方针及其在战争中的重要作用；教育部须注意培养干部，教育经费应酌量增加。会议决定委派谢然之为中央教育委员会委员。①

会议通过的《扫除文盲运动》决定指出："自中央教育部第一号训令颁布教育任务，把以前在战争中不能办教育，及轻视青年成年教育的倾向纠正了。"

根据会议精神，临时中央政府颁布了由主席毛泽东，副主席项英、张国焘联名发布的《关于教育工作》第17号训令，强调了文化教育工作的极端重要性，指出临时中央政府完全同意中央教育部的意见，在10月与共青团中央联合召开文化教育建设大会，并责成中央教育部做好大会的各项准备工作。

9月25日 中国工农红军第一方面军在江西南部、福建西

---

① 参见《红色中华》1933年9月15日。

部反对国民党军第五次“围剿”的战役开始。

9 月 27 日 与副部长沙可夫共同签发中央政府教育人民委员部通告第一号《关于召集教育大会的通告》:“中央政府教育部与中共中央局，联合召集教育大会，检查过去工作，决定以后的教育政策和任务。开会日期为十月二十日。”①

10 月 4 日 与副部长沙可夫联名签发中央教育部征集《小学教育制度草案》意见的公函，要求各级教育部教育委员会接到草案后，吸收有经验的专家参加讨论，逐条提出意见，并于 1934 年 2 月 15 日前送到中央教育部。《草案》第一章第一条指出:“在工农民主专政下的小学教育，是训练现在参加民主革命斗争的后代，同时在这基础上准备将来共产主义的建设者，现在和将来绝对不可分离。”②

10 月 20 日 中央文化教育建设大会开幕，各级教育部及文化团体有关负责同志百余人出席会议。何克全（又名凯丰）作苏维埃教育政策的报告。会议讨论“过去教育工作的检阅”、“教育制度”、“消灭文盲运动”、“共青团协助教育运动”等问题。

大会通过《苏维埃学校建设决议案》，指出：苏维埃学校制是统一的学校制，没有等级，对于一切人民，施以平等的教育，所以需要普遍地消灭文盲，进行义务教育，但同时要顾及目前国际和国内革命形势急剧地转变，在学校种类、科目、修业期限、课程标准、教材上，均须有极大的伸缩。

---

① 武衡、谈天民、戴永增主编:《徐特立文存》（第一卷），广东教育出版社 1995 年版，第 114 页。

② 同上书，第 116 页。

大会通过《目前教育工作任务的决议案》，指出，“必须有系统地领导发展消灭文盲的运动、俱乐部、列宁室、工农剧社等”；目前重要的任务是“必须进行有系统的培养工农的干部”，并“在教育部领导之下，发起组织红色教员联合会”，还要执行“团所提出的协助条约”等。①

大会通过《消灭文盲决议案》，要求“以乡到中央均组织消灭文盲协会，成为独立系统广泛的群众组织，在行政上要受各级教育部指挥监督并帮助工作”，并组织消灭文盲临时中央委员会，督促建立各级消灭文盲协会。

10 月 23 日 中央文化教育建设大会通过《关于团与教育部协助条约的决定》，要求“在第二次全国苏维埃代表大会前，动员 122 个团的干部到地方和中央教育部工作”，担负消灭团内和少先队内文盲的任务，动员全体学龄儿童入学。②

同日 代表教育部与凯丰代表的团代表签署《关于团与教育部的协助条约》。

本月 中央文化教育建设大会通过《关于主席团分配工作、调动干部的决定》，指出为防止任意调动教育干部和教师的现象，凡调动教育机关主要熟练的工作人员，必须经上一级教育领导部门的同意。

本月 中央教育部发布《小学课程与教则草案》，《草案》分总则及小学各学年各课程和教则两章。

是年 为培养农业建设的人才，总结、推广农业生产经验，

① 参见《红色中华》1933 年 11 月 7 日。

② 参见《红色中华》1933 年 11 月 17 日。

并协助政府规划农业建设，中央土地部在瑞金叶坪乡东井村东山寺内创办了中央农业学校。该校系中国共产党创办的第一所半工半读的农业干部学校，第一期招生 200 名，分本科和预科两部和一个教员研究班。

担任中央农业学校负责人，亲自动手，结合当地农村生产实际，编写了《农业常识》上下册、《植棉经验说明》，与刘函玉合编了《自然常识》等教科书和教学参考书，还和教员们一起研制成轧棉机。

1934年　57岁

1月13日　中央教育部按照临时中央政府的规定，利用在福建漳州缴获的图书等资料，建立中央图书馆，在瑞金东郊建立中央博物馆。

1月22日至2月1日　出席在瑞金沙洲坝召开的中华苏维埃第二次全国代表大会。到会代表693名，候补代表83名。

1月24日至25日　毛泽东代表中华苏维埃共和国中央执行委员会与人民委员会向代表大会作报告。报告对中央苏区文化教育工作取得的成就给予充分的肯定，并指出："苏维埃文化教育的总方针在什么地方呢？在于以共产主义的精神来教育广大的劳苦民众，在于使文化教育为革命战争与阶级斗争服务，在于使教育与劳动联系起来，在于使广大中国民众都成为享受文明幸福的人。苏维埃文化建设的中心任务是什么？是厉行全部的义务教育，是发展广泛的社会教育，是努力扫除文盲，是创造大批领导斗争的高级干部。"①

2月1日　参加第二次全国苏维埃代表大会闭幕式，与毛泽东、朱德、周恩来等175人当选为中华苏维埃共和国第二届中

---

①《红色中华》1934年1月26日全苏大会特刊。

央执行委员会委员。

2月3日　第二届中央执行委员会举行第一次会议，选举毛泽东为中央执行委员会主席，项英、张国焘为副主席；任命张闻天①为人民委员会主席，瞿秋白为中央教育部部长，徐特立为中央教育部副部长。

2月16日　中央政府颁布《中华苏维埃共和国小学校制度暂行条例》的第八号命令。《条例》包括总纲、设置、编制、科目、设备、职员、教员的待遇等7章21条。

同日　中央政府颁布《小学教员优待条例》第九号命令。《条例》共九条，规定小学教员与政府工作人员享受同等待遇，如同等发给生活费、免费医疗、减纳土地税、享受代耕土地，还规定了奖励优秀小学教员的方法等。

本月　瞿秋白从上海来到瑞金。

4月1日　以副校长身份出席国立沈泽民②苏维埃大学在瑞金举行的开学典礼，校长瞿秋白作报告。

4月　《苏维埃教育法规》正式颁行，其中凝结了徐特立诸多关于中央苏区文化教育建设实践经验的总结与思考。

---

① 张闻天（1900—1976），江苏南汇（今属上海市）人。无产阶级革命家、理论家，中国共产党的主要领导人之一。1935年遵义会议上被选为中共中央政治局常委，代替博古负总责。抗日战争时期，任中宣部部长、马列学院院长、中央政治局委员。新中国成立后，曾任驻苏大使、外交部第一副部长、中共中央政治局候补委员、全国人大常委等职。

② 沈泽民（1902—1933），浙江桐乡人。1920年留学日本，参加少年中国学会；1921年回国，加入中国共产党；1925年到苏联学习；1930年回国，任中共中央宣传部部长。1931年在中共五届四中全会上当选为中央委员，同年任中共鄂豫皖省委书记。1933年在湖北黄安病逝。

7月7日　由红七军团组成的中国工农红军北上抗日先遣队从瑞金出发，进军福建。

8月7日　红六军团离开湘赣苏区，在独立第四团的接应和掩护下由遂川横石和新江口地区出发，突围西征。

10月10日　中央革命军事委员会发布第五号命令：中共中央、中央政府、中央红军主力开始战略大转移。随后，中央红军连同后方机关共8万余人，从江西瑞金、于都和福建长汀、宁化等地出发，开始长征。

10月中旬　随同中央红军从瑞金出发，开始长征。

11月下旬　长征队伍突破敌人湘江封锁线，人员损失过半，减至3万余人。

12月底　随中央军委纵队抵达瓮安县猴场的乌江南岸，参加为迎接猴场会议召开与1935年元旦举行的联欢晚会，表演捉跳蚤，将跳蚤在人身上爬来跳去寄生吸血使人奇痒难忍的神情表现得淋漓尽致，在引得众人捧腹大笑之后，告诉官兵要养成良好的卫生习惯，勤洗澡勤换衣服，防止染疾病。

1935 年　58 岁

1 月 6 日　中国工农红军占领遵义城。

1 月 9 日　随所在部队到达遵义。

1 月 12 日　参加在贵州省立第三中学操场举行的遵义全县民众大会，担任县革命委员会文教委员会委员。[①]

1 月 15 日至 17 日　中共中央政治局在遵义召开扩大会议（史称遵义会议）。会议结束了王明“左”倾教条主义在中共中央的统治，重新确立毛泽东的领导地位。

在遵义期间，走访遵义知名人士李筱全、李维伯、杨干之、赵乃康[②]等，同时动员他们将家藏图书送遵义图书馆保存。

本月　遵义会议后，红军部队进行整编，与董必武、林伯

① 参见《红星报》1935 年 1 月 15 日。

② 赵乃康（1869—1942），贵州遵义南乡人，学者。

渠、谢觉哉、成仿吾[①]、冯雪峰[②]、李一氓[③]等由红军干部团负责保护，团长陈赓、政委宋任穷。

3月底 中共中央决定周恩来、毛泽东、王稼祥[④]组成三人军事小组，负责指挥中央红军。

5月1日 红军强渡金沙江，跳出国民党军包围圈。

6月12日 红一方面军与红四方面军在懋功会师。

6月18日 瞿秋白在长汀就义。

6月中旬 陕甘革命根据地正式建立。

---

① 成仿吾（1897—1984），湖南新化人，教育家。早年与郭沫若组织创造社，1928年加入中国共产党，历任中共鄂豫皖省委宣传部长、省苏维埃政府文教委员会主席、苏区中央政府委员、中央党校教务主任、陕北公学校长、华北联合大学校长、中共晋察冀中央局委员等职。新中国成立后，曾任中国人民大学校长、东北师范大学党委书记兼校长等职。

② 冯雪峰（1903—1976），浙江义乌人。1927年加入中国共产党，曾任左翼作家联盟党团书记、中共中央文化工作委员会书记、江苏省委宣传部长、中共中央党校副校长、中共上海办事处副主任等职。新中国成立后，曾任华东军政委员会委员、人民文学出版社社长兼总编辑、中国作家协会党组书记。

③ 李一氓（1902—1990），四川成都人。1925年加入中国共产党。曾任陕甘宁省委宣传部长、中共东南局秘书长、新四军总司令部秘书长、苏北区党委书记、华中分局宣传部长、大连大学校长等职。新中国成立后，历任驻缅甸大使、国务院外事办公室主任、中共中央对外联络部副部长、中纪委副书记、中顾委常委等职。

④ 王稼祥（1906—1974），安徽泾县人。无产阶级革命家，中国共产党和中国人民解放军重要领导人之一。曾任中央工农民主政府外交部长、中央革命军事委员会副主席、中共中央政治局委员、中央军委副主席等职，新中国成立后，任驻苏大使、外交部副部长、中央书记处书记、中共中央委员等职。

6 月 29 日　随红军干部团，翻过第二座雪山梦笔山，到达卓克基地区。

8 月 1 日　中共中央发表《为抗日救国告全国同胞书》（即“八一宣言”）。

8 月下旬　随红军干部团过草地。

长征途中一直坚持教红军战士识字学文化，把战士的草帽当活动识字板，写上行军中常用的一些字、词和口号，让后面的人认。官兵中流传一个顺口溜：“人民教育家徐老，长征路上事文教，地当教室也当纸，树枝石头当笔用，每天学习二三字，一年学会八九百，学好文化好当家。”[①]

10 月 19 日　随中共中央、红一方面军主力抵达陕北吴起镇[②]，结束长征。当晚，因镇里住宿困难，接受谢觉哉的建议，两人在山上的麦地露宿。

10 月 20 日　在吴起镇油坊院负责收粮工作。向村民贾生财[③]了解当地生产生活情况、风土人情等，并对其讲述长征历程。

10 月 21 日　清晨，参与由毛泽东指挥的中央红军与国民党第六师一个团及骑三师余部在吴起镇平台山（今胜利山）的战斗，直到战斗胜利结束。傍晚，和贾生财及几位随从人员在吴起镇后街乱石头川察看地形时，营救跌落洛河的镇上杨木匠的

---

① 王劲松：《徐特立在长征时期的文化教育活动》，《档案时空》2012 年第 11 期。

② 今吴起县城。

③ 贾生财，吴起县人，系当地苏维埃政府地下联络员，后曾任定边县纪委书记、安边县苏维埃政府主席等职。

母亲和女儿。

在贾生财的帮助下，两天共接收群众送粮 3 万斤。

10 月 22 日 毛泽东率中央红军主力部队来到下寺湾，阎家沟列宁小学师生和附近群众夹道欢迎。是日，红军和群众在下寺湾戏台前聚会，听毛泽东讲话。

当晚与林伯渠、董必武、谢觉哉住在阎家沟列宁小学教员王华住的小屋里。因遇雪天，几位老人住数日才离开。期间为学生讲红军长征的故事，教学生唱红军长征的歌曲。

10 月 28 日 与谢觉哉去张家湾子，途经赤安县千百户时，将路旁一名神志不清的红军伤员背到村子后较偏僻的半山坡破窑洞，并留下水壶、干粮和军用毡。到张家湾子后，就此事专门向张瑞卿乡长作了布置，再三叮嘱一定要设法找到红军伤员。

11 月 3 日 中共中央政治局会议在甘泉县下寺湾召开，讨论中央对外名义和组织分工等问题。会议决定：对外使用中共西北中央局和中华苏维埃共和国中央政府西北办事处的名义；成立西北革命军事委员会，毛泽东为主席，周恩来、彭德怀[①]为副

① 彭德怀（1898—1974），湖南湘潭人。无产阶级革命家、军事家，中国人民解放军的创建人和领导人之一。曾任中国人民解放军副总司令、第一野战军司令员兼政委、中央军委副主席、中国人民志愿军司令员兼政委、国务院副总理兼国防部长、中共中央政治局委员等职。

主席，王稼祥、林彪[①]、程子华[②]、徐海东、聂洪钧、郭洪涛为成员。会议确定：大的战略问题军委需向中央提出讨论；战斗指挥问题由军委全权决定。会后，毛泽东、周恩来、彭德怀率红一军团，准备粉碎国民党对陕北苏区的第三次“围剿”；张闻天、秦邦宪[③]等率领中共中央机关前往子长县瓦窑堡。

同日　被任命为中华苏维埃共和国中央政府驻西北办事处教育部部长。教育部的主要工作包括筹建创办学校、编写教材、发展陕北边区教育事业、提高干部群众的文化知识等。

11 月 7 日　与董必武等随党中央和西北办事处机关工作人员到达陕甘晋省委所在地瓦窑堡，住南门陈老实家，这里成为西北办事处教育部临时驻地。安顿后立即对陕北教育情况进行

---

①　林彪（1907—1971），湖北黄冈人。1925 年加入中国共产党。曾参加北伐战争、南昌起义，历任中国工农红军军长、军团长，八路军一一五师师长、东北民主联军总司令兼政治委员、中国人民解放军第四野战军司令员、中华人民共和国国防部部长、中共中央军委副主席、中共中央副主席等职。在“文化大革命”中策划武装政变，失败后乘机叛逃，坠毁于蒙古温都尔汗。1973 年 8 月被开除出党。

②　程子华（1905—1991），山西运城人。1926 年加入中国共产党。曾任红二十五军军长、红十五军团政委、冀中军区政委、人民解放军第十三兵团司令员、山西军区司令员兼政委、中共山西省委书记、省政府主席，商业部部长、国家计委副主任、民政部部长、中顾委常委、全国政协副主席等职。

③　秦邦宪（1907—1946），又名博古，江苏无锡人。无产阶级革命家、中国共产党早期领导人。1925 年加入中国共产党。曾任中国共产主义青年团中央委员会书记、中共临时中央局成员、临时中央政治局书记和负责人。遵义会议后，任中共中央政治局常委、红军野战部队政治部主任、中央书记处书记、中共中央组织部部长等职。1946 年到重庆参加同国民党的谈判，返延安途中，因飞机失事遇难。

调查，听取当地党政负责同志汇报教育情况。其时，瓦窑堡只有一所小学、一名教师。

11月28日　中共中央发表《抗日救国宣言》。

本月　在陕北省苏维埃政府教育部召开的各县教育部长会议结束；聘延长县苏维埃政府教育部长李之钦[①]担任西北办事处教育部三科（社会教育科）科长；由周维俊、李宝生等负责筹建开办石印厂，印刷教材、宣传材料等。

12月初　去瓦窑堡列宁小学听课，因衣着简朴，被教师王志匀[②]误认为马夫。次日与董必武、冯雪峰又去听课，冯雪峰向王志匀介绍了徐特立和董必武，王志均对徐特立艰苦朴素的精神深感钦佩。

聘请因成分问题放弃教师职业、在家躲难的秀才侯锡康到瓦窑堡完小任教。

12月9日　中国共产党领导北平学生掀起声势浩大的抗日救亡运动（即一二·九运动），迅速波及全国，形成抗日救国的新高潮。

12月17日至25日　中共中央政治局召开瓦窑堡会议，确

---

① 李之钦（1907—1997），陕西延长人。1927年加入中国共产党。新中国成立后，历任中共中央宣传部教育处处长，甘肃师范大学、甘肃工业大学党委书记、校长，西北师范大学名誉校长等职。是全国政协甘肃省委员会第一、二届委员、常委，第四届副主席。

② 王志匀（1910—2000），陕西延长人。1927年加入中国共产党。曾任陕甘省苏维埃政府教育部部长、鲁迅师范学校校长、陕甘宁边区政府教育厅科长、延安大学系主任。新中国成立后，历任青海省文教厅、甘肃省教育厅厅长，甘肃师范大学党委副书记，甘肃省第四届政协副主席。

定抗日民族统一战线的策略方针。

12 月 26 日　根据地党政军民掀起声援白区学生爱国运动的热潮。西北办事处教育部组织成立陕甘苏区学生抗日联合会，并发电报声援白区学生爱国运动。

本月　对陕北教育进行全面调查，了解到全陕北苏区共 23 个县，近 200 万人口，高级小学只有 120 所，文盲率高达 95%，决心大力开办学校，发展教育，扫除文盲。为解决教师的问题，决定开办短期教师培训班。

1936年　59岁

1月25日　毛泽东、周恩来、彭德怀等联名发出《红军为愿意同东北军联合抗日致东北军全体将士书》。西北抗日救国会议发起筹募抗日基金运动，瓦窑堡各机关召开联席会议，讨论筹募抗日基金问题。

积极参加中央办事处主席团工作人员发动的为抗日基金运动的募捐，捐款5元。中央土地、教育、内务三部共捐款31元8角2分。

本月　担任西北办事处教育部同陕北省教育部在瓦窑堡创办的小学教师寒假培训班班主任。期间，一边编写教材，一边上课，同时组织学员学习《共产党宣言》和瓦窑堡会议文件，勉励学员加强学习，全心全意搞好根据地教育工作。培训班学员共80余名，后分配到边区各县区，成为边区教育的第一批拓荒者。

是年春　与林伯渠、吴玉章共同提倡新文字运动，开始进行扫除文盲工作，并开展群众性扫盲教育活动。

5月　陕北省东部数县小学教育迅速发展，据不完全统计，全边区共创建小学430所，大多是1935年11月中央到达瓦窑堡后所建。

6月1日　中国人民抗日红军大学（简称“红大”、“抗大”）在陕北安定县瓦窑堡创立，林彪任校长，毛泽东兼任政治委员，罗瑞卿任教育长。

“抗大”创立后，与中共中央其他领导人多次应邀到校讲课或作报告。

6月3日 美国记者埃德加·斯诺[①]以《每日先驱报》特派记者的身份来到陕北。

6月21日 为躲避主力红军西征后敌人对瓦窑堡的侵扰，随党中央和西北办事处撤离瓦窑堡，向志丹县（时名保安县）转移。

7月3日 随党中央和西北办事处到达志丹县城。

7月14日 埃德加·斯诺和医生马海德到达志丹县。与林伯渠、董必武、谢觉哉、吴玉章等其余四老一起出面接待美国客人。

7月15日 接受斯诺的采访，介绍陕甘根据地的教育状况，指出：“在西北，在我们到达以前，除了少数地主、官吏，商人以外几乎没有人识字。文盲几乎达百分之九十五左右”，“这里工作的进展要慢得多，我们一切都得从头开始”，“我们现在从群众中间正在训练几十名教师……他们之中有许多人要担任群众文化学校的义务教员，我们的成绩表明，这里的农民只要给他们机会是极愿意学习的。”并自信地表示：“如果有时间，我们在这里是能够做到使全中国震惊的事情。”斯诺后来把对徐特立的采

---

① 埃德加·斯诺（1905—1972），美国作家和记者。1928年来华，1933年起在燕京大学（今北京大学）任教。1936年到陕北革命根据地采访，写了《西行漫记》一书，向世界宣传中国革命斗争和红军长征。新中国成立后，3次到中国访问，受到毛泽东、周恩来的热情接待。

访，以《人生五十始》为篇名，在《西行漫记》中专写了一节。斯诺表示，在陕甘宁边区办教育，“若是换了任何西方的教育家，谁都会感到颓丧和力不从心。”

7月19日 《红色中华》刊登开展新文字运动的消息。中央党校、红军大学在二部学员中试验用新文字扫盲。

派教育部工作人员王志匀、赵生英到二部旁听学习。

8月25日 中共中央发出致国民党书，再次呼吁停止内战，一致抗日，实现第二次国共合作，组成国共两党合作为基础的全民族的抗日统一战线。

本月 在志丹县城遇到为学生购买识字教材的五岭湾小学教员王国桢，花1元钱购买麻纸160张，托王国桢带给学生。

本月 委派李之钦筹办新文字干部训练班。学员经过3个月培训后，成为当年办冬学的骨干教师。

11月15日 与丁玲①、成仿吾、李伯钊②、伍修权③、李

① 丁玲（1904—1986），女，原名蒋冰之、丁冰之，湖南临澧人，现代作家。曾任“左联”组织部长、陕甘宁边区文协副主席等职。新中国成立后，任中国作家协会副主席,《文艺报》主编，全国文联党组书记、常务副主席，全国政协常委等职。

② 李伯钊（1911—1985），女，四川重庆人，戏剧教育家、作家。1925年加入中国共产主义青年团，1925年冬赴莫斯科中山大学学习，1930年回国，曾任红军学校政治教员、《红色中华》编辑。新中国成立后，历任北京人民艺术剧院院长、北京市文委书记。

③ 伍修权（1908—1997），湖北武昌人。1930年加入中国共产党。曾任中央红军师政委、红三军团副参谋长、红二十五军师参谋长、陕甘宁边区政府秘书长、中央军委作战部副部长、东北军区参谋长等职。新中国成立后，历任国家外交部副部长、驻南斯拉夫大使、中联部副部长、解放军副总参谋长、中共中央委员、中顾委常委、全国人大常委等职。

克农[①]、陆定一[②]、洪水、徐梦秋等人发起成立中国文艺工作者协会（后定名“中国文艺协会”），在志丹县举行第一次筹备会议。组织协会是为了在抗日民族统一战线目标下，共同推动新的文艺工作，结成统一战线中新的战斗力量。

11月22日　与毛泽东等出席中国文艺协会成立大会，并在会上讲话。

12月13日　根据徐特立倡议，团中央与中央教育部联合发出的关于开展冬学运动的指示在《红色中华》刊出。指示要求各级教育部门与团的省、县、区委抓紧冬闲这一有利时机，在各乡间开展冬学运动和新文字运动，各省、县应有计划地开办教员训练班，建立小先生制，以解决教员不足的困难。

12月12日　张学良、杨虎城在西安发动“兵谏”，扣留蒋介石，通电全国，提出改组南京政府、停止内战、立即释放上海被捕的爱国领袖、释放全国一切政治犯、立即召开救国会议等八项主张。

12月15日　与毛泽东、朱德、周恩来、张国焘、林伯渠、

---

① 李克农（1898—1962），安徽巢县人。1926年加入中国共产党，曾任国家政治保卫局执行部部长、红一方面军政治保卫局局长，八路军、新四军驻上海、南京、桂林等地办事处处长，八路军总部秘书长，中共中央长江局秘书长，中共中央社会部部长等职。新中国成立后，历任外交部副部长、解放军副总参谋长、全国政协常委、中共中央委员。1955年被授予上将军衔。

② 陆定一（1906—1996），江苏无锡人。1925年加入中国共产党。曾任共青团中央宣传部部长、红军总政治部宣传部部长、延安《解放日报》总编、中央直属队政委等职。新中国成立后，历任中央人民政府文教委员会副主任、中宣部部长、国务院副总理、中共中央委员、中央书记处书记、全国政协副主席、中顾委常委等职。

王稼祥、彭德怀、贺龙、叶剑英①、任弼时②、林彪、徐向前、陈昌浩、徐海东等联名发表《红军将领关于西安事变致国民党国民政府电》，指出：西安事变“实蒋氏对外退让、对内用兵、对民压迫三大错误政策之结果”；张学良、杨虎城宣布之八项主张“实为全国人民之所言，厉行不暇，何可厚非？”“西安事变之发，南京当局亟宜引为反省之资，而绝不可负气横决，反而发动空前之内战”；重申红军将领“谋国共之合作，化敌为友，共赴国仇”的态度；要求国民党国民政府接受张学良、杨虎城的主张，停止内战，共同抗日。

12月28日　《红色中华》报道陕北省教育工作总检查情况。陕北省西线7县教育相对落后，但在西北办事处教育部直接领导和帮助下，半年来有了很大进步。截至11月底，7县已成立小学21所，在校学生270人。子长县成绩突出，上半年列宁小学仅1所，11月底扩充到8所。同时，该省新文字训练班也办得很有成绩，先后办了10个训练班，毕业学员146人，推动了全省扫盲运动的蓬勃发展。③

① 叶剑英（1897—1986），广东梅县人。无产阶级革命家、政治家、军事家，中国人民解放军的缔造者之一。曾任黄埔陆军军官学校教授部副主任、国民革命军第四军参谋长、工农红军副总指挥、一方面军参谋长、八路军参谋长等职。新中国成立后，任中共中央书记处书记、中央军委副主席、国防部部长、中共中央副主席、中央政治局常委、全国人大常委会委员长等职。

② 任弼时（1904—1950），湖南汨罗人。无产阶级革命家，中国共产党的主要领导人之一。曾任共青团中央总书记、中共中央苏区中央局组织部长、中国工农红军第二方面军政委、八路军总政治部主任、中共中央秘书长、中央书记处书记、中央政治局委员、中国新民主主义青年团名誉主席等职。

③ 参见《红色中华》1936年2月19日。

是年冬　创办扫盲师范（后易名鲁迅师范）并亲任校长。期间，得知从国民党统治区过来的学生晏景山、罗锦华丢了被子、鞋子后，将自己的被子送给晏景山，鞋子送给罗锦华。

1937 年　60 岁

1 月 11 日　题词祝贺于汉口创刊的《新华日报》。《新华日报》受中共中央长江局领导，国民政府监察院长于右任题写报头，各党派各界人士 40 多人题词祝贺，包括周恩来、董必武、王明、秦邦宪、叶剑英、叶挺、徐特立、郭沫若①、沈钧儒②、沙千里③、冯玉祥、方振武、陈铭枢、于右任、邵力子、张治

① 郭沫若（1892—1978），四川乐山人，现代著名学者和社会活动家。1926 年参加北伐战争，任国民革命军总政治部副主任。抗日期间，任国民政府军事委员会政治部第三厅厅长和文化工作委员会主任。新中国成立后，历任政务院副总理兼文化教育委员会主任，中国科学院院长，中国科技大学校长，全国文联第二、三届主席，第一至第五届全国人大常委会副委员长，第二、三、五届全国政协副主席等职。

② 沈钧儒（1875—1963），浙江嘉兴人，著名民主人士。早年曾参加立宪运动、辛亥革命、五四运动，加入中国同盟会、中国民权保障同盟，组织成立上海文化界救国会、上海各界救国联合会、中国民主政团同盟（后改组为中国民主同盟）。新中国成立后，历任中央人民政府委员，最高人民法院院长，第一、二届全国人大常委会副委员长，第一、二、三届全国政协副主席，民盟中央主席等职。

③ 沙千里（1901—1982），上海人。曾因积极参加抗日救国运动，与史良、沈钧儒等人被国民党逮捕，是著名的“七君子”之一。1938 年加入中国共产党，在重庆、上海、香港等地从事革命工作。新中国成立后，曾任全国人大常委兼副秘书长、粮食部部长等职。

中[①]、孔祥熙、白崇禧等。

1 月 13 日　随中共中央及西北办事处到达延安。

本月中旬　毛泽东提议，要为走完二万五千里长征的党内最年长的徐特立老人，破例搞一次祝寿活动，鼓舞红军指战员的士气。中共中央为祝寿活动提出了一系列具体要求，包括：在祝寿过程中不许收礼，只收信件和祝词；允许群众自发的聚餐活动，不过红军将士们如果需要聚餐的话，应从苏区银行发给的津贴中拿出钱来自己解决等。

1 月 21 日　西北抗日红军大学改名为抗日军政大学，简称“抗大”。

1 月 24 日　与胡耀邦[②]出席鲁迅青年学校在延安高级小学俱乐部举行的第一期毕业典礼，并就当前教育工作讲话。

1 月 25 日　《红色中华》刊登《徐特立同志六十寿诞》一文：

---

① 张治中（1890—1969），安徽巢县人，曾参加护法运动、北伐战争，1932 年淞沪会战时任第五军军长，抵抗侵华日军，后任湖南省主席，抗战胜利后任西北行营主任兼新疆省主席。1945 年国共谈判任国民党代表。1949 年，任国民党政府和平谈判代表团首席代表，和中共代表团拟定的国内和平协定为国民党政府拒绝后，留在北平。新中国成立后，曾任西北行政委员会副主席、全国人大常委会副委员长、国防委员会副主席、中国国民党革命委员会中央副主席等职。

② 胡耀邦（1915—1989），湖南浏阳人。无产阶级革命家，中国共产党和中华人民共和国的主要领导人之一。中共第八、十、十二、十三届中央委员，十一届三中全会增补为政治局委员，十一届五中全会当选为政治局常委和总书记，十一届六中全会当选为中央委员会主席，十二届中央政治局委员、常委、总书记，十三大当选为政治局委员。

一月三十日为中央政府教育部长徐特立同志六十寿诞，徐特立同志是革命中最老的一个，他的一生贡献于革命，他的斗争精神是值得每一个同志学习的，他平生非常勤俭，对于工作很负责任，他没有受过很多的教育，完全是自修得来的，每天不断地阅读书报，讨论并且能将自己多学的，耐心地教育别人，他能深入群众，与群众打成一片，凡是他工作过的地方，在群众中有绝对的信仰，这是他最大的特点。徐特立同志是值得我们钦佩和学习的，所以毛主席、朱总司令、洛甫同志等发起替他祝寿，在这一天里准备开会、演剧、宴会，望各地敬慕徐特立同志的同志们，致祝词、题诗、对联或表彰徐特立同志的行事，来祝他寿诞。

1月26日 身在兰州的谢觉哉写诗6首[①]，为徐特立祝寿：

一

六十人称老，未能老此翁。三冬恒御褐，万里不需筇。
金石坚能破，荆榛塞亦通。高标能起俗，无复懦顽风。

二

叛道斯为道，非儒乃是儒。冲开重叠网，探得久潜珠。
坏是成之始，行非学有余。坐言斯起作，曾不缓须臾。

三

独辟名山业，慈祥号外婆。友朋为助少，寒畯及门多。
海纵由涓滴，山须赖斧柯。翻然从此逝，未惜鬓毛皤。

① 周振甫、陈新注释：《谢老诗选》，中国青年出版社1980年版，第4—5页。

四

风雪江皋夜，残灯话病时。良朋三四聚，缇骑傍窗驰。
呻詈谈逾纵，思深心更夷。隐忧如启圣，应念此时期。

五

漠漠沮洳地，峨峨暴冻冈。是谁皆束腹，赠我竟倾囊。
攀石如猿上，趋蓬似鸟藏。衣冠自缝缀，莫怪太郎当。

六

莫谓成功晚，惟须见道真。凋零伤旧侣，矍铄有斯人。
相约加餐饭，随群就列陈。开筵梅雪里，同醉一杯春。

1月29日 朱德向徐特立发出了一封平实又风趣的电报：

徐老头，你是一个革命职业家，你是一个老共产党员，又是一个教育家。你一生能勤工俭学，能耐苦耐劳，反抗社会不平制度，并要征服自然，你是一个百折不屈的老革命家。你是封建社会里生长的人，从小就背叛封建社会的习惯，就染着了资本主义革命气习，嗜好着民主自由平等的味道，参加了中国一贯的民族革命。

你为得要看穿资本主义的西洋镜，曾跑到了最标本式的欧洲巴黎等地去勤工俭学，仍是不合你的脾胃。毕竟你是一个老怪物，一直跑到了共产主义的营垒来，做了一个无产阶级革命的老战士，你才算是死心塌地的做了下去。

我俩在同一战线中奋斗，在南昌暴动至东征中央苏区，至二万五千里的长征，以至今天，都在一路。我所见到你的革命精神与行动，真是可钦佩的。尤其是你的耐劳忍苦的模范，更兴奋了红色指战员及一般的同志。就是那些悲观失望，想掉队落伍的人们，想起我们徐老头的样子，也就起来跑了。

你是革命模范的人，你是革命前进的人。不管革命历史车轮转得好快，你总是推着他前进的。此祝

徐老头万岁！

朱德

一九三七年一月二十九日

后来，此信以“你是一个老怪物”为标题发表在《新中华报》上。“老怪物”也成为朱德赠给徐特立的“雅号”流传开来。

同日　《红色中华》从第352期起改名为《新中华报》。

1月30日　毛泽东在延安给在陕北保安的徐特立写了一封祝寿信，全文如下。

徐老同志：

你是我二十年前的先生，你现在仍然是我的先生，你将来必定还是我的先生。当革命失败的时候，许多共产党员离开了共产党，有些甚至跑到敌人那边去了，你却在一九二七年秋天加入共产党，而且取的态度是十分积极的。从那时至今长期的艰苦斗争中，你比许多青年壮年党员还要积极，还要不怕困难，还要虚心学习新的东西。什么“老”，什么“身体精神不行”，什么“困难障碍”，在你面前都降服

了。而在有些人面前呢？却做了畏葸不前的借口。你是懂得很多而时刻以为不足，而在有些人本来只有“半桶水”，却偏要“淌得很”。你是心里想的，就是口里说的与手里做的，而在有些人他们心之某一角落，却不免藏着一些腌腌臜臜的东西。你是任何时候都是同群众在一块的，而在有些人却似乎以脱离群众为快乐。你是处处表现自己就是服从党的与革命的纪律之模范，而在有些人却似乎认为纪律只是束缚人家的，自己并不包括在内。你是革命第一，工作第一，他人第一，而在有些人却是出风头第一，休息第一，与自己第一。你总是拣难事做，从来也不躲避责任，而在有些人则只愿意拣轻松事做，遇到担当责任的关头就躲避了。所有这些方面我都是佩服你的，愿意继续地学习你的，也愿意全党同志学习你。当你六十岁生日的时候写这封信祝贺你，愿你健康，愿你长寿，愿你成为一切革命党人与全体人民的模范。

此致

革命的敬礼！

毛泽东

一九三七年一月三十日于延安

当晚，毛泽东派人骑马涉过延河，将信专程送往在保安主持中华苏维埃中央政府西北办事处教育部工作的徐特立手中。

同日 《新中华报》发表祝词《做寿》，就祝贺徐特立六十大寿一事的意义特别说明：“在困难斗争中一切个人的、集体的、领袖的、群众的、有模范作用的例子，无论大小都值得提出来用各种各样的方法奖励之”，“替徐特立同志祝寿就有这种意义。”①

同时刊发了徐特立的《六十自传》② 和《我的答词》。《六十自传》从学习、职业和事业、革命工作三个方面概述了自己的人生经历：“我的生活随着社会从人类被压迫向着解放走，从失败向着胜利走，一切生活都配合着中国革命的发展，随着复杂的激烈的社会变化，使我的生活成为多方面的不固定的，但总是前进的。”答词说道：“各位同志替我祝寿，我很高兴……我一生过着极不平常的生活，把这一老古董推到革命最先锋的队伍中，将来革命史上也占着光荣的一页。与中国民族解放的光荣并存，我值得高兴，我愿意继续站在战争的最前线，为民族为世界和平而斗争。”③

当期《新中华报》还刊登了杨立三④ 的《长征中之老英雄》、莫文骅⑤ 的《优秀的布尔什维克徐特立同志万岁》、亚光的《徐

① 徐禹强、徐文浩主编：《万世师表徐特立》，中国档案出版社 1998 年版，第 16 页。

② 后由柳湜带到武汉，全文刊登在《全民周刊》1 卷 12 号上。

③ 湖南省长沙师范学校编：《徐特立文集》，湖南人民出版社 1980 年版，第 61 页。

④ 杨立三（1900—1954），湖南长沙人，1927 年加入共产党，历任红军第一方面军司令部副官长兼总经理处处长、军委后方办事处主任、八路军兵站部部长兼供给部长、中共晋冀鲁豫中央局经济部部长、军委后勤部长兼华北军区后勤司令等职。新中国成立后，任军委总后勤部部长兼政府食品工业部部长、解放军财务部部长。

⑤ 莫文骅（1910—2000），广西南宁人。1930 年加入中国共产党。曾任红五军团政治部宣传部部长，红十三师政治部主任，红八军团宣传部部长，第四野战军四十军政委，第十四、十三兵团政委等职。新中国成立后，任广西省军区副政委兼南宁市市长、东北军区政治部主任、解放军政治学院院长、福州军区副政委、解放军装甲兵政委等职。

特立同志是模范的青年》等祝寿文和特讯《祝寿狂热的一般》。特讯写道："至今日所收到私人的祝词（诗、文章、散文等）计达千余篇，团体的匾联亦有百余幅之多，不但是苏区如此，就是白区（如上海等地）也有许多人替他祝寿，并为他编纂历史，足证明祝寿的热烈，更证明徐同志在广大人民中的信仰是如何的深刻啊！"①

中国文艺协会的祝词写道："苏区有一怪，其名曰徐老，衣服自己缝，马儿跟着跑。故事满肚皮，见人说不了，万里记长征，目录已编好。沙盘教学生，A、E、U、J、O，文艺讲大众，现身说明了。教育求普及，到处开学校。绿水与青山，徐老永不老。"②

1月31日（农历十二月十九） 延安各界举行徐特立60寿辰庆祝会。毛泽东、周恩来、张闻天等中央领导同志出席庆祝会。毛泽东发表讲话：我在湖南第一师范求学时，最敬佩的两位老师，一位是杨怀中（即杨昌济）先生，一位是徐特立先生。在会上，各界代表致词，徐特立致答词。

邓颖超③、蔡畅为徐特立戴上红领巾。邓颖超说，徐老的

---

① 徐禹强、徐文浩主编:《万世师表徐特立》，中国档案出版社1998年版，第18页。

② 《新中华报》1937年2月3日。

③ 邓颖超（1904—1992），女，祖籍河南光山，生于广西南宁，无产阶级革命家、政治家，中国妇女运动领导人（曾任天津地委妇女部长、国民党候补中央执行委员、中共中央妇委书记、中共中央候补委员）。新中国成立后，历任中共中央委员、中央政治局委员、中央纪律检查委员会第二书记、全国人大常委、全国政协主席等职。

品德是极其高尚的，他不仅对党的事业无限忠诚，对同志也是很关心爱护的，尤其是尊重妇女，对夫人徐师母的爱情也是始终不渝的，是我们共产党人的典范。徐特立听了十分激动，即席讲了一段话："我自辛亥革命前，即进城办教育，把妻室儿女留在农村；后来离开家乡到法国留学；接着回国参加革命，至今十年来，与家庭隔绝，不通音讯，这都是反动派的压迫所致。我是一个有血有肉有感情的人，我爱自己的家庭，爱自己的妻室儿女。但国家的问题还没有解决，革命还没有成功，国破家何在？我因为长期不和妻子在一起，留法勤工俭学的时候，有人给我介绍女朋友，后来在苏联，在江西苏区，也曾有人提过这种事。但我的妻子是一个童养媳，没有文化，从小与我患难与共。我一直在外从事教育和革命，她在家里抚育儿女，还兼劳动兼办学，她支持了我的事业，也成全了我的事业。我一生提倡妇女解放，我假如丢弃了她，岂不又增加了一个受苦难的妇女？……"情真意切的话语，感动了在座的每一个人。[①]

作家丁玲即席赋打油诗一首："长征二万五，衣服自己补。马儿跟着跑，生活最艰苦。闲暇爱读书，年老心不古。遵纪是模范，谦逊与人处。革命主义真，名利当粪土。大家贺徐老，共撰英雄谱。"

会上，红军女战士送给徐特立一个书包，上面绣有拼音祝寿语句。中央总务厅厅长袁福清在物资困难的情况下，蒸了一些馒头作为祝寿的糕点，并炒了一盆黑豆招待前来祝寿的客人。

---

① 参见彭世华等编著：《当今圣人徐特立》，人民教育出版社2012年版，第49页。

本月　开始筹建鲁迅师范学校。筹建时初名列宁师范，后根据毛泽东的建议，为纪念鲁迅先生[①]，更名为“鲁迅师范”。

2月2日　倡议和主持创办的鲁迅师范在延安成立，王志匀任校长。这所学校是陕甘宁革命根据地建立的第一所中等师范学校，成立后不久，因延安吃粮发生困难，学校迁至延长。“鲁迅师范学生三百余人，没有费一文钱的开办费，而教室和自习室的桌凳是由学生从河沟弄来的石板做的。”[②]

为发展鲁迅师范，初期亲自坐镇学校指导教学，并为学生授课。

2月9日　与毛泽东、朱德、林彪、刘伯承、张闻天、廖承志[③]、林伯渠、吴亮平、丁玲等人一道，出席在抗大礼堂举行的《大公报》记者范长江欢迎会。

2月21日　提议并经西北办事处批准，鲁迅师范附设干部子弟小学，校址设在延长城内，这是陕甘宁革命根据地第一所

---

① 鲁迅（1881—1936），原名周树人，浙江绍兴人，中国现代伟大的文学家、思想家和革命家，中国新文学的奠基人。早年赴日本学医，后从文，企图改变国民精神。曾与康有为、梁启超展开论战，并加入光复会。辛亥革命后，任南京临时政府和北京政府教育部部员、佥事等职，兼在北京大学、师范大学、北京女子师大等校授课。1918年参加《新青年》编务，发表白话小说《狂人日记》。1930年起，筹备成立中国左翼作家联盟，又和宋庆龄等发起组织中国民权保障同盟，任临时中央执行委员。1936年初“左联”解散后，积极参加文学界与文化界抗日民族统一战线。所著收进《鲁迅全集》，近1000万字。

② 《新中华报》1937年4月29日。

③ 廖承志（1908—1983），广东惠阳人，著名社会活动家。曾任中共中央宣传部、统战部、对外联络部副部长，共青团中央书记处书记，华侨事务委员会主任，全国人大常委副委员长，中共中央委员、政治局委员等职。

干部子弟小学，是为延安保育小学前身。

2月29日 郭化若[①] 于庆阳医院致信徐特立《请让我做你的诚实的学生》，回忆徐特立在长征途中坚韧不拔的革命精神与感人的革命事迹。

是年春 在红军大学讲授政治经济学。

3月1日 出席由文艺协会和新中华报社举行的联合集会，欢迎美国女作家史沫特莱到延安访问。

3月9日、13日 《新中华报》连续刊登《徐老部长说朱毛的故事》，文章以生动的故事体裁介绍毛泽东在江西创建红军和革命根据地的诸多动人事迹。

3月23日至31日 参加在延安召开的中共中央政治局扩大会议。与会者有毛泽东、张闻天、博古、朱德、张国焘、凯丰、林伯渠、林彪、彭德怀、任弼时、贺龙、董必武、罗荣桓、廖承志、肖劲光、胡耀邦等56人。会议讨论西安事变和国民党三中全会以后抗日民族统一战线的新形势及中国共产党的新任务，以及讨论张国焘的错误，通过了《中共中央政治局关于张国焘错误的决定》。

4月12日至17日 与毛泽东、周恩来、朱德、秦邦宪、林伯渠等一道，出席在延安召开的西北青年救国联合会第一次代表大会并讲话。大会通过《目前政治形势与青年救亡运动的决

---

① 郭化若（1904—1995），福建福州人，1925年加入中国共产党，参加了北伐战争、第二次国内革命战争、长征、抗日战争、解放战争。新中国成立后，历任淞沪警备司令部、上海防空司令部司令员兼政委、华东军区公安部队司令员、南京军区副司令员、军事科学院副院长、全国政协常委、全国人大常委、中顾委委员等职。

议》，决定建立“西北青年救国联合会”作为全国青年救国会成立前现有各地青年团体的最高领导机关，选举冯文彬为主任。

4月26日 西北办事处召开会议，研究讨论如何由苏维埃政府过渡到特区政府，如何把陕甘宁革命根据地创造成为全国抗日民主的模范区。会议决定，成立选举法起草委员会、政府行政系统起草委员会、文化建设起草委员会和经济建设计划起草委员会。徐特立负责文化建设起草委员会工作。

4月29日至5月20日 负责起草的《关于群众的文化教育建设草案》、《小学教育制度暂行条例草案》和《五、六、七三个月教育工作计划》，连载于《新中华报》“教育”副刊第四、五期，总结江西中央革命根据地和陕甘宁革命根据地教育经验，提出发展陕甘宁革命根据地教育的纲领性意见，这是陕甘宁边区教育史上第一个重要教育法规。

5月1日 被延安五一运动大会推选为陕甘宁苏区体育运动委员会委员。

5月10日 参加陕甘宁苏区体育运动委员会第一次会议，与朱德、林伯渠一起被聘为名誉副会长。

5月16日 参加延安新文字促进会成立大会，当选为理事。当时延安已有新文字识字班15个，600余人参加学习。

5月18日 在西北办事处召开的各县苏维埃主席联席会上，作《关于群众文化教育建设》报告。

5月18日 毛泽东、张闻天、秦邦宪致电周恩来，提出同蒋介石进行的谈判须力争办到:（一）特区政府委员九人名单为林伯渠、张国焘、秦邦宪、徐特立、董必武、郭洪涛、高岗、张冲、杜斌丞。(二)红军设某路军总司令部，总司令朱德、副总司令彭德怀(但准备让步设总指挥部)。至少四个师，一师师长林彪，二师师长贺龙，三师师长徐向前，四师师长刘伯承。先发表上述六人，其余待后呈请委任，为加强抗日政治教育，政治部制度照旧(但准备让步设政训处)。(三)取缔北平、西安、上海等地破坏两党合作的行为。(四)取缔利用土匪、流氓、会党破坏红军、苏区的行为。(五)增加红军防地。

5月29日 国民党中央考察团考察延安。

是年夏 在延长县黑家堡列宁小学视察，给师生作教学工作报告，现场为师生做实验：把鸡蛋小头打开一个小孔，倒出蛋清和蛋黄，然后倒进白酒，密封好蛋壳，放在阳光下蒸晒，蛋壳很快就会摆动，并慢慢升到空中。报告赢得师生高度赞扬。

6月8日 国共两党庐山谈判，周恩来向蒋介石提交了中共中央关于《御侮救亡、复兴中国的民族统一纲领草案》。

6月18日 参加延安市新文字促进会理事会，并就当前教育工作在会上讲话。

本月 于陕北省委所在地蟠龙镇举办一期教师集训班，培训20岁左右的青年人50多名。

6月至7月 在延长鲁迅师范学校，集编者、学者、讲者于一身，边学习、边编写、边解释，征求学生的意见，编写出以《抗日救国十大纲领》为内容的政治课教材。

7月7日 日军向卢沟桥一带中国军队开火，中国守军第29军予以还击，史称七七事变。全面抗日战争爆发。

7月8日 中共中央发出《中国共产党为日军进攻卢沟桥通

电》，号召全国军民团结起来，共同抵抗日本侵略者。

7月17日　蒋介石就卢沟桥事变发表声明。

7月22日　为期1个月的陕北省暑期教员训练班正式开课。亲临指导工作并授课。

本月　受中共中央委托，与林伯渠、吴玉章、董必武、成仿吾、张云逸等筹备成立陕北公学。创办陕北公学的目的，是为抗战后进入延安的大批爱国青年讲授中国共产党关于抗战的路线、方针、政策和基本理论，领导武装斗争的基本知识以及对时局的认识。

本月至8月　因工作需要经常一个人夜间外出，参加会议和有关活动。曾数次遇狼，经与狼智斗，逢凶化吉。蔡畅等知道后，建议他夜里外出必须带上通讯员或勤务员，以防遇险。

本月底至10月　对鲁迅师范进行整顿，建立教务科、训导科和总务科，同时扩大招生，学生由原来23人增至360人。

8月13日　日军大举进攻上海，八一三事变爆发，中国军民奋起反击，淞沪会战拉开序幕。

8月22日至25日　中共中央政治局在陕北洛川县召开扩大会议，讨论了政治任务问题、军事问题及国共两党关系问题，通过了《关于目前形势与党的任务的决定》、《抗日救国十大纲领》、《为动员一切力量争取抗战胜利而斗争》等文件，确立了全面抗战的路线政策。

8月25日　中国工农红军中的陕甘宁边区红军改编为国民革命军第八路军（9月后改称国民革命军第十八集团军，实际上仍惯称“八路军”）。

9月6日　陕甘宁边区政府在延安正式成立。林伯渠、张国焘、秦邦宪、董必武、徐特立、谢觉哉、郭洪涛、马明方、高岗等9人为边区主席团成员，林伯渠为主席。

同日　主持制定的《关于推行新文字的指示信》和《关于发动识字运动月的指示》在《新中华报》全文刊载。

9月20日　中华苏维埃中央政府驻西北办事处改为陕甘宁边区政府，原西北办事处教育部改为陕甘宁边区政府教育厅，徐特立担任教育厅长，积极“实行国防教育，实施普及的义务的免费的教育，提高人民民族觉悟的程度，实行学生的武装训练，普遍的设立日校、夜校及补习学校，实行消灭文盲运动，改善教员职员的待遇”[①]。

9月22日　国民党中央通讯社发布《中国共产党为公布国共合作宣言》，次日发布蒋介石的《对中国共产党宣言的谈话》，承认中国共产党的合法地位。国共两党实现第二次合作，以国共合作为主体的抗日民族统一战线正式形成。

10月12日　国民革命军新编第四军（简称“新四军”）成立，叶挺任军长，项英任副军长。

10月18日　湖南文化界抗敌后援会（简称文抗会）在湖南第一师范礼堂举行成立大会，主要由南下的中华民族先锋队、长沙本地和外来聚集到长沙的文化界人士组成，成为长沙抗日救亡活动的重要团体。

10月23日　毛泽东为陕北公学题词：“要造就一大批人，

---

① 《特区施政纲要》，《新中华报》1937年11月24日。

这些人是革命的先锋队。这些人具有政治远见，这些人充满着斗争精神和牺牲精神。这些人是胸怀坦白的、忠诚的、积极的、正直的。这些人不谋私利，唯一的为着民族与社会的解放。这些人不怕困难，在困难面前总是坚定的，勇敢向前的。这些人不是狂妄分子，也不是风头主义者，而是脚踏实地富于实际精神的人们。中国要有一大群这样的先锋分子，中国革命的任务就能够顺利的解决。”① 题词为陕北公学明确了培养目标。

11月1日 陕北公学在延安正式开学，数年间为党和国家培养了13000多名革命干部。

11月20日 国民政府宣告迁都重庆。国民党湖南省政府改组，何键② 下台，张治中继任省政府主席。

11月21日 与教育厅副厅长陈正人③ 陪同毛泽东在边区教育厅庭院接见董纯才④ 。

11月26日 与王凌波等一行根据中央安排，离开延安前往长沙，筹办八路军驻湘通讯处。途经武汉时，向中共中央军委

---

① 李维汉:《回忆与研究》，中共党史资料出版社1986年版，第398页。

② 何键（1887—1956），湖南醴陵人。曾参加北伐战争。1928年后追随蒋介石，历任湖南清乡督办署会办、湘赣“剿匪”总指挥部代总指挥、湖南省主席、赣粤闽湘鄂五省“剿匪”联军西路军总司令、“追剿”军总司令、内政部长、军事委员会抚恤委员会主任等职。

③ 陈正人（1907—1972），江西遂川人。1925年加入中国共产党，抗日战争时期，任中央军委总政治部宣传部部长、中共中央西北局组织部部长。

④ 董纯才（1905—1990），湖北大冶人。早年在上海光华大学、南京晓庄师范等校学习。1938年加入中国共产党，曾任陕甘宁边区教育厅科长、东北行政委员会教育委员会委员、东北人民政府教育部副部长。新中国成立后，历任国家教育部副部长、党组书记，中央教育科学研究所所长，中国文字改革委员会主任，民进中央常委等职。

副主席周恩来请示相关工作。

本月 陕甘宁边区政府改称陕甘宁特区政府。

本月 被中央任命为国民革命军第十八集团军高级参议、驻湘代表，与从国民党监狱获释不久、在中央秘书处工作的王凌波（拟任通讯处主任），回湖南领导八路军驻湘通讯处工作。其主要任务是：宣传中国共产党的抗战方针，开展统一战线工作，推动各界爱国人士参加抗日斗争；动员群众募集物资，支援抗日战争。同时利用公开合法身份，掩护和配合中共湖南地下党秘密恢复和发展党的组织。徐特立主要从事公开工作，王凌波负责通讯处日常工作，着重抓秘密工作。

本月 著《资本主义倾覆及其出路》一文。全文分“生产力的摧毁、反机械、反科学、反民主主义、国家自足自给、以战争为最后的解决”六个部分，文章指出：“恐慌由这一阶段转到另一阶段，已经存在着倾覆的种种因素。然资本主义必须有无产阶级去推翻，才有最后的倾覆，希望资本主义自动的倾覆是不可能的。如果反资产阶级的坚强不够与准备不够，资本主义仍能当权，恐慌的第一阶段过去了，又来一新阶段。在每一阶段如果无产阶级不给以致命的打击，资本主义仍有一条出路。但资本主义不能由致死的疾病中恢复到过去的原状。所以他的出路并不是适当的解决，资本主义衰落时的政策每一阶段的出路更增加他的毁灭程度。”①

12月9日 与王凌波等一行到达长沙，住犁头街南方旅

① 湖南省长沙师范学校编：《徐特立文集》，湖南人民出版社1980年版，第62—65页。

社[①]。同一些地下党员取得联系，着手通讯处的组建工作。[②]

12月10日 《力报》报道："湘教育家徐特立离湘十余年，昨日下午二时由武汉来长……徐着灰布短衣，精神奕奕，不减当年气概。"同日,《国民日报》也登载消息："湖南老教育家徐特立须发近白，然精神颇佳，身着灰布短衣，乘武汉特别快车回湘。"

12月11日 《长沙晚报》刊登消息："教育界名人徐特立十年未入乡门……昨经小吴门进城，现住南方旅社。旧故门生拜访者络绎不绝……"

12月12日 在长沙临时大学礼堂作来长后的第一场公开演讲，介绍中国共产党的抗日民族统一战线政策，号召同学们参加抗日活动。

12月13日 经中央批准，边区政府主席团人员改由林伯渠、张国焘、习仲勋、徐特立、刘景范、马明方、高岗组成。

同日 国民政府首都南京陷落。日军攻入南京城，开始了人类历史上惨无人道、长达6个星期的南京大屠杀。

12月16日 上午，应文抗会邀请，在长沙市银宫电影院同省城各界人士见面，演讲《国际和国内的政治形势》，指出目前国际国内形势都有利于中国抗战，开始出现团结抗战的局面，

---

① 另据当时担任八路军驻湘通讯处秘书的黄英博回忆："徐特立、王凌波一行到达长沙，住犁头街口一家名叫临湘的小旅店。"（参见中共长沙市委党史办编：《抗日战争初期徐特立同志在长沙》，第131页）

② 不久后搬到东长街徐家祠堂办公。由于徐家祠堂是小学课堂，一月后又得开学，徐特立在那里大约住了一个月，又搬到寿星街。

同时总结了前段抗战的经验教训。[①]

下午，会见长沙各大报社记者，谈抗日等问题，驳斥了“速胜论”和“亡国论”：“有人以为日本没有煤，没有铁，我们抗战六个月，日本帝国主义就必然崩溃。日本帝国主义存在着不可避免的危机是事实，可是把它估计得这样低，不但离开事实，而且是于长期抗战有害”，相反，“那些唯武器论者，对抗战前途悲观也是不当的。我们虽然没有大量现代化的武器，我们可以从敌人那里夺取，我们可以从战争中补充。”并满怀信心地指出：“打游击是共产党、八路军的拿手好戏，我们将通过游击战发展壮大，越战越强”，“对日本帝国主义想和平是不可能的，绝对不可能的，唯有从抗战中求解放才是出路”。

12 月 19 日　与任作民等指导中苏文化协会湖南分会成立。会长覃振[②]，常务理事翦伯赞[③]、刘岳厚[④]、陈大榕，理事吕振

① 湖南长沙师范学校编:《徐特立文集》，湖南人民出版社 1980 年版，第 66 页。

② 覃振（1884—1947），字理鸣，湖南桃源人。著名爱国人士，辛亥革命先驱。早年就读日本东京弘文学院、早稻田大学，曾任中国同盟会总部评议员、武昌首义湘桂联军督战官、大元帅府参议、湖南检阅使、国民党中央执行委员、国民政府立法院副院长、立法院代理院长、司法院副院长等职。1947 年病逝于上海。

③ 翦伯赞（1898—1968），维吾尔族，湖南桃源人，历史学家。1937 年加入中国共产党。历任《中苏半月刊》副主编、《大学月刊》主编、香港达德学院教授等职。新中国成立后，历任北京大学历史系主任、副校长，中科院哲学社会科学学部委员，政务院文教委委员，中央民委委员，民族历史研究指委副主委等职。主要著作有《历史哲学教程》、《中国史纲》、《中国史论集》等。

④ 刘岳厚（1892—1970），湖南醴陵人。曾任湖南省公路局总工程师、局长，曾负责国民党湖南党务工作，在全省范围内掀起甲乙派斗争。后力倡民主，同情、掩护中共地下党活动，反内战、反独裁。新中国成立后，曾任中南军政委员会参事、民革湖南省委常委、省政协第一届常委等职。

羽[①]、翦伯赞、谭丕模、黄一欧[②]、刘岳厚、陈大榕等。该会多次举行中苏问题座谈会、抗战座谈会、科学家座谈会等，邀请徐特立到会演讲。

同日 《国际和国内的政治形势》刊载于湖南《大公报》。

12 月 20 日　湖南民众干部训练班开学。受张治中之邀担任民训指导委员会工作，鼓励学员利用这一公开合法的形式，真正到民众中去切切实实地做动员和组织工作。

12 月 25 日　再次在银宫电影院公开宣讲中国共产党的《抗日救国十大纲领》，号召民众组织起来，武装起来，有钱出钱，有力出力，团结一心，保卫家乡，共同抵抗日本侵略，对日抗战到底。

12 月 27 日 《国共合作与抗战前途》一文刊载于《战时文化》旬刊第 2 期。文章从南京失守后抗战的前途、在抗战中的国际关系和国共合作的前途三方面，阐述国共合作与抗战前途问题，并呼吁：在斗争过程中，两党都会有变化的，大家更会健全起来的，不要猜忌，合作还要求减少摩擦，彼此应当以开诚布公的态度处理一切。

---

①　吕振羽（1900—1980），湖南隆回人，历史学家。1936 年加入中国共产党。历任中共辽东省委常委、大连大学校长、东北人民政府文教委员会副主任、东北人民大学校长、中央党校教授、中国科学院哲学社会科学部委员等职。著有《中国政治思想史》、《简明中国通史》等。

②　黄一欧（1892—1981），湖南长沙人，黄兴之子，爱国民主人士。早年加入同盟会，参加过广州新军起义、黄花岗之役，参与组织江浙联军，参加北伐战争，曾任安徽榷运局局长、天津市特别政府参事、广东省政府政务委员、国民政府立法委员等职。新中国成立后历任湖南省人民委员会委员、省政协副主席、民革湖南省委主任、民革中央委员。

12月28日 看望黄炎培[①]，谦称自己是“前江苏教育总会单级讲习所学生”，向黄介绍中国共产党坚持国共合作、共御外侮的主张，并请黄将交谈时所说的 “立国要有力量，能自立，但同时要有朋友，不可孤立”写作纪念。是为黄炎培和共产党领导人的初次交往。

12 月下旬 应湖南第一师范师生之请回校演讲。学校当局提出不谈“党务”、“政治”、“军事”，只谈“做人”、“治学”、“做事”。教师兼附小主事陈奎生主持。演讲时，对爱国青年应走的道路作了精辟分析，指出青年人要关心国是，要有追求新知识、新道德的理想；人生要有个目标，但目标不是一找就对，须有决心、有毅力去寻求，去实现；做人一定要忠诚，待人一定要和颜悦色，不能自以为是，只能实事求是。

本月 在通讯处接待从圣经学院来访的沈从文、曹禺、萧乾、孙伏园等人，对他们坚持文化抗战的行为予以高度赞赏，并表示：欢迎大家去延安，那里可以自由写作；如果有固定工作或别的原因去不了的，就留在后方做团结工作，这也很重要；因为战争不可能两三年就能结束，后方团结合作，还值得大大努力，后方得到安定，才能持久抗战，以此激励他们用笔杆子与日军作战的信心和勇气。

---

① 黄炎培（1878—1965），江苏川沙（今属上海市）人，著名职业教育家。曾任江苏教育会副会长、中华职业教育社事务部主任。1941 年参与组织中国民主政团同盟（后改称中国民主同盟），任中央常委、主席；1945 年参与成立中国民主建国会。新中国成立后，历任中央人民政府委员、政务院副总理兼轻工业部部长、全国政协副主席、全国人大常委副委员长、民建中央主任委员等职。

年底　八路军驻湘通讯处办公地点移至东长街（现蔡锷中路）徐祠巷徐氏祠堂（内设民达小学）。

是年　多次到私立育英学校指导工作，指出："学校应该适应抗战需要，实行民族解放的革命教育。"①

是年　应文化界的薛暮桥、李仲融、杨东莼、曹禺、张天翼、邵荃麟，妇女界的罗琼、王庚玖、梁淑德、孟素等之邀，参加他们组织的各种座谈会。同时，抓住一切机会进行各种各样的个人会谈，如与黄炎培、张西曼、赵君迈、董爽秋等的会谈。

是年　指导八路军驻湘通讯处与中共湖南省级领导机构密切联系、相互配合，共同研讨解决相关问题。由于当时中共在湖南的组织处于地下状态，有很多工作是在八路军驻湘通讯处掩护下进行的。

是年　回湘不久，通过调查，掌握了部分同志留在湖南的家属和烈属生活上的困难以及一些被捕干部的情况，及时向中央报告，申请拨给经费进行救济和营救。

---

①　1938年9月，长沙大疏散，育英学校迁往农村，坚持开展抗战教育和抗日宣传活动，并在此基础上建立了"育英儿童抗敌工作团"，到省内许多地方开展抗日救亡活动。

1938 年　61 岁

1 月上旬　应湖南国民党乙派首领刘岳厚邀请，在湖南广播电台作广播演讲，指出：日本帝国主义的侵略意图是要灭亡中国，我们在大敌当前、国家兴亡绝续的时候，只有举国团结一致，捐弃前嫌，才能胜利，否则就会做亡国奴；现在还有人反对国共合作，破坏团结，那是对民族的犯罪，对国家的不忠。这种人应该赶快回头，为了国家民族抛开私人的恩仇，团结一致抗日，最后胜利一定是我们的。

1 月 16 日　就湖南群众运动工作致信博古，称"湖南工作目前十分好做"[①]。

1 月 24 日　在湖南《大公报》及《观察日报》上发表严正声明，长沙出现的以"解放出版社"名义出版的"真理小丛书——《中共抗日民族统一战线的主张》"系冒名发行，其中第一、二、三篇是过去土地革命战争时期中共所发文件，在抗日战争时期无效，重新翻印传播是有害而无益的，应一律停止发行。

① 中国人民解放军历史资料丛书编审委员会编：《八路军新四军驻各地办事机构（4）》，解放军出版社 1999 年版，第 473 页。

1 月 25 日 长沙《观察日报》创刊。徐特立将包括中共中央《抗日救国十大纲领》等重要文件及八路军驻湘通讯处电台抄收的新闻，均交由该报发表，并亲自审定其中重要文章。

1 月 28 日 中共地下党员田汉①、廖沫沙②创办的《抗战日报》创刊。在创刊号上，徐特立撰写题为《淞沪抗战的教训与国共合作》的文章，指出："如果在抗日过程中忽略了各党各派的合作，那么抗日就成为不能实现的口号，就重复了抗日剿共反蒋和抗日反蒋反共的错误。我们要坚决地改正过去的错误，彻底合作，到底合作！"③并为该报副刊《抗战工人》、《抗战青年》题写刊头。

本月 先后接受学联、妇联、中央戏剧学校等单位邀请，作团结抗日的演讲。

2 月 6 日 应湘省抗敌总会聘请，与田汉、茅盾④、王茨青、

---

① 田汉（1896—1968），湖南长沙人，著名戏剧家、《义勇军进行曲》词作者。1912—1916 年就读于长沙县立师范学校第一班，深得校长徐特立器重。曾任左翼作家联盟戏剧党团书记、中国戏剧家协会主席兼党组书记、全国文艺界联合会副主席、第四届全国政协委员等职。

② 廖沫沙（1907—1990），祖籍湖南长沙，出生于江苏无锡，著名杂文作家、新闻工作者。1922—1926 年就读于长沙师范学校第六班。曾在重庆、香港等地多家报刊担任编辑部主任、副主编等工作。新中国成立后，先后担任中共北京市委委员、北京市政协副主席、全国政协委员等职。

③ 湖南省长沙师范学校编:《徐特立文集》，湖南人民出版社 1980 年版，第 92 页。

④ 茅盾（1896—1981），原名沈德鸿，字雁冰，浙江嘉兴人。现代著名作家、文学评论家、文化活动家、社会活动家，新文化运动的先驱、中国革命文艺的奠基人。代表作有小说《子夜》、《春蚕》和文学评论《夜读偶记》等。

左舜生 [①]、曾约农 [②] 等组成湖南抚敌总会宣传委员会。

2 月 14 日 到坡子街火宫殿作关于抗日的演讲。指出：国军把大量土地给了敌人，共产党八路军则从敌人手中夺回这些土地，这叫“人弃我取”；人家打仗有枪炮，我们打仗用双手，打死一个敌人，把敌人的枪拿来武装自己，这叫做“打一个得两个”；在战场上，“八路军是老百姓，老百姓也是八路军”。敌人来进攻，“我军得了情报，派军队埋伏要隘。当敌人趾高气扬的时刻，出其不意而歼之。所有枪支都武装了老百姓，八路军就是这样壮大起来的”。再次强调国共两党应联合抗日：我们同胞再不能自相残杀了……两党过去的账，都不算了。最后勉励大家各安已业，随时协助抗日救国工作。[③]

《观察日报》报道：“不要小看了这地方（指火宫殿），老教育家徐特立先生还在这里讲过话。徐先生本来是深入民间的，以他那滑稽的口吻，把国家的大事说得很周详，抢去了不少说书人的买卖。”[④]

2 月 21 日 《抗战到底与自力更生》一文刊发于长沙《抗战日报》。该文指出：“我们这一次的抗战……是这样的一种的长期

---

① 左舜生（1893—1969），湖南长沙人，作家、文学评论家。曾任中国青年党中央常委、国民政府农林部部长等职。著有《中国现代名人轶事》、《万竹楼随笔》、《黄兴评传》等。

② 曾约农（1893—1986），湖南湘乡人，曾国藩嫡系曾孙。抗日战争前后，在湖南创办艺芳大学、克强学院及中学。1949 年春去台湾，任教于台湾大学。1955 年在台中创办东海大学，为第一任校长。

③ 参见中共中央党史资料征集委员会征集研究室编：《中共党史资料专题研究集抗日战争时期（二）》，中共党史资料出版社 1989 年版，第 126 页。

④ 湖南省长沙师范学校编：《怀念徐特立同志》，湖南人民出版社 1980 年版，第 181 页。

抗战，是一种有胜有败的长期的抗战。”同时指出：“自力更生的意思是自己有独立的主权，用自己的力量并利用外交的力量复兴自己的国家。所以自力是独立，不是孤立。”并强调：“只有抗战到底才能消灭帝国主义的压迫和剥削，只有抗战到底才能从抗战过程中消灭封建势力，所以只有抗战到底才能取得最后的胜利；同时抗战到底一定要配合‘自力更生’。”①

2月22日 撰写《关于武装农民问题》，指出抗日救亡首先要使农民得以自卫自治，强调：“在长期抗战的今日中国，在第二期抗战还正在开展的今日，和从第一期抗战所给予我们血的经验与教训，武装农民确是时代和环境所赋予我们的主要任务……农民的武装是与农民的自治自卫不可分离的。我们为着保障民族抗战最后胜利，是不可忽略这一伟大任务的。”②

2月26日 所撰《六十自传》刊发于《全民周刊》1卷12号，该文系1937年在延安应其战友和学生的请求而写，3000余字。自传从“学习方面”、“我的职业和事业”及“我的革命工作”三方面，简要回顾自己的一生并总结：“我的一切生活，都配合着中国的发展，随着复杂的、激烈的社会变化，使我的生活成为多方面的、不固定的，但总是前进的。”

本月 因徐家祠堂内民达小学开学，通讯处搬至寿星街二号，租三益粮栈部分房屋办公（招待所留在徐家祠堂内），因人

---

① 湖南长沙师范学校编：《徐特立文集》，湖南人民出版社1980年版，第93页。

② 中国人民解放军历史资料丛书编审委员会编：《八路军新四军驻各地办事机构（4）》，解放军出版社1999年版，第555页。

员较前增多，另在雅礼中学设置了电台。

本月 与毛泽东、周恩来、林伯渠、成仿吾、艾思奇[①]、周扬[②]联名发出建立中国唯一以鲁迅命名的艺术学院的倡议："越当敌人加紧进攻的时候，我们越感觉到成立这个学院的迫切需要。因为我们相信：艺术不仅能唤起民众，而且可以组织民众、武装民众的头脑。本学院的成立，一面要培养大批的艺术干部，到抗日战争的各个部门、军队中、农村中、都市里以至敌人占领的区域里去工作"，"更进一步，我们还要为抗战胜利以后建立独立自由幸福的新中国而工作……我们要在这些工作中创造新中国的艺术，我们要接受各时代的中国的和外国的艺术遗产，使新的中华民族的艺术更迅速地成长。"[③]

3月5日 武汉《全民周刊》1卷13号刊载毛泽东致徐特立六十大寿的贺信，这是该信首次与公众见面。[④]

---

① 艾思奇（1910—1966），原名李生萱，云南腾冲人，蒙古族，哲学家。历任中共中央高级党校哲学教研室主任、副校长，中国哲学会副会长，中国科学院哲学社会科学部学部委员等职。

② 周扬（1908—1989），湖南益阳人。现代著名作家、文学理论家、翻译家。新中国成立后，曾任政务院文化部副部长、全国文联主席、中国作家协会主席、中宣部副部长、中国社会科学院副院长等职。曾任候补中央委员、中央委员、中央纪委常委、中央顾委委员、全国政协常委等职，主要著作收入《周扬文集》五卷。

③ 《中国歌剧史（1920—2000）》（上），文化艺术出版社2012年版，第58页。

④ 《全民周刊》由沈钧儒、李公朴等民主人士在汉口创办。徐特立在长沙设立八路军驻湘通讯处时，《全民周刊》的编辑柳湜当时也在长沙。1938年元旦那天，柳湜去徐特立寓所拜望，并请他写一个自传。徐特立便把他1937年写的一篇《六十自传》和许多人给他的贺信拿了出来。柳湜读了徐特立的自传和毛泽东、朱德等的亲笔贺信后，觉得非常珍贵，便要求带到汉口公开发表。这样，毛泽东的这封贺信就由柳湜带到汉口，发表在《全民周刊》1卷13号上。

3月7日 撰写《政党与政府》一文，针对刘梦秋来函提出的“苏联的政治制度是不是一党专政”的质疑作出答复，指出：政党在政治上起领导作用，第一是政治上的领导，第二是组织上的领导……党的任务是在领导；政府的任务是在行政、司法和立法；群众团体的任务是在使群众自治。三者的任务各有差别和范围，而且互相联系着，缺一不可，两两侵犯也不可……党的专政只能说是党的政治主张透过政府而达到实现，并不是用党来代替政府执行行政权。

3月11日 致信《抗战日报》主笔，指出该报3月5日刊登的《晚会之歌》违反了中国共产党的抗日民族统一战线政策①：目前是全民抗战，包括一切不愿意做亡国奴的人们在内，是各党各派各界联合起来，不是“工农兵联合起来”。《晚会之歌》说的“工农兵联合起来”是土地革命战争时期的口号，今天用来抗日就会破坏内部团结，给日本以挑拨离间的资料。我们的敌人是日本帝国主义，不是一切帝国主义……至于豪绅地

① 徐特立来长后，认真分析了张治中主湘后湖南形成的四种政治势力，即以张治中为首的国民党复兴社派，以各级党部为中心的国民党CC派，以何键系的军官、地方上层绅士组成的何派，中共领导的人民抗日力量。针对各自的特点，徐特立开展了不同工作。如湖南国民党内的中央派（CC派、甲派）与地方派（何键派、乙派）长期争斗。为了打击CC派，徐特立曾与何键会谈，使何键对中国共产党的态度有所改变。1938年1月20日，时任国民政府内政部长的何键为《新华日报》发刊题词：唤起民众，共赴国难，指路之灯，复兴之卷。徐特立还一度把统战工作的重点做到何键的老上级、当时的失意国民党军政要人赵恒惕一家。1938年10月，赵恒惕的异母弟赵君迈借助赵恒惕的房间办公，创办《时事动态》月刊，介绍国内外时事动态，曾刊登了不少中国共产党的抗战文章。

主官僚，只要他们不做汉奸，总不是我们的敌人……《晚会之歌》上说我们的敌人是“帝国主义、豪绅、地主、军阀、官僚”，这与事实不合。次日，《抗战日报》刊登了这封信，另附有编者的复信，诚恳接受徐特立的批评。

3月15日 根据徐特立的建议，中苏文化协会湖南分会创办《中苏》半月刊（后又出版《中苏小丛书》）。

3月20日 所撰《关于矛盾统一的几个要点》一文在《联合旬刊》上刊出，文章用矛盾分析法分析抗战中的一些问题，指出：矛盾统一是内部的互相依存，矛盾统一包含着同一性，矛盾统一包含着互相转化性，矛盾不是平等的对立，矛盾统一包含着革命性。

3月22日 撰写《论反托派斗争》一文，从反托派应有的态度、批判托派及揭发其歪曲事实的言论与阴谋，以及托派是否一个政治派别三方面进行论述。文章指出：讨论与托派斗争问题要抑制自己的感情，提高自己的理智，寻找确实可靠的证据；反对托派，只站在抗日的立场上来反对他们；托派虽然人数少但都是一些高等知识分子，穿着革命的外衣以作保护色，遮盖自己汉奸的真面目。

3月25日 与国共双方代表陈诚、冯玉祥、邵力子、陈公博、黄琪翔、康泽、周恩来、董必武、王明等一道，出席于汉口商务大礼堂召开的中华全国学生联合会第十二次全国代表大会，题词并发表演讲。[①]

---

① 参见张宏儒主编：《二十世纪中国大事全书》，北京出版社1993年版，第223页。

3月29日 会见美国记者史沫特莱[①]。

3月31日 撰写《抗战给我的机会》，此文系为《抗战中的政治问题》一书写的序言。文章指出："从民国十四年到十六年反帝反封建的大革命过程中，革命潮流粉碎了我教育救国的理论"，"我的言论的内容和材料，是革命的环境给予我的，同时我的分析方法也是革命的环境给我的。"[②]

本月 介绍岳阳、宁乡等县进步青年和学生十多人奔赴延安，参加抗日军政大学第四期学习。至6月，湖南先后有100多名进步青年和学生分五批赴延安学习。

是年春 应校长王季范之邀，赴长郡中学演讲，"不讲政治"而专讲"修、齐、治、平"以及爱国利民的中庸之道。从中国封建社会落后，闭关自守，受侵略压迫讲到同盟会和三民主义；从去法国勤工俭学追求真理讲到十月革命；再从参加革命和两万五千里长征讲到第二次国共合作。现身说法，鼓舞大家爱国爱民，团结抗日。最后以"有关家国书常读，无益身心事莫为"作为座右铭与师生共勉。

4月20日 南京中央政治学校附属大学部——地政学院赞成抗日民族统一战线的学生魏方、陈和坤等十多人来到长沙，创办《今天》十日刊，进行抗日救亡宣传。徐特立对《今天》

---

① 史沫特莱（1892—1950），女，美国女记者、作家，生于密苏里州。早年参加美国工人运动。1928年，以德国《法兰克福报》特派记者身份来华，后赴革命根据地采访，同情并支持中国共产党。1941年回国，后迁居英国，逝世后骨灰移葬中国。著作有《中国的命运》、《中国红军在前进》等。

② 湖南省长沙师范学校编：《徐特立文集》，湖南人民出版社1980年版，第134—137页。

十日刊给予支持和指导，告诉魏方：“你们中央政治学校出来的，是蒋介石的正统，你们出来宣传抗日，国民党那些人相信些，我们讲，国民党一些人还有偏见。”“你们要多找国民党中间同情抗战的人写文章，报道国民党部队积极抗战的消息。”①

4月25日 在长沙旅行社会见菲律宾记者战地访问团，回答了该团团长克白雷罗提出的关于八路军分布、人数和作战方法等问题，介绍八路军作战“有一个基本原则，就是给大众以武装，我们军民打成一片，游击队都是人民动员，食物、用品常常由民众供给或是由民众运送”。克白雷罗后在长沙作广播演讲：“吾人感觉中国抗战之胜利，对青年国家菲律宾有莫大的影响”，“贵国之抗战即敝国之抗战，中国之胜利亦即菲律宾之胜利。”②

本月 将小儿子徐厚本、儿媳刘翠英送去陕北公学参加短期学习，为此曾耐心开导夫人熊立诚：儿子和媳妇是去学习，去干革命，应该让他们一起去。我们怎么能将他们拆散呢……儿子媳妇，我们是要疼爱的，但叫他们总是蹲在自己身边，就会耽误他们远大的前程。父母疼爱子女，就要让他们到应该去的地方去，为社会做一番事业。只有这样，才算真正的疼儿疼女。

5月4日 《“五四”运动十九周年》一文在《抗战日报》刊登，文章肯定了五四运动十九年来中国社会的变化：十九年前的“五四”，要求民主而不得，而今日的“五四”在国民党的临全大会给我们以言论出版集会结社的自由；十九年前的“五四”

---

① 南方局党史资料征集小组编:《南方局党史资料军事工作》，重庆出版社1990年版，第478页。

② 李龙如主编:《一代师表徐特立》，岳麓书社1998年版，第184页。

是知识分子孤军独立，而今日的“五四”，中国已经没有军阀的制度……

5 月 16 日　《建立长沙的戏剧界联合阵线》一文在《抗战日报》刊登。文章指出：“为了减少浪费和集中力量起见，长沙戏剧界的合作，我们应该列为目前一个重要的课题，而且，还要迅速的使他实现。”“因联合而增强工作的效率的例子也很多。本市方面，播音剧就因为有了联合播音团的组织，比较上有一个统筹的计划，而收得较好的效果；在外埠，我们听到屡次的联合公演，而收到极大的效果。现在，我们就应当要把这种精神，推广到我们今日的长沙剧运上来。迅速的来促使他的实现吧！”①

5 月 30 日　《中国世界语运动简史》一文在长沙《抗战晚报》刊登。文章指出，世界语的诞生虽然只有 51 年，可是在中国的历史却有了 33 年；目前神圣的抗战已经到了第二阶段，世界语有担负国际宣传的重任；中国的世界语者和对世运同情者，应该积极行动起来，把这重大的责任背上肩膀。

本月　撰写《驳斥汉奸对于中苏关系的破坏》。文章列举了六种汉奸言论，最后总结，“苏联是中国最可靠的朋友，没有条件的帮助殖民地独立统一，但它帮助的方法与方式是随着中国的环境和国际的环境来决定的。最近在湖南散出的谣言有一二十种之多，总括起来不外劝中国民族投降”，“我们为保证抗战能够取得最后的胜利，我们对于敌人这种无形枪刀，只有动员一切的力量对准日寇这政治进攻的阴谋，给以无情的暴露与

① 湖南省长沙师范学校编：《徐特立文集》，湖南人民出版社 1980 年版，第 177—178 页。

反攻”。[①]

本月 为长沙《抗战晚报》撰文《德奥问题对于各国相互间的影响》，文章分析了意大利、英国、法国、中欧和东欧等国家对德奥问题的态度，分析了国际方面对中日问题的影响。最后强调：“我们应该特别注意在国际方面巩固我们的和平阵线，在国内巩固我们的民族统一战线！”[②]

本月 撰写《国共合作与抗战前途》。文章从南京失守后抗战的前途、在抗战中的国际关系和国共合作的前途三方面来论述国共合作与抗战的前途。指出：“合作的长久问题，要看抗日的胜败来决定。合作的前提决定是抗日，抗日胜利，合作到底是可能的，一直到社会主义的完成。”[③]

本月 撰写《目前政治形势与今后抗战的任务》，指出：由于中日战争的扩大，使得国际形势和国内形势出现不少变化。目前国际纠纷的祸根在西方是地中海问题和中欧问题，在东方是中国问题。每一个问题都涉及世界的集体安全，都是全世界各国的政党政府与人民利害切身的问题。“因此我们分析国际形势，需要具体地分析各国政党的关系，及政府与人民的关系，来决定他们国家的动向”；在中国，抗战到底的国策，战胜了投降主义，统一了政治的目标，是政略上的伟大胜利。

---

① 湖南省长沙师范学校编:《徐特立文集》，湖南人民出版社1980年版，第155—158页。

② 武衡、谈天民、戴永增主编:《徐特立文存》(第二卷)，广东教育出版社1995年版，第87—94页。

③ 湖南省长沙师范学校编:《徐特立文集》，湖南人民出版社1980年版，第159—163页。

本月 长沙播种社将徐特立在湘工作期间12篇演讲稿和文章汇编成书，取名《抗战中的政治问题——徐特立先生论文集》，出版发行。

本月 《观察日报》成为中共湖南省工委的机关报。

6月1日 所撰《怎样回答广州和郑州的轰炸》一文在长沙《抗战日报》刊登。文章指出："帝国主义侵略者进攻殖民地是毁灭人类的战争，他们的学说是毁灭人类的哲理"；"日本军阀是人类的公敌，不只是中国的敌人，而且是世界的敌人，同时还是日本全体人民及日本反战的学者的敌人"；"我们要求世界和平而且要求对日本全体人民和平，但日本军阀当他们还没有被他们的人民解除武装以前，他们屠杀无辜人民的政策决不会终止；我们也绝对不能希望日本军阀与我们进行真正的和平谈判，只有用战争消灭敌人的轰炸，唯一的是从战场上得到和平"；"我们人民不可害怕日寇的轰炸，而怀疑我们抗战到底的国策，而幻想与日本军阀和平。尤其需要加紧后方动员工作，有钱的出钱，多多地购买公债，有力的出力，欢欣鼓舞地上前线作战，以回答日本军阀屠杀无抵抗力的人民。"①

6月2日 所撰《世界大战何时爆发的问题》一文在长沙《抗战日报》刊登，文章认为："中日战争已经是日本大陆政策最后的实现，而随中日战争继起的战争当然是实现它的大亚细亚主义，中日所以战争已经不是中日两国的问题，而是世界的问题。就性质上说，就是世界大战开始的一幕"；"我们应该十

① 湖南省长沙师范学校编:《徐特立文集》，湖南人民出版社1980年版，第183—184页。

分警觉，应该从整个国际问题来认识中日战争，应该从中日战争，西班牙战争，意阿问题，德捷问题来认识第二次世界性的大战。”①

6月9日　为阻止日军西进，国民政府采取“以水代兵”的办法，造成花园口决堤。

6月12日　安庆沦陷，武汉会战拉开帷幕。

本月　根据中共地下党员吕振羽的建议，经报请中共中央同意，决定在邵阳武冈创办塘田战时讲学院②，邀请国民党政府司法院副院长覃振为院长、湖南省参议会议长赵恒惕为董事长，吕振羽担任副院长。教员多为共产党员和进步人士。除文化课外，还讲述革命理论和中国共产党的路线政策。

本月　为满足长江局和八路军驻武汉办事处在武汉形势日趋紧张的情况下向大后方撤退、在长沙中转所需，同时考虑到防空的需要，经长沙县部分地下党员的努力，通讯处在水陆交通较方便的燕子窝陈家祠堂③增设一处办公地点，并挂通讯处的牌子，历时四个月。

7月22日　为纪念“七七”抗战一周年而撰写的《保卫湖

---

① 湖南省长沙师范学校编:《徐特立文集》，湖南人民出版社1980年版，第185—187页。

② 该院于1938年9月15日开学，1939年4月20日被国民党顽固派查封，先后招生两期。在该院学习的青年有250多人（其中四五十人加入了共产党），大多数学生在革命和建设事业中发挥了重要作用，被誉为“南方的抗大”。讲学院中共党支部受中共湖南省委委托，在武冈、新宁、城步、绥宁等地发展党员并建立了党组织。

③ 现长沙市望城区白箬铺镇天顶乡梅溪小学。

南以及保卫武汉的基本问题》一文，同时刊载于《观察日报》和《中苏》半月刊九、十期合刊。文章指出：我们保卫武汉有国际的历史意义，是中日战争最严重的转变关头……日本进攻武汉我们还有空前胜利的前途，日本的危险比之我们还更大；保卫武汉需要靠我们动员一切抗战力量。

本月　小儿子徐厚本在延安陕北公学结业后，和妻子刘翠英返回湖南工作，途中不幸身染重病，回长沙后医治无效去世。因为不忍夫人再尝失子之痛，徐特立隐瞒实情，谎说厚本已去苏联学习，甚至和儿媳相商，以厚本的名义不时写信给夫人，直至 1960 年夫人去世。

6 月至 8 月　多次接待广州中山大学生物系主任董爽秋教授，建议董爽秋继续在中山大学任教，介绍他的儿子董玉清去延安。①

8 月 16 日　《张高峰事件与武汉危急的照应》一文刊载于《中国留法、比、瑞同学会》第 1 卷第 2 期，文章批评了那些幻想将张高峰问题扩大化，以日苏战争来代替中日战斗的人，指出日本帝国主义的国策是独占中国，不会轻易向苏联撞钉子。“但坐着期待胜利，或希望国际环境变化，希望以日苏战争代替中日战争，这种不自振的心理发展下去，也足以断送我们最后的胜利。需知中国是太平洋主要力量之一，国际环境当自我造

---

①　在抗日救亡运动蓬勃高涨中，许多青年迫切要求到延安去。根据中央指示，1938 年 6 月至 8 月，通讯处设立了“抗大、陕北公学长沙招生委员会”，由龙潜、刘恕负责。来通讯处报名的青年，经谈话审查后，填好表，予以介绍。凡中共党员，另写一张条子，盖上王凌波的私章，转介组织关系。据估计，长沙输送去延安的青年有 600 余人。

之，苏联的帮助及其他友邦的帮助，当由我们自己推动之。”①

8月22日 新四军驻湘办事处在长沙成立，与八路军驻湘通讯处合址办公，王凌波兼任新四军驻湘办事处主任。②

9月15日 毛泽东、朱德等率延安各界为周恩来、博古、徐特立、王明等人重返延安召开欢迎大会。

9月20日 湖南省政府和国民党湖南省党部联席会议决定成立湖南民众抗战统一动员委员会，负责指导和协调全省各种民众组织和派别，最大限度发动全省人民参加抗战。

本月 以八路军驻湘通讯处代表身份，和中共湖南省委书记高文华一道赴延安参加中国共产党第六届中央委员会第六次全体会议。

途经湘潭时，宿长丰公油盐行，与该行青年店员王汉秋等长夜谈心，向他们宣传抗日救亡的道理，并应约题字留念。③

9月29日至11月6日 出席在延安桥儿沟召开的中国共产党扩大的六届六中全会。参加会议的中央委员和党中央各部门、全国各地区的领导干部共53人，全会通过了《中共扩大的六中全会政治决议案》、《关于各级党委暂行组织机构的决定》、《关于中央委员会工作规则与纪律的决定》、《关于各级党部工作规则与纪律的决定》等文件。全会决定撤销长江局，设立南方局和中

① 湖南省长沙师范学校编:《徐特立文集》，湖南人民出版社1980年版，第196—198页。

② 11月中旬以后，奉令自动将新四军驻湘办事处撤销。

③ 1939年年底，王汉秋收到徐特立书赠的对联:“有关家国书常读，无益身心事莫为”。

原局，由周恩来任南方局书记，董必武任副书记，刘少奇[①]任中原局书记。

9月30日 湖南民众抗战统一动员委员会正式成立，推举张治中、覃振、徐特立、任作民、翦伯赞等61人为委员，张治中、覃振、徐特立等19人为常委。

10月6日 任作民代表徐特立出席湖南民众抗战统一动员委员会常委会。

10月10日 与朱德、王明、陈云、林伯渠等出席西北青年救国会在延安召开的第二次代表大会并讲话。

10月23日 撰写《在湘十个月的工作报告》，从“湖南的社会情况”、“湖南的政治情形”及“我们的策略和我们的工作”三方面，向中共中央作书面汇报。

10月25日 武汉失守，湘北形势危急，国民党湖南省政府决定迁耒阳。

10月27日 周恩来到达长沙，住寿星街，指示八路军驻湘通讯处迁邵阳。

本月 针对国民党诬陷中共茶攸莲中心县委管辖区组织劳工队、不服兵役、用枪支压迫富农捐款，以及逮捕中共耒阳县委人员等系列国共摩擦事件，徐特立向国民党当局进行抗议和

---

① 刘少奇（1898—1969），湖南宁乡人，中国共产党和中华人民共和国的主要领导人之一，无产阶级革命家、政治家、理论家。曾任中华全国总工会委员长、中共北方局书记、中央中原局书记、新四军政委、中央书记处书记、中央军委副主席等职。新中国成立后，任中央人民政府副主席、全国人大常委会委员长、中华人民共和国主席、中共中央政治局常委、中共中央副主席等职。

交涉，妥善地解决了问题。徐特立说:“这一类的问题过去用谈判方式解决了一些，但一面解决，又一面发生。”“消灭磨擦的方法，不能用忍耐的含辱忍垢的方法，而是对发生的磨擦，应该公开地揭露，公开地谈判，善意地纠正，才有利于精诚团结，共同抗日。”

本月 接待国民政府财政部税警总视察长赵君迈的来访，鼓励赵做好盐务工作:“你在盐务上做事，这事太重要了，现在湖南闹盐荒，你能解决，那就了不起。这是一件很大的好事，对抗战有密切关系。”

在徐特立影响下，赵君迈有意资助创办一份抗战月刊，中共湖南省工委派张生力、丁务淳协助，出版《时事动态》月刊，转载周恩来《论目前抗战形势》等文章。

是年秋 根据徐特立“要把革命火花散开，不必集中到延安”的建议，在西安任教的向愚回长沙湘江书店工作，创办《新阶段》旬刊并任编辑。因内容偏激进，刊物只出到第五期便被迫停刊。

是年秋 在长沙会见法国记者李蒙夫妇。徐特立表示:“在法国住过四年，知道法国人是热爱自由和民主的。今天我愿以一个正在为求中国的自由、独立、民主而工作的法国同学资格，来与同情我们这种奋斗的法国朋友李蒙夫妇见面，我内心有说不出的愉快和高兴。”并就中国抗战民众武力、国共合作和统一战线等，回答了李蒙夫妇提出的问题。

11月13日 凌晨，长沙发生大火，史称“文夕大火”，全城90%以上的房屋被烧毁，直接死于火灾者超过3000人。

通讯处迁往邵东门外两路口曾家院子（今邵阳市两路口 18 号）办公。

本月　参加完中共六届六中全会后，回到长沙，开展文夕大火后的相关善后工作。

12 月初　在衡阳的共产党员干部训练班上讲授毛泽东的《论新阶段》。

12 月 15 日　陶行知[①]在广西桂林召集 2000 多群众集会，正式成立生活教育社。白崇禧、郭沫若、邱昌渭等人出席成立大会并讲话。大会选举陶行知为理事长，徐特立与邵力子、黄炎培、刘季平、戴伯韬[②]、沈钧儒、顾颉刚等被选为理事。

本月　从衡阳赴桂林，在千家驹陪同下拜会广西省政府主席黄旭初。

寒假期间　派欧阳方以游击战教官身份，前去新化上梅中学举办训练班，讲授关于抗日救国十大纲领、游击战争等问题，历时半个月。

是年　应郭沫若之邀，为孩子剧团的孩子们讲“学习方法

---

① 陶行知（1891—1946），安徽歙县人，杰出的人民教育家、思想家，伟大的民主主义战士，中国人民救国会和中国民主同盟的主要领导人之一。曾任南京高等师范学校教务主任，中华教育改进社总干事。先后创办晓庄学校、生活教育社、山海工学团、育才学校和社会大学。著作有《中国教育改造》、《斋夫自由谈》、《行知书信》、《行知诗歌集》等。

② 戴伯韬（1907—1981），江苏丹阳人，教育家、出版家。新中国成立后，历任华东军政委员会文教委员会委员，上海市人民政府委员、教育局局长，人民教育出版社副社长兼总编辑，中国教育学会第一届副会长，全国教育学研究会第一届理事长。是中共八大代表，第二、三届全国人大代表，第一届全国政协代表，第五届全国政协委员。

和态度”。

是年　为指导中共湖南省工委在通讯处举办的党员训练班，撰写了《怎样训练战时工作的干部》、《加紧农村工作是战时之最大保证》、《游击战争在持久抗战中的各种基本政策》等系列文章，并亲自讲授游击战的战略战术。

1939 年　62 岁

1 月 13 日　应中国农村经济研究会和生活教育社的约请，在桂林施家园 39 号杨东莼住处讲述农民问题和解放区的教育工作。

1 月 15 日　陕甘宁边区第一届参议会在延安举行。

1 月 16 日　中共中央南方局正式成立，周恩来任书记，周恩来、博古、凯丰、吴克坚、叶剑英、董必武六人为常委，徐特立与吴玉章、邓颖超、廖承志、张文彬、刘晓、高文华等任委员。

年初　经贵阳去重庆途中，应袁超俊之邀，给贵阳达德学校的师生以及一些中上层知识分子和进步青年讲国际、国内形势。

2 月 2 日　湖南省党部联合各民众设宴欢迎新上任的湖南省政府主席薛岳[①]，担任湖南省民众运动统一委员会常委的徐特立因未接到通知而未出席。

2 月初　出席中共湖南省委在邵阳八路军驻湘通讯处召开的扩大会议。出席会议的有中共湖南省委委员、特委、部分县委负

① 薛岳（1896—1998），广东韶关人，国民革命军陆军一级上将，军事家。先后任国民政府贵州省主席、抗日第一战区前敌总司令、第九战区司令长官、湖南省政府主席、总统府参军长、广东省主席等职。抗日战争时期，参加淞沪会战，指挥了武汉会战、徐州会战、长沙会战等著名会战。

责人、《观察日报》和部分抗日救亡团体的党的负责人共计30多人。中共南方局负责人博古在会上宣读了中共六届六中全会决议，提出了准备开展抗日游击战争的要求。高文华部署了新形势下湖南党组织的工作方针和政策。会议选举高文华、聂洪钧、徐特立、任作民、郭光洲、蔡书彬、王涛等为中共湖南省委委员，帅孟奇[①]、袁德胜为省委候补委员，高文华任书记。

3月23日 回复廖局新3月9日的来信，指出：时局虽然紧张，但比较日本却是我方有利条件为多；建议廖局新："须在宽大上做功夫，对于坏人应该用教育的方法、感化的方法，最后才用制裁的方法，这是长字号的人们必须注意的。"[②]

4月15日 致信廖局新，托付处理儿子厚本去世后的善后及其他相关工作。

4月23日 撰写《湖南统一战线工作报告——一九三九年二三两个月的工作》，向中央汇报。报告阐述了湖南环境的转变，包括：政治、经济中心的破坏，日本间谍的活动，有关汪精卫叛国的种种不正确言论，以及国民党发出各种防共"密令"等，指出这些事件与日本的加紧政治进攻有密切的联系，因此统一战线工作在现阶段的湖南需要有新的转变。

本月 得知邵阳唯一的一家进步书店——民众书店被查封

---

① 帅孟奇（1897—1998），女，湖南汉寿人，1926年6月加入中国共产党。新中国成立后，曾任中组部副部长，第八届中央候补委员、中央监察委员会常委，第三届全国人大常委会委员，中央纪律检查委员会常委，第五届全国政协常委。

② 参见湖南省长沙师范学校编:《徐特立文集》，湖南人民出版社1980年版，第199页。

后，撰文抗议："贩卖抗战救国书籍的民众书店被查封，而许多贩卖汉奸汪精卫的书籍的书店竟还存在！"文章印刷后，派人拿到邵阳戏院里散发。不久，在通讯处的支持下，李雪楼、许维平在湘潭又办起了一家进步的建国书店。

5 月 5 日　因湘江书店遭敌机轰炸被毁，在徐特立的指导下，衡阳五五书店成立，发行进步书刊。同时，编辑发行《半月文选》，稿件由徐特立审查把关。

6 月 12 日　"平江惨案"爆发。国民党杨森部袭击新四军驻平江加义通讯处，中共江西省委副书记兼湘鄂赣特委书记涂正坤[①]、中共湘鄂赣组织部长罗梓铭[②]、新四军驻赣办事处秘书兼江西省委组织部部长曾金声、中共湘鄂赣特委秘书主任吴渊及通讯处工作人员吴贺泉、赵绿吟等遭杀害。

7 月 15 日　与王凌波以"第十八集团军驻湘通讯处同人"的名义，著文《悼涂正坤、罗梓铭等死难同志》，为平江惨案中的死难烈士致哀悼，呼吁"铲除一切出卖民族利益的叛徒！"[③]

8 月 1 日　湖南省第一届临时参议会成立，选举赵恒惕为议长，陈润霖为副议长。其间，中共湖南省委曾推荐徐特立、任

---

① 涂正坤（1897—1939），原名正生，湖南平江人，1925 年加入中国共产党。曾任中共平江县委书记、湘鄂赣省委书记、江西省委副书记兼湘鄂赣特委书记，新四军平江通讯处主任等职。1939 年在"平江惨案"中牺牲。

② 罗梓铭（1907—1939），原名罗世章，湖南浏阳人，中共党员。曾任红军供给部政治处主任、陕甘省委组织部长、湘鄂赣特委书记等职，1939 年在"平江惨案"中牺牲。

③ 武衡、谈天民、戴永增主编:《徐特立文存》（第二卷），广东教育出版社 1995 年版，第 134—135 页。

作民[①]、王凌波、李涛、王涛、李富春、谢觉哉、李维汉、董维键等 13 人为参议员，均被薛岳拒绝。

8 月初 在邵阳接到第九战区长官部的通令，称“湘中腹地没有设立通讯处之必要，立即停止办公”。

8 月 11 日 八路军驻湘通讯处暂停办公。徐特立以八路军驻湘代表名义对外，王凌波以八路军总部秘书名义协助徐特立工作，其他人员被分配到桂林、重庆两地八路军办事处。

8 月 13 日 在徐特立和中共湖南省委的影响和推动下，湖南乙派（何键派）领袖刘岳厚在茶陵创办《开明日报》，刘岳厚亲任社长，聘中共党员黎澍[②]任总编，编辑人员大多由中共党员担任。报纸坚持团结抗战的方向，并大量采用国新社从桂林发出的解放区通讯。

9 月 14 日至 10 月 7 日 第一次长沙会战。

10 月 26 日 所撰《精神总动员和抗战戏剧》一文刊载于长沙《抗战日报》。文章指出：“精神总动员主要的目的，是为了粉碎敌人和汉奸们的新阴谋，争取抗战的最后的胜利。我们要使所有还没有参加到抗战阵营来的同胞们，全体站到求民族解放

---

① 任作民（1899—1942），湖南湘阴人，1920 年加入中国社会主义青年团，1922 年转入中国共产党。曾任远东职工会中国分会会长，中共河南省委宣传部长，江苏省委组织部副部长，中共山东省委书记，湖南省特委书记，湖南省委宣传部部长兼统战部部长、组织部部长，中共中央西北局秘书长等职。

② 黎澍（1912—1988），湖南醴陵人，历史学家。1936 年加入中国共产党。新中国成立后，曾任《中国社会科学》杂志总编辑，中国社会科学院研究员、学术委员会委员，国务院学位委员会委员，中国史学会理事，全国政协委员等职。

的旗帜下面，集中一切的力量和意志，在民族和国家利益高于一切的原则下，一致抗战！”[①]

本月　与王凌波等转移到衡阳，住小西门外辖神渡。

本月　写信给儿媳刘翠英，就其终身问题提出意见：“自己的学问、婚姻问题，要在自己学问下解决才有自由”，“你如果要谋文化工作还要读书”，并“你未结婚以前，一切我要负责，同时也可向我们的政府要求帮助。如果我未死以前，无论你结了婚或未结婚，都尽力帮助你，无论如何你总是我家有骨肉关系的一人”。最后强调：“你自己的事自己去决定，并商量你的父母。”[②]

11月7日　在衡阳回复廖新局10月2日的来信称，政治问题并不难了解，“所要研究的中心问题，最中心的只有中日问题和国际问题”，并在参考书目和看国际形势方法方面提出建议。随信附寄《群众》两本、《抗战两周年》一本。

11月9日　再次接到国民党第九战区通令：凡无作战部队在本战区者，不得在本战区内设立办事处及通讯处。通令称，驻湘代表虽非通讯机关，实为变相的通讯处。徐特立一行被迫离开衡阳，暂去桂林。

11月10日　致信儿媳刘翠英，告知自己即将离开湖南，要求她在结婚或者不再结婚及找什么对象结婚这个问题上，需要一刀两断，动摇不定是很危险的：“主要的不是择财产，不是择地位，是择前进的分子、有希望的人，年龄相差不远、性情相

---

① 武衡、谈天民、戴永增主编：《徐特立文存》（第二卷），广东教育出版社1995年版，第136页。

② 同上书，第410—411页。

当的厚道、不致轻于弃妻，这就是足够的条件。”末尾，徐特立深情地说：“你虽然不是我儿女，但你却是我家的母亲，你有玉儿在此，永远与我们是骨肉关系。”①

11月15日　在桂林向《救亡日报》记者发表谈话，纵谈欧洲局势，指出：帝国主义战争是正在扩大，反战的组织也同时扩大着，这是两个基础上的对立；英法同盟与德国的对立，终于要在两个基本的对立上起变化的。

11月28日　致信小女儿徐柏青：“你的母亲年已七十，她不独维持了一家，并且办高级小学共十三年，造就了许多学生。她没有念过书，能替地方做了教育事业。许多读书识字的女人不如她，我是很尊敬她的。你是她所生，应该特别孝敬她。家中许多困难你们夫妇如能帮助，请你尽可能帮助。如不能帮助，还是把田卖出一些，至迟我在二三年内可回家。如我已死，我们的公家也会照顾你们。”②

11月下旬　经请示中共南方局，与王凌波转移到湘潭，坚持在湘工作。

本月　与李克农一同会见文化界知名人士夏衍③、田汉、洪

① 武衡、谈天民、戴永增主编：《徐特立文存》（第二卷），广东教育出版社1995年版，第413—414页。

② 同上书，第415页。

③ 夏衍（1900—1995），原名沈乃熙，浙江杭州人。著名文学、电影、戏剧作家，文艺评论家，翻译家，社会活动家。中国左翼电影运动的开拓者、组织者和领导者之一。新中国成立后历任上海市委常委、宣传部长，文化部副部长、中国文联副主席，中日友协会长，中顾委委员，全国人大代表，全国政协常委等职。

深[①] 及厦门儿童救亡剧团等。

12月4日、12日 王凌波、徐特立先后重返长沙，住南门外白沙井岭五号白沙草庐。

年底 湘潭长丰公油盐行青年店员王汉秋收到徐特立书赠的对联："有关家国书常读，无益身心事莫为。"另有条幅一张，上书："我们抗战救国凡两年有六月，已经建立了独立统一的基础，这是由民族鲜血换来的成果，应继续努力发扬光大之。"[②]

是年 为通讯处工作人员陈碧莹、黄英博等青年题写"改变自己的思想，不是反省而是革命"，"我们不只是要说明宇宙，主要还是要改造宇宙"等条幅。

是年 通讯处在长沙时，徐特立、王凌波同崇实女校教导主任胡芷青建立了联系。通讯处迁邵阳后，王凌波动员胡芷青将崇实女校迁到邵阳，先后介绍陈碧莹、向杰（向建德）、戴异等去该校工作和开展抗日救亡活动。经徐特立、王凌波同意，胡芷青在邵阳《观察日报》上以崇实女校名义发动邵阳各界，举行为伤病员征募寒衣的大会，得到广泛响应。

是年 对流动宣传来邵阳的育英儿童抗敌工作团给予指导，建议他们每到一个地方，找当地国民党党部介绍住的地方、开招待会，宣布工作计划，在他们的报上报道消息，向他们募集

---

① 洪深（1894—1955），江苏武进（今属常州市）人，中国早期电影的开拓者，导演，剧作家，戏剧批评家，教育家，社会活动家，中国现代话剧和电影的奠基人之一。作品有《赵阎王》、《五奎桥》、《香稻米》、《包得行》等。

② 湖南省长沙师范学校编，陈志明执笔：《徐特立传》，湖南人民出版社1984年版，第130页。

经费等。

是年　为邵阳进步人士集资筹办的进步报纸《真报》题写报头。[①]

是年　在长沙已经建立文抗会、记抗会、学抗会的基础上，支持吕振羽、李仲融、谭丕谟等中共党员，以文化名流的身份，团结各界进步人士，相继成立职抗会、工抗会、农抗会、中苏文协湖南分会、青年服务团、世界语学会等团体，广泛开展抗日救亡活动。

---

①　中共地下党员唐旭之（唐麟）为该报工作人员。《真报》在宣传抗日方面做了大量的工作，后并入《观察日报》。

1940 年　63 岁

1 月 2 日　为即将于次日乘八路军驻湘通讯处军用大卡车奔赴延安学习的儿媳刘翠英送行，告知她已为其更名为“徐乾”。[①]

1 月 9 日　毛泽东在陕甘宁边区文化协会第一次代表大会上作题为《新民主主义的政治与新民主主义的文化》的演讲，系统阐述新民主主义的理论和纲领。[②]

本月　在毛泽东、王明、康生[③]、吴玉章等人的发起与赞助下，陕甘宁边区自然科学研究会成立。成立大会推举蔡元培等为名誉主席团成员，推举曹菊如、李强[④]、周扬、陈康白、李世俊、屈伯传等为大会主席团成员。陈康白致开幕词，论述自然

---

① 参见北京理工大学徐特立教育思想研究会、戴永增编:《在当今一圣人身边》(内部资料)，2006 年，第 19 页。

② 后以《新民主主义论》为题名，刊登在 1940 年 2 月 20 日《解放》第 98、99 期合刊上。

③ 康生（1898—1975），原名张宗可，山东胶南人。1925 年加入中国共产党。曾任中共中央政治局委员，中央书记处书记、社会部长，党校校长等职。因“文化大革命”策划和参与篡党夺权的反革命活动，中共十一届五中全会将其开除党籍。

④ 李强（1905—1996），江苏常熟人。无线电专家。新中国成立后历任邮电部电信总局局长、新闻总署广播事业局局长、对外贸易部部长等职。是中共第九至十一届中央委员，第三至五届全国人大代表。

科学与人生的关系、中国历代自然科学发明、自然科学在当今抗战建国的重要性、自然科学界在今天的任务，以及自然科学研究会成立的意义，等等。

陈云、毛泽东等出席成立大会并先后讲话。陈云指出："自然科学研究可以大大提高生产力，可以大大改善人民生活，我们共产党对自然科学是重视的，对于自然科学是尊重的。希望大家抱着不怕困难和绝不灰心奋斗精神去进行科学研究事业"；毛泽东指出："自然科学是人们争取自由的一种武装，人们为着要在自然界里得到自由，就要用自然科学来了解自然、克服自然和改造自然，从自然得到自由"，鼓励大家"要在社会科学指导下去改造自然界"。① 这次会议的召开，为延安自然科学院的发展奠定了舆论与思想基础。

是年春　接待为办佛教青年服务团而从南岳来长沙的巨赞法师②，谈论抗日救国事宜，建议巨赞先去延安，再去五台山，但因种种原因未能成行。国民党特务发现徐特立与巨赞交往频繁，便对巨赞的住处和行踪严密监视，致使巨赞无法继续在长沙开展工作，只好返回南岳。临走时，徐特立书赠元人刘秉忠词一首："布衣蓝缕曳无裾，十载苦看书；别有照人光彩，骊龙吐出明珠。天人学业，风云气象，可困泥涂；随着傅岩霖雨，

---

① 参见《延安自然科学院史料》编辑委员会编:《延安自然科学院史料》，中共党史资料出版社、北京工业学院出版社 1986 年版，第 31—32 页。

② 巨赞法师（1908—1984），俗名潘楚桐，江苏江阴人。1931 年于杭州灵隐寺出家。曾主编《狮子吼》月刊，出版佛学书刊，创办佛教学院等。曾任中国佛教协会副会长、中国佛学院副院长等职。

大家济润焦枯。”[①]

3 月 6 日　中共中央发出关于《抗日根据地的政权问题》的指示，指出在抗日民主政权中，共产党员、非党的左派进步分子和中间派应各占三分之一，即实行“三三制”。

3 月 11 日　毛泽东在延安高级干部会议上作《目前抗日统一战线中的策略问题》的报告，总结抗战以来统一战线工作的经验，针对当时党内出现的“左”的倾向，全面论述共产党必须坚持对国民党实行又联合又斗争、以斗争求团结的政策，阐明“发展进步势力，争取中间势力，孤立顽固势力”的策略方针和在同顽固派的斗争中坚持“有理、有利、有节”的原则。

5 月 18 日至 6 月 18 日　撰写《怎样学习哲学？》一文，分“绪言”和“历史上存在着唯心和唯物两个本质不同的哲学体系”两部分，阐述对哲学的总体看法，以及学习哲学应该采取的态度。

6 月 3 日　在读书日记手稿中谈到：“宗教不只有历史意义，同时具有科学与哲学意义”，“人们以为宗教只具有历史的意义，没有科学的意义，这只是一方面的见解；我可以断言，凡有历史意义的东西，都可以转化为有科学意义的东西。”[②]

---

① 1950 年春，巨赞法师来北京出席全国政协会议之际拜谒徐特立，特将珍藏多年的徐特立当年的题词出示。徐特立感慨不已，随即在原件上加题：“十年前巨赞在长沙主持佛教青年服务团，因抗战运动工作关系，初识如旧，别赠书刘秉忠词以志感。相别十载，又于第一届政协会议重逢，虽然是一次政治因缘，殊途同归，正表示中国人民之大团结。”

② 武衡、谈天民、戴永增主编：《徐特立文存》（第二卷），广东教育出版社 1995 年版，第 336—338 页。

同日 在另一篇读书笔记中，指出要“站在历史观点上说明范畴利用范畴”，强调“了解科学中、宗教中、历史中、哲学中的范畴，要站在历史的及社会集团的观点上去了解。在这样了解的条件下，我们应当使用过去的一切著述中的一切范畴，做了解和说明理论的工具”[①]。

在读书笔记“黑格尔哲学提纲”中，分11个方面，详谈对于黑格尔哲学的理解：（1）精神现象学即认识论；（2）黑格尔的逻辑学；（3）论感觉；（4）论知觉；（5）论悟性；（6）自己的意识；（7）理性；（8）精神；（9）宗教；（10）逻辑学的构成；（11）黑格尔的自然哲学。

6月16日 参加在重庆召开的南方局常委（扩大）会，报告湖南工作。董必武、秦邦宪、凯丰、叶剑英等出席会议。

6月20日 《怎样学习哲学？》一文发表于《群众》第4卷16、17期合刊。

7月5日 所撰《毛主席的实际精神》一文发表于《中国青年》第2卷第9期，文章指出：“毛主席的工作作风确是列宁的作风。列宁的作风是俄国的革命精神和美国的实际精神。”[②]

8月1日 到《大众习作》杂志社指导工作。

8月初 根据中共中央指示，结束在八路军驻湘通讯处工作，经重庆返回延安，任中共中央宣传部副部长。王凌波继续留在长沙开展相关工作，并与八路军驻桂林办事处

---

① 武衡、谈天民、戴永增主编：《徐特立文存》（第二卷），广东教育出版社1995年版，第339—340页。

② 同上书，第172—173页。

保持联系。

8 月 12 日　《在重庆与戴伯韬谈陶行知的教育（1940 年在重庆谈后）的追述》一文，从"教育的本质"、"教与学的关系、教育与社会的关系"、"对陶行知先生'教学做合一'的理解和认识"、"教育的对象、课程科目和教材"等四个方面，概述对教育的基本看法和观点。

8 月 13 日　出席陕甘宁边区政府教育厅举行的各县第三科（教育科）科长会议开幕式。

8 月 14 日　出席鲁迅艺术学院为欢迎他和周恩来、董必武从重庆归来举行的联欢晚会。

8 月 20 日至 12 月 5 日　彭德怀等指挥八路军主力部队在华北发动百团大战。

8 月 29 日　出席边区师范学校成立周年纪念暨二队学员毕业典礼并讲话。

9 月 1 日　参加新华化工合作社举行的周年纪念及新房落成典礼，并发表讲话。

9 月 2 日　与董必武、张鼎丞[①]、王首道[②]等应朱德邀请，到延安西川、南泥湾，实地考察工、农、商各业情况。

---

① 张鼎丞（1898—1981），福建永定人。闽西革命根据地的主要创始人之一。新中国成立后，历任中共福建省委书记兼省人民政府主席、省军区政治委员，华东军政委员会主席，华东行政委员会副主席兼政法委员会主任，中共中央组织部第一副部长等职。

② 王首道（1906—1996），湖南浏阳人，无产阶级革命家。新中国成立后曾任中共第七届中央候补委员、委员，第八至十一届中央委员，中共十二大、十三大相继当选为中央顾问委员会委员、常委。

9月3日 向儿媳刘翠英解释为之更名“乾”的含义：“君子终日乾乾，夕惕，若厉，无咎。乾，健也。终日乾乾即终日渐进不已。惕，警觉也。终日乾乾至晚还加警惕；且若有凶厉可怕。主义如此集中，精神如此振奋，前途一定远大。”①

9月6日 到安塞参观机器第一厂、八路军印刷厂。

9月7日 与朱德一道，参加延安文艺界为军事委员会政治部所辖中国电影制片厂西北摄影队举行的欢迎晚会。

9月8日 出席中国女子大学成立周年暨首届学员毕业典礼，并为歌咏、排球、篮球优胜队颁发锦旗，给毕业同学颁发歌本。

9月19日 王凌波被国民党武装押解离湘赴桂林，八路军驻湘通讯处工作至此全部结束。

9月20日 出席延安各界举行的庆祝百团大战胜利及纪念九一八九周年大会，被选为大会主席团成员。

9月30日 《新中华报》报道，由徐特立牵头，领导起草两年制师范教育自然课程标准和教学大纲。

10月1日 在陕甘宁边区政府教育厅举办的新文字训练班授课。

10月12日 被推选为陕甘宁边区新教育协会会长。

11月2日 《解放日报》发表署名海燕的文章《介绍边区参议员徐特立》。该文讲述了徐特立的家世，以及他求学读书从教并最终选择革命道路的历程，认为“坚强、活泼，有远大

---

① 武衡、谈天民、戴永增主编：《徐特立文存》（第二卷），广东教育出版社1995年版，第418页。

计划，有独特目标，主张自由研究，主张探讨批判，耐心从事，长期埋头，不干涉别人私事，着重实验精神，这是徐老一生处事、革命、教育的特性”。文中录有徐特立关于边区参议员职责的六项主张。该文是作者为祝贺徐特立被选为边区参议会议员而作。

11月3日　指导自然科学研究会自然辩证法研究小组召开第三次座谈会。

11月5日　所撰《我对于青年的希望》一文刊载于《中国青年》第3卷第1期。文章提出，青年需要向各方面发展，应该保持天真活泼进取的态度永远不衰，并呼吁：青年们！你们的青年世界到处都表现着乌烟瘴气已经包不住了，整个新世界的产生就在你们的面前。青年要使自己的生活更复杂化和活泼化，向一切方面发展，而且是有组织地，有计划地，有着最高批评精神地，不驻足地向各方面发展。

11月7日　出席陕甘宁边区新文字协会成立大会，当选为理事。

同日　所作《送董老赴京》六首五律诗在《新中华报》发表：①

（一）

双足何时息，前瞻路尚赊。吾华警烽火，四海斗龙蛇。
不拟霜同鬓，唯将国作家。轺车驶京邸，秋菊正开花。

① 朱德等：《十老诗选》，中国青年出版社1979年版，第153—154页。

（二）

万国王冠落，吾京独屹然。蔺廉重好合，萁豆弗相煎。单调难成曲，群擎可柱天。佳音告黄帝，桥山且驻鞭。

（三）

妻老孤孙弱，长沙有我家。寄书长不达，传说被搜查。报国何年迈，思乡觉路赊。尺书望转寄，借以慰天涯。

（四）

秩序分新旧，扩张事战争。全球挥斧质，弱小尽牺牲。幸勿贪机遇，国存在更生。回思百年史，殷鉴即长城。

（五）

国是如船舵，风来紧把持。偏差需警惕，暗礁早探知。巢覆卵无幸，舟穿客悔迟。重心只一点，把握在乘时。

（六）

吾子贤参政，回京一矢词。直言当侃侃，国事忌迟迟。当局多贤达，同僚有旧知。一经见采纳，人事转天时。

11月10日 参加陕甘宁边区新文字协会召开的第一次理事会。

11月13日 在日记中回顾自己一生读书的大致经历，自觉读书过程中积累了不少经验，而目前不少青年好学却没有方法，以致浪费时间极多，决心把自己一生的读书方法写下来，以告诉自己极爱护的青年。

12月25日 在《中国文化》第2卷第3期发表《怎样进行自然科学的研究》，从科学的任务、科学研究的方式、科学研究的方法三个方面，论述面对科学缺乏、物质匮乏和抗战建国极端困难的状况，共产党人在抗日根据地应该如何从事自然科学研究的问题。

12 月 28 日　致电蒋介石，要求制止湖南省政府主席薛岳杀害无辜抗日军人及共产党人家属的暴行。电文当日发表于《解放日报》。

本月　被任命为延安自然科学院院长，次年 1 月到任。

年底　撰写《新民主主义教育的基本内容》，分“新民主主义的实质和作用”、“当前新民主主义教育的中心问题和原则”、“教材和管理问题”三个部分，阐释新民主主义时期应该实施的教育。文中首次提出“教育中国化”的问题。

是年　为延安战时儿童保育院题词：“保证儿童身心平均发育。”①

① 参见中华全国妇女联合会编:《中国妇女运动百年大事记（1901—2000）》，中国妇女出版社 2003 年版，第 106 页。

1941 年　64 岁

1 月 6 日　皖南事变爆发。

1 月 13 日　参加延安妇女宪政促进会自然科学院分会的成立大会并讲话。

1 月 30 日　参加延安自然科学编译社成立大会，被公推为为社长。副社长为康迪，社址暂设延安自然科学院。

3 月 10 日　与 30 余名边区文化界人士一道，致电慰问身在重庆，因事业、生活陷入困境的洪深。

4 月 13 日　为纪念中国第十届儿童节，在《新中华报》发表《对于边区儿童之我见》，指出“儿童现在是新民主主义革命的参加者，将来是社会主义建设的主人翁”，应该加强对于儿童的保育及教育；建议对“保育工作和儿童教育工作进行科学的研究，并分配有经验的、有学识的、有能力的干部去领导这一工作”[①]。

本月　毛泽东在延安作《改造我们的学习》报告。

5 月初　自然科学院机械实习工厂在延安南门外杜甫川马家湾（自然科学院内）正式开工，修理机器零件、焊接器具及制

① 武衡、谈天民、戴永增主编:《徐特立文存》(第二卷)，广东教育出版社 1995 年版，第 192—193 页。

造武汉织布机、西安纺纱机和制造大车等。

6 月初　延安自然科学院等合资开办的玻璃厂竣工，同时赶造酒精厂、化学物理实验室。

6 月 9 日　被聘为“五四”中国青年节奖金征文评委。

7 月 2 日　发表《我与党有历史上不可分割的关系》，回忆自己入党以来的革命历程，以纪念中国共产党成立 20 周年。

7 月 24 日　延安自然科学院玻璃厂正式开工，制造玻璃管、玻璃瓶及各种实验用具，原料均采自边区。玻璃厂后改为化工实习工厂。

8 月 2 日　出席陕甘宁边区自然科学研究会第一届年会，并作关于科学教育的报告。

8 月 27 日　为在延安接受培训的小学教师发起募捐慰问活动，带头捐款 100 元，鼓励小学教师安心从教。

8 月 31 日　出席延安自然科学研究会首届年会，并作《边区自然科学的教育问题》的报告。

9 月 18 日　致信徐乾，叮嘱她应该靠药与体力一同抗病，注意饮食的粗细搭配和锻炼。

9 月 22 日　出席延安大学开学典礼，号召同学们政治与技术都要掌握。

9 月 24 日至 25 日　所撰《怎样发展我们的自然科学》一文在《解放日报》连载，全面阐述关于自然科学研究与发展的观点。

9 月至 10 月　中共中央政治局召开扩大会议，要求党的高级干部学习和研究党的历史，从政治路线上分清是非，为全党普遍整风做准备。

10月4日 在《解放日报》副刊发表《祝科学园地的诞生》，提出“科学是国力的灵魂，同时又是社会发展的标志”，以及“科学教育与科学研究机关以方法和干部供给经济建设机关，而经济建设机关应该以物质供给研究和教育机关。三位一体才是科学正常发育的园地”的论断。

10月10日 在中华民国成立30周年大会上，被推选为大会主席团成员。

10月23日 当选为陕甘宁边区参议员。

10月29日晚 参加中华民族解放行动委员会负责人章伯钧为纪念第三党创始人邓演达逝世10周年在重庆朝天门味渝饭店举行的纪念活动。到会的中共领导人还有周恩来、董必武、林伯渠、吴玉章、王若飞、王明、徐冰等。此外还有国民党左派于右任，中间党派的沈钧儒、曾琦、左舜生、梁漱溟、余心清等。

10月31日 致信徐乾，祝贺她由落后的家庭妇女转变成为共产党员，希望她能够继承自己的革命事业，鼓励她认真学习《联共党史》，并按照书中原则行事。

11月1日 在陕甘宁边区参议会第二届参议会上作题为《边区参议会应有的任务》的讲话，提出在当时形势下民主参议会的六大任务：第一，“提倡民主政治，加强民主团结”；第二，“团结一切反法西斯主义的友邦”；第三，“团结汉、满、蒙、回、藏、苗、瑶、僮及其他中华各民族，共同驱逐日寇出中国”；第四，“中心任务是为国家为民族，对于一切党派无所偏私，尽自己的职责来进行严格的批判”；第五，“监督检查政府执行各项议事的结果；对政府工作人员和小学教师的给养进行筹措执行预算决算，改善军民关系”；第六，“打破历史上形式主义的民主议会，建立真正有革命意义的、敢言而敢做的议会，树立民族独立、民权自由的基础”。①

11 月 2 日　与陈康白②等出席延安生物学会成立大会，生物学会会址暂设延安自然科学院。

11 月 6 日　在边区召开的第二届参议会第一次会议上，被选为边区政府委员，但因边区政府委员中中共党员超过 1/3，当即声明退出，以落实“三三制”原则。后又因同样原因，与王世泰、肖劲光等六人自动退出常驻议员的竞选。

11 月底或 12 月初　柳亚子作七律一首《寄毛润之延安，兼柬林伯渠、吴玉章、徐特立、董必武、张曙时诸公》，诗中写道：“弓剑桥陵寂不哗，万年枝上挺奇花。云天倘许同忧国，粤海难忘共品茶。杜断房谋劳午夜，江毫丘锦各名家。商山诸老欣能健，头白相期奠夏华。”③

12 月 3 日　出席陕甘宁边区数理学会成立大会。

12 月 7 日　日本海军偷袭珍珠港，太平洋战争爆发。

12 月 8 日　出席庆祝新文字协会成立一周年大会并讲话。

① 参见武衡、谈天民、戴永增主编：《徐特立文存》（第二卷），广东教育出版社 1995 年版，第 204—207 页。

② 陈康白（1898—1981），原名运煌，湖南长沙人，教育家。曾任延安自然科学院副院长、院长，哈尔滨工业大学校长，中国科学院秘书长，国务院参事等职。

③ 张明林主编：《毛泽东评点古今人物》，西苑出版社 2012 年版，第 241 页。

12月9日 中国共产党发表宣言，倡导建立太平洋一切抗日民族的统一战线。

同日 国民政府正式对日宣战，同时对德、意宣战。

本月 中共中央发出指示，号召全党全军实行精兵简政，克服抗日根据地财政经济的严重困难。

是年 探视边区知名人士续范亭，作诗二首《赴柳店子视续老范亭》：

（1）

百年多国难，于今难更深。谁与共袍泽，硕果忆同盟。
卧榻闻鼙鼓，昂头听捷音。咸榆凭驿使，寄语告知心。

（2）

布尔塞同盟，先后相继承。真正中山徒，落落数晨星。
尔我虽年迈，姜桂老愈辛。仰天射十日，踏海斗长鲸。

是年 在《各科教学法》一文中，论述“科学和艺术的基本问题”以及“科学方法的基本性质”，阐释各门科学艺术以及教学规律中的辩证思想。

是年 侵华日军加紧对抗日根据地特别是华北抗日根据地的“扫荡”和“蚕食”，敌后抗日根据地进入空前困难时期。

1942 年　65 岁

1 月 1 日　苏联、美国、英国、中国等 26 国代表在华盛顿签订《联合国家宣言》，世界反法西斯同盟正式形成。

1 月 18 日　出席陕甘宁边区新教育学会成立大会，当选为理事长。

1 月 25 日　在《解放日报》第一期发表《我们怎样学习》，阐述自己对于学习的辩证认识。

2 月 2 日　出席延安自然科学院师生为自己举办的 65 岁寿辰庆祝会。

2 月上旬　毛泽东先后在中央党校的开学典礼以及中宣部和中央出版局联合召开的宣传工作会议上，作了《整顿学风党风文风》（后改为《整顿党的作风》）和《反对党八股》的报告，全面系统地提出了反对主观主义以整顿学风、反对宗派主义以整顿党风、反对党八股以整顿文风的任务，同时阐明了整风的宗旨和方针是“惩前毖后，治病救人”。这两个报告实际上是发动全党整风的动员报告。

2 月 12 日　在边区政府文化工作委员会成立大会上当选为委员。

2 月 14 日　《解放日报》报道，延安自然科学院的行政组织机构及教育制度已经调整就绪，学院设大学部及高中部，初高中部分别学习 1—2 年，毕业后升入大学部；大学部分生物、物理、化学、地矿四系，学制 3 年。

2 月 18 日 在“泽东日”作《毛泽东生活片段》报告。

2 月 21 日 指导《太平天国》历史剧的排演。

3 月 3 日 中共中央宣传部扩大会议决定：由徐特立负责编辑出版历史、地理、数学、物理等教科书，并负责考试委员会工作。

3 月 8 日 在延安各界万余人向张浩[①]遗体的告别仪式上，与毛泽东、朱德、任弼时等中央负责同志，亲自为张浩执绋、抬棺、奠土入穴，葬张浩于桃花岭山顶。

3 月 15 日 为纪念陶行知创办的生活教育社诞生 15 周年，在《解放日报》发表《生活教育社十五周年》一文，高度赞扬陶行知的生活教育及“教学做合一”的理论。

3 月 17 日 出席延安新教育学会与生活教育社延安分社联合举行的生活教育社十五周年纪念大会，并发表讲话。会上，李维汉提出：“陶行知先生和徐特立同志是中国新民主主义教育两面大旗。”

3 月 31 日 应邀参加毛泽东和博古举行的《解放日报》改

---

① 张浩（1887—1942），原名林育英，湖北黄冈人。1922 年加入中国共产党。1933 年赴莫斯科任中共驻共产国际的代表和中华全国总工会驻赤色职工国际代表。1935 年回国时将共产国际的指示带给中央，并带回密电码，恢复了中国共产党和共产国际的联系。1937 年 7 月被选为中央军委委员，不久任八路军一二九师政委。在中共六届六中全会上被增补为中央委员。1942 年 3 月因脑病恶化而逝世。

版座谈会，并在会上发言。

4月1日　在《解放日报》发表《再论我们怎样学习》。

4月2日　指导自然科学院开展整顿“三风”（学风、党风、文风）运动。与副院长陈康白在学院出版的壁报《学风》创刊号上，号召大家大胆发言，认真检讨，力争“党内斗争给党以力量和生气”；提出检查工作的方针是：主要检查领导，检查整个工作，最后才检查思想上的错误；批评要坚持有事实，不能打击，不许暗箭伤人和冷嘲热讽；要抓大问题，抓领导方式，抓思想倾向，少抓小问题。号召科学院的同志做斗争的模范，不害怕斗争；不论任何问题，都要彻底解决纠正，不是打击，不是撤换，一切工作只能改善而不能放弃。

同日　撰写《具体地分析自然科学的属性》一文，指出怎样把握科学是决定中国命运的一个重要因素。

4月3日　中宣部发出《关于在延安讨论中央决定及毛泽东同志整顿三风报告的决定》，对整风运动的目的、要求、方法和步骤作出明确规定，开始了以整顿“三风”为中心内容的全党整风。

4月4日　出席延安自然科学院整风动员大会，谈论自己对于当时学院出现的关于教育方针讨论的看法，指出培养一般通晓科学原理的自然科学人才的必要性。

4月13日《解放日报》报道，徐特立对自然科学院的整顿“三风”甚为注意，除写了三封指示信外，还亲自指导整风运动的方式方法，使其正确进行。

本月　应邀为中共中央党校教务处、秘书处和校务部的工作人员讲述党史，既讲毛泽东领导革命成功的经验，也讲党在历史上曾犯过的错误。

5月2日 中共中央宣传部在延安杨家岭召开文艺座谈会，出席的作家、艺术家及文艺工作者共80余人。

5月23日 参加延安文艺座谈会第三次会议，听取毛泽东的总结报告，即《在延安文艺座谈会上的讲话》。报告对“五四”以来中国新文化运动的经验和教训进行总结，并联系延安和各抗日根据地文艺界存在的问题，提出了中国共产党解决这一系列问题的理论和政策，阐明革命文艺为人民服务首先是为工农兵服务的根本方向。

6月7日 参加中共中央在延安八路军大礼堂为何彬、刘慧馨[①]举行的追悼大会，并送挽联：“革命青年只知爱国，不愿煮豆燃萁，让步终当有限；反共分子强调对内，反而认敌为友，横行竟到几时？”[②]

6月13日 组织自然科学院开展“科学有无党派性”的讨论。

6月20日 延安自然科学院总结第一期学习经验，反思下一步学习的重心，主要集中在四个方面的讨论：科学院的教育方针；自然科学的党派性；学院行政工作；党员与非党员的关系。

7月7日 在《解放日报》上发表《五年抗战的历史意义》

---

① 何彬（1915—1941），又名何功伟，湖北咸宁人，时任中共鄂西特委书记；刘慧馨，时任中共鄂西特委妇女部长。1941年1月20日，两人同时被捕，在狱中坚持斗争，毫不动摇，同年11月17日遇害。

② 中共应城市委党史资料征集编研委员会办公室编：《拼将赤血灌春花——汤池训练班创办五十周年纪念》（内部资料），1988年，第156页。

一文。

7月10日 应朱德邀请，与谢觉哉、吴玉章、续范亭同赴南泥湾视察。

7月16日 在《解放日报》发表《抗战五个年头中的教育》，总结抗战五年中的教育，性质属于民族解放的革命教育与伪政权的奴化教育的斗争；在抗战之中以及今后一个时期的教育，“要吸收过去人类知识的一切遗产，向我们的友党学习，甚至向敌人学习”，“向敌人学习，向友党学习，反对自高自大，是我们的教育方针之一”。但向他人学习必须是有批判和有斗争的学习，要坚决反对奴化教育和复古教育；革命的教育应该强调创造性、革命性，不向物质困难和群众落后低头。

同日 号召延安自然科学院全体教职员在第二期整风学习期间，深入讨论“自然科学的党派性及自然科学院的教育方针”两大问题，借以作为将来检查工作的基础和确定教育计划的基础，并具体提出四个问题供大家广泛查找资料、参与讨论。

同日 自然科学院成立教育讨论会筹委会，并决定由乐天宇①、阎沛霖和李苏②三人负责组织委员会来进行准备工作。

8月9日 与朱德、李鼎铭③等19人发起“开展国民体育运动”。

9月30日 在延安自然科学院作关于该院历史发展三个阶

① 乐天宇（1901—1984），湖南宁远人，农林生物学家、教育家。

② 李苏（1914—2005），原名张宝庆，江苏扬州人，化工专家，时任延安自然科学院化工系主任。

③ 李鼎铭（1881—1947），陕西米脂人，陕北著名开明绅士。抗战时期曾任陕甘宁边区政府副主席。所提“精兵简政”的提案，得到毛泽东的重视。

段的报告，并回答有关问题。

10月9日 作为新教育学会理事长，与副理事长范文澜[①]共同署名，在《解放日报》发表《延安新教育学会致函陶行知先生——庆祝生活教育社成立十五周年》一文，称陶行知创办的生活教育社及其教育主张和教育实践为教育界的模范，为中国新教育树立了一块基石。

10月11日 在《解放日报》发表《辛亥革命之始末》。

10月12日 参加自然科学院通讯小组成立会议，并勉励通讯小组要经常留意党的工作，把有教育意义的、带普遍性的、带群众性和动员性的，以及对群众有好处的材料作积极报道；要使每一个消息和报道都起到领导推进和改造作用。

10月18日 参加延安各界纪念鲁迅先生逝世六周年大会并讲话。

10月19日 出席西北局召开的高级干部会议。

10月26日至27日 组织对自然科学院教师乐天宇《关于科学院性质》一文进行讨论。

10月28日 自然科学院组织讨论、文教委员会决议，一致认为，科学院过去两年通过徐特立、陈康白等领导以及全体负责同志的一致努力，在极端困难的情况下获得很大成绩，值得肯定。

---

① 范文澜（1893—1969），浙江绍兴人，中共党员。著名历史学家。曾任中央研究院副院长、北方大学校长、华北大学副校长、中国近代史研究所所长、中国史学会副会长、中国科学院哲学社会科学学部委员、中共中央委员、全国政协常委、全国人大常委等职。著有《中国通史简编》、《文心雕龙注》等。

10 月 29 日　组织教师专门就李苏提出的三个问题:“办科学院及开设课程时对于人力物力的估计，关于开设理论物理组及地质组问题，以及教育计划的伸缩问题”进行讨论。

10 月 30 日　对持续一个多月的教育方针讨论进行总结，建议将讨论会整理成材料报文教委员会最后讨论。

同日　出席延安自然科学院教育方针讨论会，并作总结发言。在谈到自然科学院与军工局合作，以及“科学（自然）教育与工业建设”相结合的问题时提出,“我们要与军工局建设厅等机关所属的各工厂、农场密切联系起来，把理论与实际做到真正的联系”。提出要成立一个“学校管理委员会”，邀请各工厂、农场的负责同志参加，做到“工厂农场需要哪一种人才，学校就培养哪一种人才”[①]。此次关于教育方针的讨论是自然科学院创办以来持续最久、参与面最广、影响最深远的一次师生与各界参与办学的讨论，对于确定自然科学院的办学宗旨具有深远的影响。

11 月 1 日　作教育方针讨论的总结报告。

本月　离开延安自然科学院，回中共中央宣传部工作。

12 月 3 日　在西北局高级干部会议上发言:“讲一讲我的错误观点”，称自己一生犯过很多错误，特别有两点：一是犯了盲动主义；二是在皖南事变之前对形势估计的错误。正是从这些错误中，学到了很多，积累了很多宝贵的经验。

---

① 武衡、谈天民、戴永增主编:《徐特立文存》(第二卷)，广东教育出版社 1995 年版，第 256—257 页。

1943 年　66 岁

1 月 5 日　出席延安科学界纪念牛顿诞生三百周年大会，并作题为《对牛顿应有的认识》的演讲，认为纪念牛顿“就要把他的东西拿来研究，批判地学习他的方法，把它变成自己的方法，以及在现时的条件下，在具体的环境里，应用它来产生、创造新的东西”。同时，强调在学习上要坚持毛泽东提出的“古今中外法”，具体地说，这种方法就是古代的也要，现在的也要，外国的也要，中国的也要；把古代的变为自己的和现代的结合起来，把外国的变为自己的和中国的结合起来，这样看问题才是马列主义的方法。

2 月 4 日　在《解放日报》发表《中英美新约的前因后果》一文，分析在抗日战争第六个年头中，中国废除自鸦片战争以来与西方各帝国主义国家签订的不平等条约的重大意义，认为依靠建立抗日民族统一战线和积极的国际外交政策，是巩固战后国际新秩序的重要条件。

3 月　参观中共中央和中央军事委员会直属机关举办的首届生产展览会。

本月　在手稿《关于考试制度改革问题》中，从历史的角度，谈及无论八股考试还是当时国民党的考试制度，都不过是

“愚民政策”，批评国民党关于学校教育考试的目的及其弊端。

在手稿《关于心理学的讲话》中，从“人类认识的起源”和“心理学研究的学派系”两个方面，探讨心理学问题。

在《心理学基本知识》手稿中，分八个方面作详细阐述：心理的诸侧面；研究心理的诸侧面；人类的自然性和社会性；心理的物质基础；心理学；知情意；意志；心理学的种种说明。

4月3日 中共中央发布《关于继续开展整风运动的决定》。这个决定对于国民党特务分子的渗入做了过于严重的估计，以至导致后来的反特斗争的扩大化。

6月12日 在《解放日报》发表《参观中直军直生产展览会的意见》一文，对中直、军直机关工作人员公余附带生产的做法大加赞扬。文中谈到：“该展览会只是延安党中央和军委直属机关的一部分。除实验工厂、美坚等公营工厂与农场菜园正式生产机关外，其余均系工作人员公余附带生产的成绩。即用脑之后接着体力以恢复脑的疲劳所得的产物。此种生产方法不独直接改变了物质生活，同时也改变了单纯智力生活的单调性，使精神愉快。”强调这种农业生产的组织意义、政治意义和文化教育意义。

7月 国民党顽固派乘共产国际解散之机发起第三次反共高潮。中国共产党领导解放区军民掀起抗议斗争，并得到国际舆论支持。第三次反共高潮没有发展为大规模武装进犯即被制止。

10月 中共中央决定高级干部进一步研究和讨论党的历史问题，延安整风由此转入第三阶段。这一阶段的主要任务是在整顿“三风”的基础上，对党的历史经验特别是党史上几次大的路线错误进行全面、系统的总结并作出结论。

11月22日至26日 中、美、英三国元首开罗会议召开，发表《开罗宣言》，宣示协同对日作战的宗旨，承诺处置日本侵略者的安排。

是年 整风运动扩大化的大气候下，中共中央西北局派陈柏村进驻延安自然科学院，很多师生受到怀疑和批判，不少人被列入“抢救”对象。徐特立了解情况后，多次仗义执言，极力保护蒙受冤屈的师生。

1944 年　67 岁

3 月中旬　与胡乔木[①]、柳湜[②]、杨和亭等，受毛泽东之邀，商谈群众教育改革问题。

3 月 19 日　陶行知生活教育社运动十七周年纪念日，与柳湜联名提议召集国民教育座谈会，交换对过去与今后边区教育工作的意见。会上介绍了生活教育运动许多值得学习的经验，并将陶行知的精神概括为“面向群众，实事求是”，认为陶行知最重视中国农民的教育，亲自走到农村去，走上门对农民进行教育。

是年春　为办好延安中学，到该校住校一个多月，进行调查研究，指导工作。

4 月　参加毛泽东召集的群众文化教育改革座谈会。

5 月 12 日　致信徐乾，叮嘱她注意身体健康，并有计划地

① 胡乔木（1912—1992），江苏盐城人，中共党员，马克思主义理论家。曾任新华社总社社长，新闻总署署长，中共中央宣传部副部长、书记处候补书记，中国社科院院长等职。著有《胡乔木文集》等。

② 柳湜（1903—1968），湖南长沙人，新闻出版家、教育家。早期在上海、汉口、重庆等地从事地下工作和文化工作。1941 年到延安，先后任陕甘宁边区参议会参议员、边区政府委员、教育厅厅长等职。新中国成立后，曾任《人民教育》总编辑、教育部副部长等职。

学习政治理论。

5月13日　柳亚子作《次韵和必武见寿新诗，分寄毛泽东、周恩来、林伯渠、吴玉章、徐特立、张曙时、邓颖超诸同志》诗一首：①

整顿乾坤入酒觞，新诗寿我剑花芒。
朝无需听言终渎，民有偕亡日曷丧。
誓以心肝酬党国，岂贪姓字上旗常？
平生管乐襟期在，倘遇桓昭试一匡。

5月21日至翌年4月20日　中共六届七中全会在延安召开，选举毛泽东、朱德、刘少奇、任弼时、周恩来组成主席团，毛泽东为主席团主席；决定毛泽东为中央委员会主席；全会讨论了党的七大的各项准备工作，通过了由毛泽东、任弼时等主持起草的《关于若干历史问题的决议》。

6月2日　致信徐乾，告诫她"处在被人推尊的环境中，缺点不易被发现，若不坚持学习，极容易在未来负责的工作中犯错误"，因此要坚持学习并将之列入计划，每日坚持。

6月9日　中外记者西北参观团到延安采访。

6月12日　在延安接见中外记者赴西北参观团。

6月13日　致信徐乾，再次强调要特别留意两个问题：一是身体健康，二是加强学习。

---

①　邓力群主编：《毛泽东人际关系》（上、下），中央民族大学出版社2003年版，第366页。

7 月 24 日　著名的爱国民主战士邹韬奋在上海病逝。

8 月 13 日　在《解放日报》发表《卫生展览会的重要意义》一文，赞扬在杨家岭举办的卫生展览的重要意义，指出由于当时农村地区相关卫生知识的极度贫乏，在当地所出现的疾病，并不仅仅是医生能够解决的问题，而应从改变当地愚昧无知的风俗习惯、社会制度和文化教育等多方面入手解决。文章最后强调，卫生问题不仅是个人问题，而且是社会问题，应该借鉴苏联的经验，建立医疗保健制度。

10 月 11 日　出席陕甘宁边区文化教育会议开幕式并讲话。

11 月 22 日　在追悼邹韬奋的大会上，发表《韬奋的事业与精神》的讲话，从邹韬奋一生的事业，追溯他的革命精神及实际精神，以及全身心地贡献于人民的奋斗精神。同日，该文在《解放日报》发表。

是年冬　收到率三五九旅南下的王震写的学诗习作《过太行》："祖国黄河长，长江是故乡；北伐又南征，指日过太行。"[①]

年底　致信徐乾，再次强调学习问题。

---

① 中国中小学幼儿教师奖励基金会编：《尊师重教的光辉典范——纪念王震同志诞辰九十周年》（内部资料），1992 年，第 33 页。

1945 年　68 岁

1 月 14 日　《解放日报》报道，徐特立编写的《中级算术》一书，“不到两个月就售卖一空。”

2 月 5 日　与朱德、林伯渠、吴玉章等出席在罗家坪举行的朝鲜革命军政学校延安总校开学典礼并致词。该校于 1944 年 4 月在延安成立，被称为培养朝鲜抗日军事政治干部的摇篮。

2 月 26 日　出席延安四所小学教师训练班开学典礼，并作专题报告。

4 月 20 日　中共六届七中全会通过《关于若干历史问题的决议》，标志着整风运动结束。

4 月 23 日　出席中国共产党第七次全国代表大会，当选为中央委员。大会在延安中央大礼堂开幕，出席大会的代表共 755 名，代表当时全党 121 万党员。分为中直（包括军直系统）、西北、晋绥、晋察冀、晋冀鲁豫、山东、华中和大后方 8 个代表团。

5 月 8 日　德国无条件投降。

6 月 11 日　在中国共产党第七次全国代表大会闭幕式上发言，认为这次大会是一个空前胜利的大会，不仅在中国有历史意义，而且对太平洋被压迫民族的解放有决定的历史意义。

师哲[①]回忆："（党的七大）从1945年4月23日至6月11日，开了46天。大会上畅所欲言，十分活跃，有一些同志作了自我批评，例如徐特立，大家都尊称徐老，他德高望重，是毛泽东在湖南第一师范的先生，朱德称他'当今第一圣人'，他也作了自我批评，讲了自己想错了的、别人并不知道的思想：大会不断对他报以热烈的掌声和亲切的笑声。这位一生注重身教的老教育家，又一次以自己的实际行动教育大家——检讨就是一种进步，是光荣而不是可耻。"

肖三回忆："七大闭幕的那天，徐老演说了。不同于平常的，他这次说得很短，但很有力。讲到中华民族危机仍很严重，打倒日本帝国主义之后，要提防又来一个帝国主义时，徐老说，'……我这个人别的没有什么，但国是一定要爱的，帝国主义是一定要反对到底的！'"

7月1日 与毛泽东、朱德、周恩来、刘少奇、林伯渠、吴玉章、邓颖超、秦邦宪、张闻天、刘伯承、陆定一、林彪、叶剑英、李富春、杨尚昆、谢觉哉等三十余人，专程到机场迎接国民参政会中褚辅成、黄炎培、冷通、傅斯年、左舜生、章伯钧六位参政员的来访，并合影留念。

7月17日至8月2日 美、苏、英三国首脑在柏林郊外的波茨坦举行会议，通过《波茨坦公告》，敦促日本政府立即宣布所有日本武装部队无条件投降。在8月2日达成《波茨坦协定》，确定了占领德国的原则。波茨坦会议对夺取反法西斯战争的最

① 师哲（1905—1998），陕西韩城人，俄语翻译家，新中国成立后，曾任中共中央马列著作编译局局长、俄语专修学校校长、外文出版社社长等职。

后胜利意义重大，对战后建立新秩序以及国际关系的发展产生了重要影响。

7月　苏中出版《毛泽东选集》第一卷，收录1937—1938年毛泽东抗战初期的11篇著作。书中《论毛泽东思想》（集录、代序）选录朱德、周恩来、刘少奇、陆定一、陈毅、陈伯达、曼努伊斯基、邓发、艾思奇、徐特立、博古、范文澜、康生、王稼祥、罗荣桓等以及冈野进（即野坂参三）所作文章与报告中有关论述学习毛泽东思想重要意义的部分。

8月6日　为迫使日本迅速投降，美国在日本广岛投下一颗原子弹。这是人类历史上首次将核武器用于实战。

8月9日　美国再次向日本长崎投放原子弹。

8月14日　《中苏友好同盟条约》签订。

8月15日　日本宣布无条件投降。

同日　致信徐乾，强调无论工作还是生活都应加强集中性和纪律性："集中性和纪律性是党性之一，散漫、不集中和工作缺乏计划，尤其是作息时间不严格，是小资产阶级的劣根性征服了无产阶级的集中性和纪律性。"并指出："鲁迅认为妨碍别人工作时间是谋财害命，我也以为自己浪费时间就是自杀，尤其是浪费休息的时间，直接威胁着生命。"①

本月　写诗《赠柳亚子》：②

① 李龙如、李暄主编，湖南省政协文史委员会编：《一代师表徐特立》，岳麓书社1998年版，第340页。

② 朱德等：《十老诗选》，中国青年出版社1979年版，第160—161页。

亚子五十九，而我长十年。若论开国功，我难与比肩。越老越辛辣，都是伯仲间。沧桑多变易，差幸骨节坚。回忆百年史，新旧两判然。时代方闪电，瞬刻不留连。前辈我之师，不觉落后边。岂仅暂落伍，甚至别忠奸。南海我拜祷，既而反民国。汪氏刺摄政，后乃成奸贼。孙黄同伟大，临政异车辙。前茅住足顷，后卫越前列。男儿世所重，有时愧巾帼。香凝庆龄外，罕守中山节。少年昔所轻，而今光史册。五四划时代，谁堪比功烈！革命新纪元，永与前史别。革命之动力，工农商学兵。范围广而大，五四莫与京。伟哉大革命，承先启后人。“九一八”“七七”，又有新典型。国亡在眉睫，民怨大沸腾。壮哉马相伯，示威长街行。长龄整百岁，竟忘年齿尊。在朝与在野，群老具奋兴。辛亥诸老人，亚子其中一。守正不苟同，因而失党籍。覃邵孙诸公，献替谋裨益。虽无赫赫功，所争在正气。吾华列五强，其名不虚立。惨哉战胜后，内战燃眉急。干戈化玉帛，并非不可必。谈判门未关，赖大家努力。覆巢卵无幸，漏舟塞点滴。

8月28日 毛泽东抵达重庆与蒋介石谈判。

9月2日 日本向同盟国签署投降条约。第二次世界大战结束。

同日 在延安大学教育系发表关于教育重要性的谈话，指出:“教育对象——人，有两重性，其一是自然性”，因此“教育很重要，要把学习放在首位”[①]。

---

① 武衡、谈天民、戴永增主编:《徐特立文存》(第三卷)，广东教育出版社1995年版，第29—32页。

本月 和即将奔赴华北、东北工作的部分干部座谈，重点谈教育必须从实际出发，称赞“米脂动员妇女纺线和识字，将纺线生活放在第一，识字放在第二位，她们所编的课本都是从实际出发的”，“教育问题不能脱离开社会，不能脱离开历史。既要看过去，又要抓住现在来改造它，这就是革命的现实主义。”①

10月10日 国共签署《双十协定》。

10月25日 中国中央政府的代表陈仪在台北接受日本占领军的投降，宣布“台湾及澎湖列岛正式重入中国版图，所有土地、人民、政事皆已置于中国政府主权之下”。

11月1日 在《边区教育通讯》创刊号上发表《读〈教育通讯〉创刊号之我见》，表扬创刊号上的文章“是从民间小学校反映出来的材料，而加以整理。这表现是从民间来，到民间去的领导方式”，“是毛泽东思想的胜利在教育方面表现出来”。并提出建议：增加小学教员的读物，组织儿童图书巡回阅览室，按期巡回；教员参加乡村行政工作会议，乡村文书帮助教育工作，以便随时抓住当前发生的问题，来进行活的教育；把小学校变为一村或一乡的思想领导机关、辩论场所；校长或学校创办人选可以从模范工作者及劳动英雄而不一定是识字多者中遴选。

12月12日 在《解放日报》发表《“一二·九”感言》，指出：“中国过去的分裂与内战，不是依靠反动统治者自己停止，而是人民的力量把它停止的”，呼吁：“‘一二·九’运动的英雄

① 武衡、谈天民、戴永增主编：《徐特立文存》（第三卷），广东教育出版社1995年版，第26—28页。

们和全国人民，拿出十年前反对内战，要求一致对外的精神来，大声疾呼：反对内战，民主建国！”并充满信心地预言：“只要我们团结一致，共同斗争，和平、民主、团结、统一的中国，是一定会胜利的。”①

12月26日 在《解放日报》上发表《学习朱总司令》，认为：“总司令的服从性是空前的，他没有自己的意志，他的意志是人民的”，“总司令除服从性外，就是他的大无畏性。总司令的大无畏性是不怕任何帝国主义，不怕任何军阀政府与帝国主义结合”，“我们总司令的勇，不在战术而在战略，即是智勇双全的勇。”因此，“我以为他生平的一切，我们都是应该学的，尤其是他对国家民族，对于人民的忠忱，应该作为我们的党员、干部前进的旗帜。”②

是年 在论及“用唯物的、辩证的观点看事物”时提出：“毛主席的战略原则是争取多数打击少数，利用矛盾，各个击破”，“斗争的原则是治病救人，惩前毖后，争取失足者。有冤报冤，有仇报仇，争取回头。洗孩子倒水，不倒掉孩子。群众有基本的、非基本的，一打一拉，又打又拉”，“革命的人要团结好人，但不要拒绝坏人。要入污泥而不染，不是不入污泥，而是要改造污泥，入污泥而不染比不入污泥高强，改造污泥比入污泥而不染更高强。”③

① 武衡、谈天民、戴永增主编：《徐特立文存》（第三卷），广东教育出版社1995年版，第45—46页。

② 同上书，第47—50页。

③ 同上书，第12—14页。

是年 作《徐乾三十初度》[①] 诗，祝贺徐乾30岁生日：

三十初度日，一九四五年。屈指党大会，正当三日前。
旧金山会议，厥后念二天。空前历史期，你已是党员。
学习在延安，置之庄岳间。图书和报纸，满架满几筵。
无限师与友，朝夕与周旋。科学与政治，小说与诗篇。
有意和无意，谈论出自然。无衣食牵累，无儿女纠缠。
此境非绝后，却已是空前。天赋你良质，又遇好机缘。
前途之远大，客观条件全。主观将若何，我为进一言。
工作极积极，学习缺中坚。读书好涉猎，尚欠苦钻研。
瑕瑜相互见，历史有渊源。九岁离初小，识字刚满千。
十载治家政，柴米与油盐。夫死无所归，舍家而来延。
学习兼疾病，合计仅一年。其病又在脑，劳心是所嫌。
矛盾怎解决，计划是所先。养脑忌兴奋，时起居睡眠。
生活守铁则，学习贵精专。政治作中心，其他置边缘。
计划百分完，纪律万分严。此诗置座右，一日读一遍。
武装起头脑，作一好党员。

① 武衡、谈天民、戴永增主编:《徐特立文存》(第三卷)，广东教育出版社1995年版，第369页。

1946 年　69 岁

1 月 10 日　中国共产党代表与国民党政府代表正式达成停战协定。

2 月 10 日　国民党特务捣毁重庆各界庆祝政协成功召开大会会场，制造“较场口事件”，引起社会各界的强烈抗议。

同日　与林伯渠、谢觉哉等数十人从延安发出抗议通电，并推黄齐生专程赴渝慰问受伤人士。

本月　69 岁寿辰，收到谢觉哉的寿联：“六十九龄犹黑发，旧新中里见完人。”

3 月 4 日　出席欢迎“军事三人小组”即周恩来（中共）、张治中（南京国民政府）、马歇尔（美国代表）的晚宴。

3 月 16 日　外孙女徐舟与黄墨滨结婚。在其结婚纪念册上题写：“夫妇之关系，建立于情感，巩固于理智。学习上的互助，事业上的互助乃坚固不拔之基。你们的夫妇关系建立在同志关系上，前途是光明远大的。”寄予殷切期望。

是年春　为干部学习编写《度量衡的需要和转变》一课教材，写道：“认识自然物，最初的步骤是向它作调查。最原始的方法就是测量”，“度量衡是三种不同的量，即度是测量长短的量，而量（即斗、升）是测量容积的量或称容量，衡是测量轻重之量或称重量。我们用科学方法就把三种不同的量统一于长度的计算。”①

4月8日 王若飞、秦邦宪（博古）、邓发、叶挺等由重庆飞往延安，在山西兴县东南之黑茶山坠毁，机上人员全部遇难。

4月13日 为悼念“四八烈士”，参加由毛泽东、朱德、刘少奇、任弼时、林伯渠、彭德怀、贺龙、张云逸、蔡畅、习仲勋等26人组成的中共中央及延安各界治丧委员会。

4月18日 王若飞、秦邦宪、叶挺、邓发等烈士的遗体由晋绥护灵专员谭政文等人护送，由专机送达延安。徐特立与朱德、刘少奇、任弼时、林伯渠及其他领导人，亲率延安及解放区各界代表与群众1万余人到机场接灵。

4月19日 延安各界群众3万多人，隆重追悼并公葬叶挺、王若飞、博古、邓发诸烈士。

4月23日 在《解放日报》发表《回忆留法勤工俭学时代的若飞同志和齐生先生》，悼念于4月8日不幸因飞机失事而遇难的王若飞、黄齐生两位同志。

5月4日 参加由刘少奇主持，各中央局、中央分局和解放区主要领导参加的工作会议，专题研究土地问题。与会者除毛泽东、任弼时、林伯渠、徐特立等中央领导外，还有晋冀鲁豫中央局副书记薄一波、华中分局书记邓子恢、山东分局副书记黎玉等。会议讨论通过了《中共中央关于土地问题的指示》（简称“五四指示”）。

---

① 武衡、谈天民、戴永增主编:《徐特立文存》（第三卷），广东教育出版社1995年版，第263页。

同日　出席延安各学校及青年代表纪念五四青年节集会并讲话。同日，在《解放日报》发表《纪念“五四”》一文，充分肯定五四运动的历史意义：“‘五四’运动是新民主主义革命运动的开端，在中国历史上是空前的划时代的运动。‘五四’运动，不仅为中国开辟了新的民主运动的道路，而且它使中国从此成为东方的启明星，成为东方被压迫民族寻求解放道路的引导者，在这次世界反法西斯战争中成为起决定作用的国家之一。在今后反法西斯残余以维持国际和平与民主的斗争中仍然要起决定作用。‘五四’运动使这颗东方启明星升出了地平线，开始吐露其光芒，因此，‘五四’运动也具有为人类谋解放的历史意义。”并“向广大的青年及一切成年们提两点意见：一、耐心地持久地贯彻民主运动。……二、中国今后将要建成一个工业的国家。……我们有教育责任者，更应积极进行准备工作。而对于广大青年来说，则必须更加紧学习，不放松任何机会，努力学习科学，提高文化，掌握技术，这才能赶上建立新中国的迫切需要”①。

6 月 13 日　致信徐乾，希望她在注意休息、饮食，养好病的基础上，多学习马克思主义理论，多关心政治，争取成为一名真正的、优秀的布尔什维克。

6 月 26 日　国民党军队进攻中原解放区，全面内战爆发。

7 月 20 日　回复边区教育通讯社关于教育能否实施惩罚一事的来信，对教育中出现的不合理的惩罚现象进行严肃批评：

① 武衡、谈天民、戴永增主编：《徐特立文存》（第二卷），广东教育出版社 1995 年版，第 56—59 页。

“我们的教育是革命的教育，其目的是教国民不是教顺民，应反对无理的服从及自己没有了解的盲从。……对于破坏纪律的学生，不是惩戒而是说服。说服的方法不是由教师片面的注入，而是双方的讨论和研究。不是压抑学生的坚强意志，而是增加对问题进一步的了解，以正确的知识来克服无知的盲动。……惩戒方法以不用为是。”该信后以《非要惩罚不可吗》为题刊载于9月1日《边区教育通讯》第2卷第3期。

7月25日　陶行知于上海病逝，享年55岁。

7月至9月　常与张凌光等身边工作人员谈社会、教育、道德等问题，后被编为《漫谈》五十一则。

8月11日　出席延安各界公祭陶行知大会，作为主祭人之一致词。

8月12日　在《解放日报》发表《陶行知的学说》，肯定陶行知关于“教育即生活”、“教学做合一”等思想，称颂“陶行知是中国革命的教育家”。

9月1日　所撰《中国教育家陶行知先生的学说》第一部分“他的教育哲学及其根源”，刊载于《边区教育通讯》第2卷第4期。该文指出，陶行知由重“知”转而更重“行”，强调知行合一：“行变为知是第一阶段，知变为行是第二阶段，知行互变，两个东西，根本上是一个东西，故名为知行合一，又名为知行一元化。”进而分析了陶行知“生活即教育”、“社会即学校”理论的来源：“陶先生把生活放在第一位，就产生‘生活即教育’的学说。又认为社会的好坏，不是由于人的良心有好坏，而是社会有好坏，改造社会就是改造了个人和改造了学校……

改造中国就成了陶先生的教育的目标。而教育的方法，就是四万万五千万人，每一个人自己是先生，是学生，是同学。于是他就产生‘社会即学校’的理论。”①

10 月初　在西北党校作关于党纲的第一次报告《论党的性质》，指出：“党是工人阶级的先进的有组织的部队”，“我们党的性质是百分之百的工人阶级性质”；“党是阶级组织的最高形式”，“不要把党变成群众团体，尊重政府，不要侵犯人家的权利，要看大问题，不要管日常零星事务，不然就会成了包办一切。……党就是要调查研究，决定政策，决定大的方向，决定向哪条路走”；“中国共产党则代表中国人民与中国民族的利益。”②

10 月 12 日　在西北党校作关于党纲的第二次报告《论党的性质与社会性质》，认为“党性就是典型的或高度发扬的阶级性”，“中国共产党，是中国工人阶级先进的有组织的部队”，而“社会性质就是国家性质，一个什么样的社会就是什么样的国家。……弄清社会性质，是解决社会的基本问题”。③

10 月 19 日　在西北党校作关于党纲的第三次报告《关于毛泽东思想的报告》，阐释毛泽东关于政治协商、对敌战略等思想，指出：“我们的军队打仗，整个的计划要战略，战斗、战役、战术要战略。比如毛主席的《论持久战》，是战略”，“毛主席的战略就是一打一拉，拉朋友，打敌人”，“毛主席还有一个战略，

---

① 武衡、谈天民、戴永增主编：《徐特立文存》（第二卷），广东教育出版社 1995 年版，第 160—163 页。

② 同上书，第 177—180 页。

③ 同上书，第 181—202 页。

就是又打又拉”,“对敌人单是打而不拉，或单是拉而不打，是不好的。在几个敌人中间，只一个能够和我们在今天把关系搞好，我们就和他妥协，今天一天，到明天，关系破裂了就打。这就是有斗争、有联合。在我们江西后期是只有斗争，没有联合；陈独秀是只有联合，没有斗争；毛主席是有斗争有联合。”①

11月初 在西北党校作关于党纲的第四次报告《论群众路线》，指出毛泽东群众路线的辩证性：从群众中来，到群众中去；跟群众学，教育群众；既做群众的小学生，又做群众的小先生。

11月11日 在西北党校作关于党纲的第五次报告《论民主与集中》，指出:“集中是民主基础上的集中，不是离开民主的集中”，民主“是集中领导下的民主。集中领导就是集中决定办法、政策、目标、任务”,“一个集中，一个民主，二者缺一不行。”

11月17日 带领中共中央宣传部教育研究室人员由延安撤至陕西省东北部绥德县。

12月1日 《中国教育家陶行知先生的学说》第二部分“论教、学、做合一与哲学一元论关系”刊载于《边区教育通讯》第2卷第5期，指出陶行知“在一元论哲学下，首先打破了行知的两关，又打破了教学做三关。同时又打破了学校和社会两关，认为社会即学校。再打破生活与教育关，认为生活即教育。总而言之，就是打破了一切两个相反的不能转变的难关”,“陶行知解决许多矛盾，打破很多关，都是针对中国现实社会和解决

---

① 武衡、谈天民、戴永增主编:《徐特立文存》(第二卷)，广东教育出版社1995年版，第203—225页。

教育问题。……针对现实，解决矛盾，打破难关，这就是转化一元论，换句话说，就是辩证唯物论。”[①]

12 月 13 日　《解放日报》发表消息：徐特立同志七十大寿将至，各界将举行庆祝。

① 武衡、谈天民、戴永增主编:《徐特立文存》(第三卷)，广东教育出版社 1995 年版，第 163—167 页。

1947年　70岁

1月8日　被中共中央办公厅从绥德县接回延安，庆祝七十大寿。

1月9日晚　毛泽东、朱德等来窑洞，按照当地的风俗习惯，为徐特立“暖寿”，并一起吃长寿面。毛泽东送寿糕一盒，并在盒子上亲笔题写“坚强的老战士”。

1月10日晚　徐特立七十寿诞祝寿大会在延安中央大礼堂举行。大会由朱德主持，毛泽东等到会祝贺，会上宣读了党中央的贺信。贺信说：

> 你的道路，代表了中国革命知识分子的最优秀传统。你是热爱光明的，你为了求光明，百折不挠，在五十岁上加入了中国共产党。你对于民族和人民的事业抱有无限忠诚，在敌人面前，你坚持着不妥协不动摇的大无畏精神，你的充沛的热情，使懦夫为之低头，反动派为之失色。你是密切联系群众的，你的知识是和工农相结合、生产相结合的，你把群众当做先生，群众把你当做朋友。你对自己是学而不厌，你对别人是诲人不倦，这个品质使你成为中国杰出的革命教育家。你痛恨官僚主义和铺张浪费，你的

朴素勤奋七十年如一日，这个品质使你成为全党自我牺牲和艰苦奋斗作风的模范。你的这一切优良品质是全党同志和全国人民的骄傲，把你的这一切优良品质发扬光大是全党同志和全国人民的革命任务。

同日　《解放日报》设贺寿专版，刊发中共中央贺信及毛泽东、朱德、周恩来、刘少奇、彭德怀的题词等。毛泽东题词“坚强的老战士”，朱德题词“当今一圣人”，周恩来题词“人民之光，我党之荣”，刘少奇题词“中国共产党的光荣”，彭德怀题词“徐老是人民的教育家”。

陆定一在《人民教育家——祝徐老七十大寿》一文中写道，“徐老给我们的教科书，就是他的入党，这本没有字的教科书，比什么教科书都好，也比什么教科书都重要”，“他的一生就是一部教科书。愿徐老百岁长寿，永远教导我们前进。中国人民的解放，以及将来新中国的建设，要有无数像徐老这样的人民教育家。”

《解放日报》同时刊发徐特立《七十客绥，哀吕梁灾民并自寿》诗：①

蒋阎肆虐政，灾民遍吕梁。败絮不蔽体，充饥惟秕糠。
老弱转沟壑，少壮半逃亡。转看警备区，家家有余粮。
黄河一水隔，地狱与天堂。法币八万万，购棉又购粮。
边区济河东，艰苦与共尝。我今年七十，客绥避兵荒。

① 武衡、谈天民、戴永增主编：《徐特立文存》（第三卷），广东教育出版社 1995 年版，第 377 页。

党政军民学，群以称寿觞。苦乐两相形，不觉倍感伤。
却之感不恭，请勿事铺张。瓜果代鸡豚，清茶代酒浆。
题字代寿联，词短意更长。诗文写性情，所贵非颂扬。
纸笺不拘格，百衲愈琳琅。不落旧窠臼，吾党破天荒。
祝寿破常例，推广到婚丧。

同日　收到大量贺诗、贺词。

黄炎培《徐特立七十初度》：[①]

平生谢绝人称寿，亦少人前祝寿来。
聊为先生飞一笺，冬荣灵桂后雕材。
湘江一握话从头，延水殷勤三宿留。
卅载林荫成昨梦，劫灰冷后不曾收。
劳劳赢得发飘银，天以长年慰苦辛。
昔自作人应寿考，况抛心力为平民。

林伯渠《徐特立七十大寿》：[②]

徐老初逢七十岁，健康精力古来稀。
门墙多士空前杰，瀛海求书苦未迟。
早识船山宏大义，记从章水订交期。

① 武衡、谈天民、戴永增主编：《徐特立文存》（第三卷），广东教育出版社1995年版，第385页。

② 同上书，第313页。

长途漫说老牛笨，却异骅骝任所之。

谢觉哉《奉答徐老自寿诗》：[①]

徐老自寿诗，教人莫送礼。我今开礼单，先从徐老起。只有你送人，人才肯送你。外婆不易做，事事要克己。投身浊世中，一尘不曾染。一切为他人，自奉等“讨米”。孔子不足高，墨翟差可比。送的本已多，口笔不能记。但还很不足，欠下了几起。你精教育学，更深研数理。哲学政法书，看、抄、批不已。贯穿辩证法，新奇出腐里。殷勤数十年，著述尚无几。奇辩口滔滔，从来不留底。六十写自传，两三千字耳。神龙隐雾中，见首不见尾。应与我公约，著述从兹始。再写三十年，年年十万字。整篇固所需，片羽亦可喜。以此寿世人，学行之根柢。世人报答你，是否可相抵。年年你生日，颂祷而已矣。

远在上海的田汉寄来贺寿诗《懋师七十大寿》：[②]

懋师人中圣，乃产卑湿地。二十村学究，三十有大志。断指争国会，食肉惊民意。辛亥创长师，艰难尝已备。始在化龙池，再营汹谭寺。人才相继出，高风良未坠。当时

① 武衡、谈天民、戴永增主编：《徐特立文存》（第三卷），广东教育出版社 1995 年版，第 384—385 页。

② 屠岸、方育德编：《田汉全集》（第 11 卷），花山文艺出版社 2000 年版，第 484—485 页。

及门人，亦有师所弃。今方假民主，卖身干禄位。四十赴欧洲，初习横文字。角逐少年场，发愤忘眠睡。归来报祖国，革命正火炽。伤哉桃李花，十中死三四。一片外婆心，满腹哀时泪。愤然投烈火，举起人民帜。仓皇入莫京，风雪炼卓识。五十学游泳，自谓得奇致。愈觉生命强，不信有难事。六十参长征，七十司鼓吹。但为解放战，不知老将至。湘徐与皖陶，教育之双瑞。陶死徐虽老，犹能兼人食。学生遍天下，春风吹无被。寒极暖亦近，雪深柏弥翠。海上举金尊，共为老人醉。

肖三在《晋察冀日报》发表《徐老不老》一文，回顾徐特立的一生，指出：①

“人生七十古来稀”。德高望重的徐特立同志七十岁了，更是难得。中国共产党的老同志中算徐老为最老了。但是他身体之康健，精力之充沛，感情之热烈，许多许多青年人都赶不上。徐老真是老而益壮的人。全党全中国人民都祝福他老人家长生不老，最少活到一百岁！……看到一个独立、民主、和平、富强的新中国的实现！

同日 收到上海各界知名人士68人的联名寿幛“长松特立，

① 武衡、谈天民、戴永增主编：《徐特立文存》（第三卷），广东教育出版社 1995 年版，第 390—400 页。

民众之望”，签名人士有张澜[①]、沙千里、史良[②]、沈钧儒、柳亚子、马寅初[③]、翦伯赞、胡子婴[④]、朱蕴山[⑤]、周建人[⑥]、许

① 张澜（1872—1955），四川南充人。辛亥革命前参加立宪派，为四川保路同志会领导人之一。民国后，任四川省省长、成都大学校长。抗日战争期间，任国民参政会参政员、民主同盟主席。抗战胜利后，领导民盟拒绝参加伪国民大会，坚持与中国共产党合作的民主立场。1949 年参加中国人民政治协商会议。新中国成立后，历任中央人民政府副主席、全国人民代表大会常务委员会副委员长、中国人民政治协商会议全国委员会副主席等职。

② 史良（1900—1985），女，江苏常州人，著名法学家、政治家。1919 年参加五四运动；九一八事变后，发起组织上海妇女界救国会，担任理事；1936 年任全国各界救国联合会常务委员。因参加与领导抗日救亡运动被国民党政府逮捕入狱，为“七君子”之一。新中国成立后曾任司法部部长、民盟中央主席、全国政协副主席、全国人大常委会副委员长等职。

③ 马寅初（1882—1982），浙江嵊州人，当代经济学家、教育学家、人口学家。曾担任南京政府立法委员，新中国成立后，历任中央财经委员会副主任、华东军政委员会副主任、重庆大学商学院院长、北京大学校长、浙江大学校长等职。

④ 胡子婴（1909—1982），女，原名胡晓春，浙江上虞人。参加过宋庆龄领导的妇女新生活运动会。曾任上海各界救国联合会总干事，并在全国各界救国联合会中担负日常重要会务。新中国成立后，历任政务院财经委员会副秘书长，上海市工商联秘书长、副主任委员，商业部副部长，全国工商联第四届副主任委员，民建第一届中央委员和第二、三届中央常委。是第一届至四届全国人大代表、第五届全国政协常委。

⑤ 朱蕴山（1887—1981），安徽六安人。著名的政治活动家，杰出的爱国民主人士。早年参加光复会，曾参与徐锡麟刺杀安徽巡抚恩铭事件。参与筹建农工党，是民革的主要创始人和领导人之一。曾任中国人民政治协商会议第五届全国委员会副主席。

⑥ 周建人（1888—1984），浙江绍兴人，鲁迅三弟。中国民主促进会创始人之一，现代著名社会活动家、生物学家、鲁迅研究专家和妇女解放运动的先驱者之一。

广平[①]、郭沫若、马叙伦[②]、陈叔通[③]、范朴斋[④]、田汉、楚图南[⑤]、郑振铎[⑥]、胡绳[⑦]、谭平山[⑧]等。

---

① 许广平（1898—1968），笔名景宋，广东番禺人。新中国成立后，历任政务院副秘书长、全国人大常委、全国政协常委、全国妇联副主席、民主促进会副主席、全国文联主席团委员等职务。

② 马叙伦（1885—1970），字彝初，浙江杭县（今余杭）人。现代学者、书法家。新中国成立后，历任政务院文化教育委员会副主任、中央人民政府教育部部长、高等教育部部长等职。

③ 陈叔通（1876—1966），浙江杭州人，政治活动家、爱国民主人士。新中国成立后，历任中央人民政府委员，全国人大常委会副委员长，政协全国委员会副主席，中华全国工商联合会第一、二、三届主任委员等职。

④ 范朴斋（1895—1970），四川成都市人，民盟成员，同盟会会员。曾长期担任民盟主席张澜的秘书和文件起草人。新中国成立后，担任政务院参事等职。

⑤ 楚图南（1899—1994），云南文山人。作家、文学翻译家、书法家。曾任暨南大学、云南大学、上海法学院教授。新中国成立后，历任北京师范大学教授、西南文教委员会主任、对外文化协会会长、民盟中央代主席等职。

⑥ 郑振铎（1898—1958），原籍福建长乐，生于浙江永嘉（今温州市），现代杰出的爱国主义者和社会活动家，著名作家、文学评论家、文学史家、翻译家、艺术史家、收藏家。

⑦ 胡绳（1918—2000），原名项志逖，祖籍安徽歙县，出生于江苏苏州。著名哲学家、近代史专家，无产阶级革命家，著名的马克思主义理论家。新中国成立后，曾任中共党史研究室主任，中国社会科学院院长，中国人民政治协商会议第七届、八届全国委员会副主席。

⑧ 谭平山（1886—1956），广东高明人，杰出的民主革命家。早年加入同盟会，1920年底组织广州共产主义小组，曾任中共第三届至第五届中央委员、第三届中央局委员、第五届中央政治局常委，中国国民党第一、二届中央执行委员、常委兼组织部部长。1930年组织中国国民党临时行动委员会，任临时中央执行委员；1943年参与创建三民主义同志联合会；1948年在香港参加组织中国国民党革命委员会。新中国成立后，历任中央人民政府委员、政务院监察委员会主任、全国人大常委、民革中央常委、民革第三届中央委员会副主席。

2月1日　朱德、康克清写《徐特立同志七旬晋一大寿》：①

徐老七十寿而康，正气凛然如雪山。岁岁不忘歼敌事，朝朝只见诲人忙。言为尔训身为则，群有师尊党有光。现代圣人称颂久，德高望重公堪当。

2月15日　给孙女徐禹强写信，告诫孙女："小孩子要规矩还要活泼。……需要唱和跳，需要做学校和家庭中能做到的整理清洁工作。念书不要过劳。"②并表达了对家人的思念之情。

3月10日　熊瑾玎在《晋绥日报》发表了《我们的师表》一文，文章高度称赞了徐特立学而不厌、诲人不倦的精神，并表示："我现在只希望今日为徐老祝寿的同志们，大家向徐老学习，大家来做徐老的好学生，提高自己，充实自己，以便艰苦地英勇地向前奋斗，粉碎蒋介石的进攻，争夺自卫战争的全部胜利！"③

3月13日　胡宗南部董钊和刘戡率领的两个兵团，分别从宜川、洛川出发，大举进攻延安。

3月18日　中共中央机关撤离延安。

3月29日晚至30日　中共中央在陕北清涧枣林沟召开会议，由毛泽东、周恩来、任弼时组成中央前敌委员会，率中央机关

① 武衡、谈天民、戴永增主编：《徐特立文存》（第三卷），广东教育出版社1995年版，第382页。

② 同上书，第363页。

③ 同上书，第401—404页。

和人民解放军总部留在陕北，主持中央工作；成立中央工作委员会，由刘少奇、朱德、董必武组成，前往晋西北或其他适当地点进行中央委托的工作。

本月 国民党军队对山东解放区和陕北解放区实施重点进攻。

4月 中宣部机关及所属单位根据需要分散行动，除陆定一和范长江率领的部分新华社工作人员外，陈伯达率领中宣部30人，廖承志率领解放报社108人，徐特立率领文教工作团19人，均由安子文带领，准备于4月21日出发，经五台山直去太行山。

5月 中央工委决定留驻晋察冀，中宣部、解放社、文教工作团在安子文带领下来到达平山，除中警团、解放社一部及戴元毅队继续前进至太行外，其余均随工委留晋察冀工作，住在洪子店西柏坡附近的南北庄、东西柏坡一带。

6月30日 刘伯承、邓小平率晋冀鲁豫野战军主力强渡黄河，揭开人民解放军战略进攻的序幕。

同日 在《教育阵地》第八卷第二期发表《给小学教师的信——论小学教师与土地改革》，指出："土地改革是我们救国救民一直进到独立和民主的中心任务"，"你们担负着农村教育的责任……目前你们必须参加学校所在地的土地改革，在土地改革中教育自己，再用自己的经验教育学生及教育农民"[①]。

8月 带领中宣部教育研究组，与华北局宣传部一起，编写初级中学和高小教科书。为此，调阅了晋察冀和山东等老解放区的中小学教材、课本，选调了包括教学人员、行政事务人员

---

① 武衡、谈天民、戴永增主编：《徐特立文存》（第三卷），广东教育出版社1995年版，第265—268页。

等在内的共30多人开展工作。编写的内容及进度每半个月向中宣部报告一次，以进行审查和指导。

10月15日　在《晋察冀日报》上发表《从今日回忆辛亥革命》一文，肯定辛亥革命的重大意义，分析其失败的原因，指出："真正继承辛亥革命精神的，只是中国共产党而非其他。同志们，中国的解放历史任务，过去辛亥革命未完成的任务，是落在我们的肩上。"

是年　为工农干部编写两课《政治读本》："第一课　概论"，"第二课　阶级的经济基础"。

1948年　71岁

1月10日　与中共中央宣传部教育研究室地理组谈“编写地理课应注意事项”及“中国地理编写纲要”。

1月16日　与中共中央宣传部教育研究室地理组谈“关于学习地理问题”。

2月25日　与中共中央宣传部教育研究室谈“关于整风问题”。

3月28日　与中共中央宣传部教育研究室学习组谈“关于当前的革命问题”。

4月8日　与中共中央宣传部教育研究室再次谈“关于当前的革命问题”。

4月9日　与中共中央宣传部教育研究室谈“关于敌与友问题”。

4月13日　率教育研究室人员转移到河北阜平县温塘村。

4月23日　与中共中央宣传部教育研究室谈地主阶级与劳动人民关系的问题。

4月28日　与中共中央宣传部教育研究室地理组谈革命信仰与政治立场的问题。

5月23日　中共中央办公厅发出《关于撤销中央工委和中

央后委、调整中央及军委各部门负责人的通知》，陆定一为中央宣传部部长，徐特立、陈伯达、廖承志、胡乔木为副部长。

5月30日　率教育研究室人员离开阜平县温塘村，迁到平山县七亩村。

6月17日　与小学教员代表谈学习问题。

6月29日　审阅华北人民政府教育部编写的小学国语课本，给哲夫、皑风回信，指出："全书是反映我们革命的活动，与过去一切课本有区别。但各册相互间及各课相互间的联系，以及国民需要最低限度的全面性和计划性知识，都和辛亥以来的国语教科书无甚差别。这一问题在中国历史发展近百年来未能解决，目前我们急须解决。"①

7月17日　撰写《关于新文字与扫除文盲——给山东省教育会议的一封信》，对即将于8月召开的山东省全省教育会议提出建议，认为新文字是扫盲的一个捷径，指出："教育问题很多，消灭文盲为最重要。你们的会议请将新文字问题一定提出为盼。"②

8月13日　与中共中央宣传部教育研究室历史组谈"老实作风"。

本月　华北人民政府成立。

本月　主持编写全国国民教育教材。

9月12日至11月2日　辽沈战役。

① 武衡、谈天民、戴永增主编：《徐特立文存》（第三卷），广东教育出版社1995年版，第274页。

② 同上书，第275—276页。

11月6日至翌年1月10日 淮海战役。

11月29日至翌年1月31日 平津战役。

12月4日 就批评问题撰文，指出："要想进行批评，首先要将提出批评的问题弄清楚是否原则的问题，是原则的问题，一定要批评；不是原则的问题，可以不必批评而提醒对方注意。……'实事'是批评的根据，'求'是批评的方法，'是'是批评的目的。"①

12月6日 与中共中央宣传部教育研究室地理组谈话，指出："我们要把马列主义融化到各科中去，而不是混合在各科中。"②

12月10日 与中共中央宣传部教育研究室谈学习问题。

是年 撰写《转变作风，加强教学，为自卫战争培养大批干部》一文，文章对当时教育工作中存在的作风问题进行分析、检讨，提出要培养树立新的学风、校风和作风，加强教学工作，提高教学效能。

是年 撰写《简论魏源的"改造思想"》、《鸦片战争引起的变法维新思想》、《科学教学法讲座》等多篇文章。

---

① 武衡、谈天民、戴永增主编:《徐特立文存》(第三卷)，广东教育出版社1995年版，第301页。

② 同上书，第355页。

1949 年　72 岁

1 月 31 日　北平（今北京）宣布和平解放。

2 月 7 日　写诗祝贺吴玉章七十大寿，并注：“吴老七十寿辰，我正在重病中，此刻还在床榻上，口述此诗，请人记录，以祝吴老；并对革命胜利，表示庆祝和奋勉。”[①]

吴老何所事？革命为事业。始入同盟会，继成布尔塞。
我俩初相见，国共刚分裂。暴动在南昌，失败只匝月。
有家不愿归，誓将国贼灭。再会在苏京，从事学马列。
批评之武器，用来自检阅。今是和昨非，了解更清彻。
巴渝斗争场，卒未乱车辙。年老气又壮，启后光先烈。
七十初度时，前线均告捷。百年殖民地，从此永完结。
前途之艰巨，基本在建设。幸勿过乐观，成功在兢业。
您我励残年，尽瘁此心血。

3 月 5 日至 13 日　以中共中央委员的身份参加在河北平山西柏坡举行的中国共产党七届二中全会。会议确定党的工作重

① 刘文耀、杨世元编：《吴玉章年谱》，四川人民出版社 1998 年版，第 348 页。

心由乡村转移到城市。在城市中工作，党的中心任务就是恢复和发展生产，使中国稳步地由农业国转变为工业国，把中国建设成一个伟大的社会主义国家。

3月23日 中共中央从西柏坡出发迁往北平。

3月25日 随中共中央总部进入北平，住在西城区大红罗厂七号院。

4月16日 夜访柳亚子。柳亚子赠诗一首：

相思廿载汀神交，赠我长歌意态豪。贼陷延京嗟播窜，入来燕市岂游遨？马融绛帐多英杰，屈子离骚未寂寥。五老群中尊大老，惭余弱弟鬓髯萧。

4月21日 毛泽东、朱德发布向全国进军的命令。

4月23日 解放军占领南京。

本月 作为中共代表团工作人员，参加同国民党代总统李宗仁的代表团进行的和平谈判，和谈破裂后，参与领导和接管全国的文教工作。

5月1日 与张闻天共同创建东北育才学校。

本月 会见李达。

6月6日 在《人民日报》发表《在教师节[①]谈新民主主义教育》，文章指出："今天纪念这个教师节，正当着中国历史崭新的全面性的有世界意义的转变关头。这一时代，和过去中国

① 1932年，中华民国政府规定6月6日为教师节，新中国成立后废除，1985年恢复建立教师节为每年9月10日。

历史上任何时代不同，是独立的统一的民主的富强的新中国之革命即将全面胜利的结束，新的经济建设和新的文化建设以及新的国防建设，其可能性的条件已经全部具备，现在正要有计划地有系统地开始这些工作。”因此，应积极推行新民主主义教育，以满足建国的需要。

6月15日　新政治协商会议筹备会在北平开幕。

6月18日　在《光明日报》发表《学习瞿秋白同志》一文，追念为革命牺牲的先烈——瞿秋白同志，并希望“一切出身旧社会而愿意为革命效力的旧知识分子，应学习秋白同志‘出身于儒家家庭而和孔孙道统作斗争’的精神，努力改造自己……为和平建设而努力，为革命而努力”。

7月1日　在西郊工程处作《边做边学创造新的一切》的讲话，指出：“中国工业落后，还缺乏许多优秀的工程师。我希望各位工程师一边做、一边还得学习；要学习共产党员的自我批评和互相讨论的精神；要学习毛泽东思想，以求进步和创造新的一切。”①

本月　在北京市中小学教师暑期培训班上发表讲话，强调中小学在教育中的重要性，指出：“国家建设需要广大的人民大众；对于他们的普通教育，亦即中小学教育是必要的。不能提高人民的文化程度，新民主主义社会国家的建设是不可能的，小学教师在国家建设中占重要地位，由此可知”；中小学教育是普通教育，“每个国民都必须受到这种教育（非专门性的），这是

① 武衡、谈天民、戴永增主编：《徐特立文存》（第三卷），广东教育出版社1995年版，第318—321页。

专门教育的基础”。中小学教师“是‘灵魂的工程师’，要负起改造人民的脑力的责任”[①]。

8月15日 给长女徐静涵回信，这是父女中断联系22年后的第一次通信。信中说：“希望你把二十年来的生活、工作、学问写信告我。你们夫妇谅有职业，可不来北平。……我已七十四岁，每天还要做八小时以上的工作，生活费公家尽量给我，但时局艰难我不敢多开支，所以我不望你北上。”并寄予殷切期望：“你们如果需要我党录用，那末需要比他人更耐苦更努力，以表示是共产主义者的亲属。……祝你们夫妇进步、健康，做一个共产党的好朋友一直加入党为盼。”

9月21日至30日 出席中国人民政治协商会议第一届全体会议，当选为中央人民政府委员、政务院文化教育委员会委员。参加会议的有46个单位的代表共662人。会议宣告中国人民政治协商会议正式成立，通过了《中国人民政治协商会议共同纲领》、《中国人民政治协商会议组织法》、《中华人民共和国中央人民政府组织法》这三个为新中国奠基的历史性文件；决定国都定于北平，改名为北京；以《义勇军进行曲》为代国歌；国旗为红地五星旗。

会议选举产生中国人民政治协商会议第一届全国委员会委员，毛泽东为主席，周恩来、李济深、沈钧儒、郭沫若、陈叔通为副主席，李维汉为秘书长。

会议选举产生中央人民政府委员会，作为中华人民共和国的最高权力机构。毛泽东为中央人民政府主席，朱德、刘少奇、

① 武衡、谈天民、戴永增主编：《徐特立文存》（第三卷），广东教育出版社1995年版，第322—327页。

宋庆龄、李济深、张澜、高岗为副主席，徐特立与陈毅、贺龙等56人一道当选为中央人民政府委员。

9月26日 受周恩来、林伯渠邀请，与张元济、何香凝、周致祥、符定一、马寅初、吴玉章、张澜、黄炎培、简玉阶、陈叔通、沈钧儒、陈嘉庚、司徒美堂、张难先、郭沫若、茅盾、车向忱等人，共赴东交民巷六国饭店午宴，商谈国号的命名。

10月1日 下午2时，出席在中南海勤政殿举行的中央人民政府委员会第一次会议，就任中央人民政府委员。会议由毛泽东主持。主席毛泽东，副主席朱德、刘少奇、宋庆龄、李济深、张澜、高岗，以及周恩来、陈毅等56名委员宣布就职，中央人民政府宣告成立。会议决定接受《中国人民政治协商会议共同纲领》为政府的施政方针。会议通过《中华人民共和国中央人民政府公告》，宣布该政府为中国唯一的合法政府，愿与遵守平等互利及互相尊重领土主权原则的外国政府建立外交关系。选举林伯渠为中央人民政府委员会秘书长，任命周恩来为政务院总理兼外交部长，毛泽东兼人民革命军事委员会主席，朱德兼中国人民解放军总司令，沈钧儒为最高人民法院院长，罗荣桓为最高人民检察署检察长。

同日 下午3时，与毛泽东、刘少奇、周恩来、朱德、宋庆龄、李济深、张澜、彭德怀、贺龙、刘伯承、陈毅、罗荣桓、林伯渠等出席首都30万军民在天安门广场举行的中华人民共和国开国大典。毛泽东宣布：中华人民共和国中央人民政府成立了！

10月2日 出席中国保卫世界和平大会成立大会，任大会主席团成员。大会选举郭沫若为主席，通过《中国保卫世界和平大会宣言》。

10 月 3 日 出席中央人民政府委员会第二次会议，听取政务院总理兼外交部长周恩来的报告，通过任免事项。

10 月 5 日 出席中苏友好协会总会成立大会。大会通过了《中苏友好协会章程》，选举刘少奇为会长，宋庆龄、吴玉章、沈钧儒、李济深、郭沫若、张澜、黄炎培为副会长，徐特立等 197 人为理事。

10 月 9 日 出席中国人民政治协商会议第一届全国委员会第一次会议。会议选举毛泽东为主席，周恩来、李济深、沈钧儒、郭沫若、陈叔通为副主席，李维汉为秘书长。

10 月 10 日 出席在北京协和礼堂召开的中国文字改革协会成立大会，当选为理事。

10 月 19 日 出席中央人民政府委员会第三次会议。会议任命董必武、陈云、郭沫若、黄炎培为政务院副总理，李维汉为政务院秘书长。同时，任命朱德、刘少奇、周恩来、彭德怀、程潜为人民革命军事委员会副主席，任命各部部长、各委员会主任、各署署长、科学院院长、中国人民银行行长等。徐特立被任命为政务院文化教育委员会委员。

10 月 21 日 为《河北教育》创刊号题词“实事求是，不自以为是”，并加以说明：党的学风应该实事求是，学校的学风和办教育刊物的作风，也应该实事求是；“实事求是”一语说起来十分简单，做起来难于登天；在年高、位高、学高、功高的四种高人面前，“自以为是”是第一等的障碍物；学风中最主要的是“实事求是”、“不自以为是”两句话九个字，这九个字可以用来测量党员的学习风气，尤其是有教育责任的党员及干部更应严格执行这九个字。

10月27日　从本日起至1951年6月13日止，每天上午8时始，在中宣部教育研究室与工作人员谈话1小时左右。谈话内容由工作人员记录并编成《讲学录》，计82则。其中，1949年10月27日至12月8日的谈话，为于共三记录；1950年6月17日至1951年1月23日的谈话，主要为廖奕记录；此后至1951年6月13日的谈话，主要为于共三记录。内容丰富，涉及马克思主义理论、哲学、政治学、历史学、教育学、经济学、伦理学、逻辑学、社会学等一系列学科。

本月　参加北京大学史学系及文科研究所两次座谈会并发表讲话。讲话内容以《研究历史的目的与方法》为题，载于1952年12月《国学季刊》第7卷第3号，强调“对于历史事件和历史人物，我们应该有正确的观点和立场，并用正确的尺度去衡量它”[①]。

11月　在中共中央宣传部教育研究室就地理教材编写问题进行第一次谈话。谈话由李硕民记录整理。主要内容有：为什么学习地理；编写地理的原则（课文组织问题）；编写地理应注意的内容和事项。

12月1日　在中共中央宣传部教育研究室就地理教材编写问题进行第二次谈话。谈话由李硕民记录整理。主要内容有：

① 武衡、谈天明、戴永增主编：《徐特立文存》（第四卷），广东教育出版社1995年版，第3页。

地理学研究的对象；地理属于什么科；普通地理教学；地理的发达史。

12 月 2 日 出席中央人民政府委员会第四次会议。会议讨论并通过了 1950 年度全国财政收支概算，决定发行人民胜利折实公债。会议还分别通过省、市、县各界人民代表会议组织通则，要求迅速召开地方各级各界人民代表会议，以发扬民主，加强人民政权建设。

12 月 18 日 《科学化民族化大众化的文化教育》一文刊载于《新建设》第 1 卷第 8 期。文章提出，真正的科学能够提高人民的自觉，非科学的东西就会加深人民的迷惘；新民主主义国家的文化教育与资本主义国家相反，我们是培养高度自觉的人民，而不是培养盲目服从的顺民，教育科学化就有绝对的意义；民族化的教育就是要有步骤地整理、继承本民族的文化遗产，发扬先人创造文化的精神；大众化的教育就是要去空、去杂和去孤，教基本的知识、基本的技术和基本的方法给大众，用文化科学知识武装群众；教育科学化和民族化，就是理论与实际结合。

12 月 23 日 出席第一次全国教育工作会议并发表讲话。会议讨论了教育部 1950 年上半年的工作计划，确定了逐步改革旧教育事业的方针，提出“教育应着重为工农服务”，“普及与提高正确结合，在相当长时期内以普及为主”的发展新教育的方针。全国开始有步骤、审慎地对旧教育制度进行改革。

12 月 28 日 原载《河北教育》第 1 卷第 2 期的《普通学校的思想教育》一文被《人民日报》转载。该文指出，普通学校的思想教育，是把马克思主义的辩证唯物论和唯物史观（即马克思主义宇宙观），贯彻到学校各科课程和实际生活的各方面去，以培养学生能够独立地运用马克思主义的宇宙观去处理他们学习及日常生活的一切问题。文章强调，普通学校的思想教育是改造思想的问题，不能从和平说教的方法获得，而是一个艰苦斗争的过程，是党的建设工作。

本月　为孙女徐禹强题词："禹强孙儿：一不要有特殊思想，二不要有优越感，三不要脱离群众。"

是年　长沙和平解放后，派徐乾将妻子熊立诚及孙女徐禹强、外孙卢君达接到北京，夫妻在分离多年后团圆。徐特立对妻子几十年含辛茹苦支持自己在家乡办学、在外革命深为感激，日常生活中非常敬重妻子。

是年　制定 20 年学习工作计划。在繁忙的工作之中挤出时间学习研究中共党史、中国古代史、民族史，研究语言和逻辑学等；常到琉璃厂、西单商场等处的旧书店购书，后来藏书达两万余册。

购书之余，开始系统地总结自己的读书心得、方法，包括比较法、提要法、抄记法、修批法、联想法、浓缩阅读法等。

是年　和熊瑾玎交往更为密切。初入北京城，徐特立住香山，熊瑾玎常去看望，并在香山合影。熊瑾玎作诗："莫嫌聚散总无常，分道驰驱体尚强。喜见燕京先解放，香山留得笑颜双。"①

---

①　湖南省长沙师范学校编:《怀念徐特立同志》，湖南人民出版社 1980 年版，第 72—73 页。

1950 年　73 岁

1 月 1 日　在《人民日报》发表《庆祝胜利的新年》[①]。

1 月 5 日　在中共中央宣传部教育研究室就地理教材编写问题进行第三次谈话，由李硕民记录整理。主要内容为：地理属于哪一类的科学；研究地理的目的；关于地理中的思想教育；关于编写地理教材。

1 月 15 日　在《新建设》第 1 卷第 10 期上发表《关于研究历史的几个重要问题》一文，主要论述“历史的科学意义及其研究的目的”、“史料的整理和收集”、“历史的体裁”三个问题。

1 月 31 日　在《河北教育》杂志第 1 卷第 3、4 期合刊上发表《教育讲座》一文部分内容，论述了“一定的社会形式下的教育本质”、“教育的对象”、“教育的方法”、“课程、科目和教材”四个问题。其中，“群众本位”教育观是提出十年后第一次公开发表。

同日　在《河北教育》杂志第 1 卷第 3、4 期合刊上发表《课程标准的重要和课本的活用》一文。

---

① 参见《人民日报》1950 年 1 月 1 日。

3月30日　教育部发出通告，规定6月1日为儿童节，废除旧的“四四”儿童节。

4月12日　撰写《读〈米邱林学说〉》一文。

4月23日　在《新建设》杂志第2卷第5期发表《关于学习及写社会发展史的几个重要问题》。主要内容有：为什么要学历史；学历史从哪里着手；怎样写社会发展史；关于唯物史观和社会发展史的补充。

5月1日　《教育讲座》一文在《河北教育》第2卷第1期续刊。

5月27日　在谈到党对小学教育的一般主张、小学教育的内容、群众对教育的创造问题时提出：“我们将来的小学教育，要成为百科全书，要无所不有，无所不知，不过程度低一些，希望大家从此方向努力”①。

6月6日至9日　出席在北京举行的中共七届三中全会。这是新中国成立后的第一次中央全会。会上，毛泽东作《为争取国家财政经济状况的基本好转而斗争》的书面报告和《不要四面出击》的讲话。刘少奇、周恩来、陈云、聂荣臻分别就土地改革、外交工作和统一战线、财政经济工作、军事工作等作了报告。

6月14日至23日　出席全国政协一届二次会议，会议讨论了改革土地制度问题。

6月17日　在日记中写道：“‘不自以为是’与‘实事求是’

① 武衡、谈天明、戴永增主编：《徐特立文存》（第四卷），广东教育出版社1995年版，第196—199页。

这两句话，要配合使用……单只‘不自以为是’，如调和派，不负责任，好人先生，自己没有正确和坚定的主张，这是不能成事的。结果必归于失败。如果完全‘自以为是’，在学术上必定狭隘，在政治上必定孤立。不能吸收人类一切遗产，妄自尊大，孤陋寡闻。列宁的‘实际精神’就是实事求是一样的意思。”[①]

6月25日 朝鲜战争爆发。

6月28日 周恩来代表中国政府发表声明，谴责美国政府侵略朝鲜、中国台湾，干涉亚洲事务。

7月至9月 《论国民公德》一文在《人民教育》第1卷第3—5期连载。该文对《共同纲领》第四十二条规定的“爱祖国、爱人民、爱劳动、爱科学、爱护公共财物”五项国民公德，从理论和实践方面作了较为系统的论述。《河北教育》第2卷进行转载。

9月24日 在中国新史学研究会上发表讲话《历史学在社会科学中的地位》，认为史学工作者和其他社会科学工作者有着密切的关系，因为历史学是带全面性的东西，不能和其他社会科学分离而孤立。该文11月刊登于《新建设》第3卷第2期。

本月 就党与知识分子关系问题发表谈话，强调要团结一切爱国知识分子，在学术上尊重他们，向他们虚心学习，发挥其积极性于祖国建设事业，并依据《共同纲领》加强其思想改造。

10月5日 读日文《历史哲学》第一编:《支那》。

---

① 湖南省长沙师范学校编:《徐特立文集》，湖南人民出版社1980年版，第426页。

10月7日　读《日本开国史》。

10月8日　毛泽东发出《给中国人民志愿军的命令》，彭德怀担任中国人民志愿军司令员兼政治委员，指挥部队赴朝参战。

10月10日　在日记中写道：社会主义生产方式，是在消灭剥削阶级的基础之上成长起来的。

10月12日　在日记中写道："马克思主义的历史方法以唯物史观与社会发展形式结合来读历史和写历史，这是马克思和恩格斯治史的方法。"[①]

10月16日　在日记中对"生产"范畴进行思考。

10月27日　任弼时在北京逝世，终年46岁。担任任弼时同志治丧委员会成员。

本月　在《北京妇女》（国庆号）上发表《我是一个愿学帅孟奇同志的党员》，号召新中国妇女学习帅孟奇。

本月　在《中苏友好》第2卷第6期上发表《中苏友好的历史意义》。

11月6日　为湖南第一师范题词："实事求是，不自以为是"，在给周世钊的信中指出，"实事求是、不自以为是"是"毛泽东同志的作风，由他所领导的中国共产党自一九三五年以来，就成为我们全党的党风。这种作风是对学习、对工作、对领导者和被领导者、对一切人、一切事业都是需要的。它不是高深难了解的理论，也不是艰巨难做到的工作，是一句极平实极老实的口号，但它的本质是马克思的辩证唯物论。没有它，一切

① 参见武衡、谈天明、戴永增主编：《徐特立文存》（第五卷），广东教育出版社1995年版，第227页。

革命、一切建设、一切工作和学习，都会有偏差，都会有走上歪路的危险”，“希望第一师范以毛主席的作风——实事求是，不自以为是——作为校风”。

11 月 10 日 在日记中探讨殖民地革命问题。

11 月 11 日 在日记中记述生产成本的构成。

11 月 13 日 在日记中分析外交问题。

11 月 13 日至 12 月 4 日 在日记中记载学习 M · mitin 著、沈志远译《辩证唯物论与历史唯物论》下册第四章的体会。

12 月 5 日 在日记中分析科学化问题，指出：从非科学的进到科学，就名之为科学化。

12 月 8 日 发表有关科学化、民族化、大众化等问题的谈话。

12 月 27 日 在教师联合会数学业务学习会上发表讲话。讲话内容由王明夏、于宗英、陈夫池、鲁乐齐记录整理为《关于算术、代数、几何、三角的原则问题》，提出研究数学的三个原则：技术熟练——训练多作；思想正确——经常检查，斗争，批语；知识丰富——多学，多问。指出教育要科学化、民族化、大众化，要大众化才能深入浅出。

本月 在日记中探讨殖民地革命问题、生产力问题，研究怎样学习毛泽东思想，节抄马列主义五大名著汇刊中关于党纪靠什么维持的内容，研究国际问题、台湾问题等。

是年 给瞿秋白夫人杨芝华写信，回忆与瞿秋白在一起的日子。

是年 给沈钧儒写信，交流学习马克思主义的体会。

是年　撰写读《联共党史》结束语、《关于纠正党内的错误思想》、《论人民民主专政》笔记。

是年　致信中共中央办公厅，提出关于注音字母的意见，指出：注音问题及发音符号的统一进而语音的统一，对无论各民族的语言或汉族地方方言，都已迫切需要。尤其是各民族间语文的交流工具的统一，刻不容缓。

是年　经常与历史学家陈述交往，一起谈政治、讲历史，指出“历史要为政治服务”，鼓励陈述多出历史研究成果，并推荐陈述到中央民族学院研究部工作。

1951 年　74 岁

1 月 24 日　在读书笔记中提出：毛泽东思想就其本质是马克思主义；思想成了体系，贯彻到每一个问题（成了一致性）就变成为主义；思想是一种活动（流动）。并提出要正确看待与发展毛泽东思想的基本立场和方法。

本月　为《历史教学》题写刊头。

本月　阅读 1951 年 1 月 11 日出版的《经济周刊》第 12 卷第 2 期，在日记中记载关于新税法的意义、新税法的性质、工商业税的修正要点等；阅读 1951 年 1 月 20 日出版的《世界知识》第 23 卷第 3 期，在日记中记录新中国的外交政策方面的内容；阅读米定等著、艾思奇等译的《新哲学大纲》，在日记中探讨本质和现象之间的关系；阅读《科学通报》1951 年 1 月第 2 卷第 1 期；在日记中研究自然辩证法，分析人类社会的有机构成。

2 月 1 日至 5 月 1 日　所撰《各科教学法讲座》一文连载于《人民教育》杂志第 2 卷第 4、5、6 期和第 3 卷第 1 期。在“前言一”中强调：“我们要讲各科教学法，首先要弄清楚为什么、做什么和怎么做这几个问题”；“为什么”即为谁服务的问题，我们学各科教学法是为了大众，为了民族；“做什么”，就要提出师生相互关系问题；“怎么做”就是怎样大众化、民族化、科学化，也就是方法问题；科学的大众化，就是要靠“典、显、浅”这三个方面，这是中国历史上传留下来的经验。在“前言二”中，主要说明认识论和逻辑学。

2月15日　读黑格尔《小逻辑》及《精神现象学》，并写读书日记。

2月27日　致函《教师月报》编辑，提出关于编辑《教师月报》的有关意见，建议在报尾辟一短栏，解答具体问题，或批评个别观点及局部的学术问题，并表示可以把自己一生的教学经验提出来作商讨，每月和本市教育工作者在刊物上交换经验一次或两次，或经过座谈会集体解决某些问题。

2月至3月25日　阅读《向导》、卢梭的社会起源说、《布尔什维克》一期发刊词等，做读书日记数则。

3月19日　出席教育部在北京召开的第一次全国中等教育会议并发表讲话。这次会议主要讨论了中等教育的方针、任务，特别是普通中学的办学问题。

4月1日　读《逻辑学问题》，写读书日记。

4月5日　读佛经并写学习笔记。

4月6日至6月7日　拟写《历史讲座》提纲；做读书日记数则，涉及矛盾发展的方法、瞿秋白的《谭海》、《世界社会革命问题》；分析中国革命取得胜利的原因。

4月至6月　应邀在《教师月报》第2期至第4期上发表《中国历史讲座》。该文运用马克思主义的立场和观点，就学历史的目的、劳动在从猿到人中的作用、人类的起源、人种和民族等问题进行论述。

5月7日至23日　出席在北京召开的中共中央第一次全国宣传工作会议。会上，刘少奇作《党在宣传战线上的任务》的报告，会议确定党在实施新民主主义建国纲领时期宣传工作的方针和任务，推动党的各级领导机关把向党内外进行马列主义宣传教育当作一项重要工作，并和党的中心工作结合起来进行。

5月10日　在北京市工农速成中学师资训练班上，就数学与政治思想教育联系问题发表讲话，指出纯正科学和应用科学不是绝对分离的，而是有密切关系的，就如同一个专家和通家是分不开的一样。

5月11日　在《中国青年》发表《划时期的"五四"运动》一文，高度评价五四运动的历史意义。

5月20日　《人民日报》以社论形式发表毛泽东的《应当重视电影〈武训传〉的讨论》一文，严厉批评对武训及电影《武训传》的赞扬。全国各地报刊纷纷转载并发表文章，形成新中国成立后文化思想战线上的第一次批判运动。

是年春　撰写《历史讲座》，开篇部分数易其稿；参考《支那学》，作"鸦片战争时的国际环境"读书提纲；写《中国注音字母之由来》一文；读《社会形式发展史》、邓中夏遗作《中国职工运动简史》，做万余字读书笔记。

6月至8月　撰写读书日记数则，分别涉及黄河流域文明史、档案、《资本论》、自然法则、经济法则等内容。

本月　为庆祝党诞生三十周年撰写《近三十年来的革命》一文，指出：近三十年（1919—1949年）来的革命，是人民的革命，是以无产阶级为领导的中国人民的革命。

7 月 1 日 出席中国共产党成立三十周年庆祝大会。

同日 在《人民教育》上发表短评《〈武训传〉的讨论是一个严重的政治问题》，强调“要把在一般教育上的错误思想与武训反动思想分开，不要打乱阵线，模糊立场”。

7 月 10 日 在《中国青年报》上发表《庆祝党的三十周年纪念日》一文，号召青年同志们为建设社会主义，“用自己的高度的热情与无限的智慧去创造”①。

8 月 27 日至 9 月 10 日 教育部在北京召开第一次全国初等教育及师范教育会议。讨论制定发展、建设新中国初等教育和师范教育的方针、任务。会议提出，争取十年内基本普及小学教育，以正规师范教育与大量短期培训相结合，五年内培养百万小学教师。

8 月 在教育部社会教育司于 8 月 18 日送审的《职工业余学校课程标准（草案）》及社会教育司的有关通知上，提出修改与补充意见。

9 月 26 日 致信长女徐静涵，指出学习不单只靠课本，要以劳动为光荣。

10 月 在中共北京市委党校作《关于“党员八个条件”的报告》，详细解读共产党员标准八项条件的具体要求。

11 月 24 日 在中央公安干部学校讲述《关于党的总纲的报告》第一部分，由张鸿飞、王培英、章琳记录对中国共产党的特点、性质、奋斗目标、组织原则、指导思想作了论述。

---

① 武衡、谈天明、戴永增主编：《徐特立文存》（第四卷），广东教育出版社 1995 年版，第 282—284 页。

12月4日 在中央公安干部学校讲述《关于党的总纲的报告》第二部分，由王培英、肖枫、章琳记录。报告阐述了阶级性和党性、民族利益与人民利益、人民组织、党的指导思想及其理论基础等方面内容。

12月26日 出席政务院文化教育委员会第31次委务会议。会议决定设立中国文字改革研究委员会，马叙伦为主任委员，吴玉章为副主任委员，丁西林等12人为委员。

1952 年　75 岁

1 月　对一些教师的来信作回复，希望教师们从用中学，学以致用，走创新之路。

2 月 14 日　教育部发出关于废止对学生实行体罚或变相体罚的指示，指出“体罚（包括变相体罚）是封建主义、帝国主义、法西斯主义奴化儿童的野蛮方法之一”，“废止体罚是各地教育行政部门的重要任务之一”[①]。

3 月 17 日　致信徐乾，希望她把精神放在国家大事和个人休养方面，尽量不管其他事，以利于脑病的恢复。

4 月 23 日　下午，出席政务院文化教育委员会举行的祁建华[②]授奖大会。参加大会的还有郭沫若、老舍、陆定一、吴玉章、曾昭抡、柳亚子、胡愈之、叶圣陶、艾思奇、吴晗、罗常培、黎锦熙等 120 多人。

5 月 6 日　在《中国青年报》上发表《青年的命运与国家的命运》一文，以纪念五四运动 33 周年。文章指出，中国青年的

① 华东师范大学教育系教育学教研室编:《教育学参考资料》(下)，人民教育出版社 1984 年版，第 21 页。

② 祁建华（1921—2001），河南平顶山人，中国人民解放军某部文化教员，他所创造的“速成识字法”曾在战士、工人和农民扫盲中获得显著成效。

命运与国家的命运是一致的，青年要有历史使命感；青年工作者的责任特别重大，要正确看待青年，特别要了解青年的特性和前途，十分负责地谨慎地进行青年工作。

5月29日　与谢觉哉、李维汉、程潜等17人担任湖南省第一师范学校扩建工作筹备委员会委员。

6月中旬至9月下旬　教育部对全国高等院校进行院系调整。调整的总方针是：以培养工业建设人才和师资为重点，发展专门院校与专科学校，整顿和加强综合性大学，逐步创办函授学校和夜大学，并在机构上为大量吸收工农成分学生入高等学校准备条件。

6月27日　与竺可桢会谈地理学会事宜。竺可桢在日记中记载："上午十点至大红罗厂七号晤徐老，渠不久自医院出来。据云系验一种皮肤病，身体甚佳。余询以地理学会开除黄国璋会籍事，渠以为应由海平自己澈底悔悟，总会理事会才可以交分会理事重新考虑。对于任总会理事长，渠以对于地理，虽在光绪科举时代曾经读过《读史方舆纪要》(顾景范)等，但以后极未研究，近来编著历史中小[学]教科书带点地(点)[理]。余告以马列主义为各科入门之锁钥，徐老正可以其马列主义见解来肃清资产阶级思想。"①

同日　致信徐乾："你是意志最强最坚定的人，我始终以同志关系才联系到家庭关系，我们是以家庭放在第二位的，也是人所共知的。而有家庭关系也是合理合情的，我的家庭没有你

① 竺可桢著:《竺可桢全集》(第十二卷)，上海科技教育出版社2007年版，第645页。

已瓦解了。我们的党内大部分负责人都会关心这一点，因此我对于你的病也就无法置之脑后，望你静养为是。”①

7月　在《新中国妇女》上发表《中国妇女的历史任务——纪念中国共产党三十一年》。文章称：中国妇女在各个革命阶段中贡献了无比的力量，但因社会历史原因，三年来，少数妇女干部受到资产阶级思想的侵蚀。为此，要解决好妇女干部存在的几个问题：夫妇问题、下乡工作问题、教养问题、以功臣自居贪图享受问题；妇女干部应克服缺点，继续发扬深入妇女群众、艰苦奋斗的光荣传统，为彻底完成妇女的真正解放而奋斗。

8月10日　致信徐乾："望你下决心修养"，"替社会多做事"。②

8月13日　发表《关于军队的理论研究与党史问题》的谈话，指出：军队是研究和掌握理论的最好的组织；学习党史要抓住历史转折点，要以实事求是的态度学习，要逐篇细读《毛泽东选集》，有重点地了解每个时期的特征、当时的政策与路线。

9月3日、8日　在军委技术部作《如何学习党史》的报告，指出：军队技术干部要克服个人主义和单纯技术的思想问题；学习党史首先要了解中国的历史，否则就没有适合时代性的要求；学习要有实事求是、不自以为是的态度，掌握好批评

---

① 武衡、谈天民、戴永增主编：《徐特立文存》（第五卷），广东教育出版社1995年版，第325页。

② 同上书，第326页。

与自我批评的武器；只有改变工作与学习作风，才能接受马克思主义。

9月25日 致信徐乾，问候病情，嘱咐她好生休养。

10月25日 与林伯渠一同参观北京林业大学，为全院师生员工作报告并与部分师生座谈。

同日 在《小学教师》创刊号上发表《与小学教师谈自学经验》一文，介绍自学经验，勉励小学教师通过“定量”、“有恒”等方法坚持学习。

11月15日 教育部发出指示：全国小学自1952年一年级新生起普遍推行五年一贯制；要大力培养师资，提高在职教师质量，以胜任工作。

本月 各地教育部门组织教师（特别是小学教师）学习教育部关于废止体罚的指示，处理了一些体罚事件。《小学教师》月刊开辟专栏进行讨论。吴正礼发表《我不同意绝对废止体罚》一文，认为轻微的体罚有利于维持课堂纪律并易使学生改正错误。

12月 在《小学教师》第12期上发表《小学校的体罚问题》一文，指出：在人民民主国家的小学校里存在体罚，是一个严重的问题，是与人民民主制度对立的问题，与我们的社会制度不相容的问题；教师要民主补课，要从思想上、组织上、学术上指导儿童；必须清除小学教师思想意识中的封建残余、社会留下来的有害的偏见；应当在小学教师中培养对儿童的责任感，以关心国家利益的精神教育儿童，发挥人民教师的优良品质；学校要解决好制度、教导、教学方法等问题。

是年冬 在一次会议上听说一位教师体罚学生、拉伤学生的腕骨后，严厉批评这种行为：“不热爱儿童，而且严重地虐待儿童是违法的，应该加以处分。教育行政部门没有教育这些教师，不能消灭学校体罚现象，是有亏职守的！”①

是年 继续担任中共中央宣传部副部长，兼任中国史学会会长。组织历史学家范文澜、吴晗、陈述等编撰《中国近代资料丛刊》，包括《义和团》、《太平天国》、《回民起义》、《戊戌变法》、《鸦片战争》、《中法战争》、《中日战争》、《辛亥革命》、《捻军》、《洋务运动》、《第二次鸦片战争》、《北洋军阀》共 12 部，2500 多万字。

是年 撰写《心理的基础和现象》手稿，认为心理有两个物质基础：在主观方面是大脑、神经和感官，在客观方面包括自然和社会；客观对主观加以刺激或影响，主观受到刺激发生反射或反应，在这两个物质刺激基础上活动就产生心理上的知、情、意三种现象，最后即行动起来，以满足心理的活动，这即从行动中来到行动中去的整个的心理过程；教育儿童要从意志、理智和情感三个方面同时注意培养，使其能得到平衡发展，如只有知识而无意志与情感，便不会创造出东西来；有了意志的集中，理智与情感才能成为力量；认识的整个过程即由直观、观念而到思考，认识的结果便是知识。

是年 在《中国通史》（第一卷）的结尾处，写下大段眉批，内容涉及人类的发展及国家的起源、军队的体罚与教育问

---

① 熊瑾玎著：《革命老人徐特立》，中国工人出版社 1959 年版，第 46 页。

题以及小学教师的地位等。

是年 与杨家桦交流教育问题时指出：学校教育的指导要规定制度和原则；管理要明确路线是群众的即社会的，方法是调查访问的；儿童有求知欲、活动欲，学生是要活动的，要他安分守己不可能，他们缺乏的只有世界知识、全国知识和文字，要靠教员讲授。

是年 中共中央考虑到徐特立的居室老旧、拥挤，为便于接待来访的群众和保管图书资料，决定为他翻修并加盖几间房子。徐特立说："现在人民生活还有不少困难，我怎能为自己盖房子，花费人民的钱呢？还是等到将来生产、建设搞好了，人民的生活富裕了再说吧！"① 后来还是盖了几间，但建房费用减到原计划的一半。

是年 夫人熊立诚患心绞痛，经常住院，徐特立总是自己花钱而不向公家报销。一些人建议让公家补助一部分，但他坚决拒绝："她是家属，我有薪金，可以养她，况且又不天天住院。"并对孙女徐禹强说："革命前辈总是把革命利益放在第一位，从不计较个人利益和个人得失；他们考虑的不是从国家和社会那里取得什么，而是自己要为国家、为社会贡献什么。也就是说，他们对人民、对国家、对社会的态度是给，而不是取。"②

---

① 湖南省长沙师范学校编：《怀念徐特立同志》，湖南人民出版社1979年版，第200页。

② 徐禹强、徐文浩主编：《万世师表徐特立》（下），中国档案出版社1998年版，第991页。

1953年　76岁

1月1日　国民经济“一五”计划开始执行。

1月6日　在《中国青年报》上发表《青年的学习问题》一文，指出：要引导青年以积极的行动替代消极的空想，发扬青年的活泼精神；思想教育是一个最细致的工作，不能急躁，多一分耐心即多一分效果；青年应该更积极地、认真地努力学习，尤其是要在多方面的社会生活中去锻炼。

1月13日至24日　政务院文化教育委员会在北京召开大区文教委员会主任会议，提出1953年文教工作的方针是“整顿巩固、重点发展、提高质量、稳步前进”。

本月　在与中小学语文教材编委会负责人刘松涛、张凌光谈话时指出：读书、研究学问好比打仗一样，要注意两点：第一是“攻坚”；第二是“掠野”。所谓“攻坚”，就是要像拿下敌人的一座坚固的碉堡那样，狠攻社会科学或自然科学的基础著作。要真正攻进去，才能领会它的精神与实质，不拼命钻研是不行的。“掠野”，就是要更广泛地学习新的知识，了解当前社会上各种有关方面的实际情况，以此来扩大我们学习的广度。

本月　在《资本论》第一卷眉批中写道：“批评是民主作风的具体表现，也是科学的态度和政治的生机。专制出昏庸，反转来昏庸又出专制；而民主是智慧的产地，是领导的方式。”[①]

2月15日 中共中央正式通过《关于农业生产互助合作的决议》。全国各地开始普遍试办半社会主义性质的初级农业生产合作社。

4月16日 给《新观察》编辑部的复信及短文《自以为是者的前途》刊登于该刊第8期。文章指出：自以为是，是思想生命的病态，是思想的生命断绝；年轻人前途远大，成熟过早，目中无人，不独危害自己，同时更会危害社会。

5月17日、18日、27日 中共中央政治局举行会议讨论教育工作，毛泽东主持会议。

本月 中苏两国在莫斯科签订《关于苏维埃社会主义共和国联盟政府援助中华人民共和国中央人民政府发展中国国民经济的协定》。《协定》规定，到1959年，苏联将帮助中国新建和改建141个大项目。

本月 回湖南长沙视察工作，多次应邀到机关、学校、医院和工厂讲话，一再强调艰苦奋斗的问题。

6月5日至22日 教育部在北京召开第二次全国教育工作会议，重点讨论整顿和改进小学教育问题。

6月11日 原发表在《小学教育》杂志上的《小学校的体罚问题》一文在《新湖南报》全文转载。

6月18日 《读〈苏联社会主义经济问题〉笔记》一文被收入中共湖南省委宣传部编印的内部资料，文章对苏联社会主义经

① 北京理工大学编:《徐特立读书眉批选》，广东人民出版社1989年版，第195页。

济问题进行了反思，对苏联经济学家的理论进行了质疑与批判。

6 月 20 日　到长沙岳麓山，邀杨树达往谈。论王安石诗："王介甫诗，'春风又到江南岸'，此文法句子；改'到'为'绿'，则为文学的句子矣。"杨认为颇有见地。

6 月 27 日　邀杨树达等人座谈，讨论吕叔湘的语法等语言问题。

本月　到长沙师范学校、周南中学视察。

8 月　参观北京中国画研究会举办的中国画第一届展览会。此次国画展共展出齐白石、陈半丁、于非闇、徐燕荪等 197 位国画家的 361 件作品，包括山水、人物、花鸟画等。

9 月 28 日　致信徐静涵，信中写道：你们虽然还不是共产主义者，不过是组织问题，首要的还是思想问题和行动问题，在这一方面做到了不一定要加入组织，做党外的积极分子最重要。我希望你们每一日每一时都不要只为自己着想。上半夜想到自己的困难，下半夜一定要想群众的困难以及政府的困难，机关负责人的困难。这样去做人，自己的个人苦恼没有了，胸怀开展了，就不知不觉变成了一个前进分子……希望你们跟着我走，成为我们党外的同志！

本月　针对许多小学教师认为当教师没有前途，不安心搞教学工作，而想去工厂、矿山等地参加经济建设的情况，指示《小学教师》杂志抓紧时机，在全国小学教师中开展"小学教师有没有前途"问题的大讨论。自此至次年 3 月，《小学教师》杂志收到全国各地小学教师近四万封来信。

是年冬　赴湘视察工作之际，偕夫人回家乡五美，先坐汽车沿长浏公路至江背，随后谢绝五美乡政府安排来接人的轿子，步行二十余里走到五美乡。在五美，会见、宴请并资助儿时好友陈子元（陈三爹）、蒋卓[①]烈士的遗孀蒋淑宜。视察五美学校并讲话，指出：“要办中学，也不要压掉小学，因为小学教育更是农民所需要的基础教育”，并告诫大家：“教书切记要把书教‘活’，不能把人教‘死’”。

是年 在党内同志的一次谈话中，回顾自己参加中共六大的情况，总结自己参加革命、加入党组织，思想发生转变的过程。

是年 在中国地理学会会议上讲话，指出：专家必须建立在通才的基础上， 而通才也必须有专业的知识；地理要与历史结合起来，才是活的地理；学术上的问题一定要相互商讨，一个人埋头研究是不行的；全国的地理工作者要团结起来，少闹宗派主义，少写空头文章。

是年 繁重的工作之余坚持学习不辍，涉及中共党史、中国古代史、民族史、语言学、逻辑学、教育学等多个领域。每天天刚蒙蒙亮就起床看书，晚上经常看书到12点以后才休息。看过的书中夹满各种书笺及眉批、夹注或尾批，还写了大量的读书笔记。

是年 修订《关于第二次国内革命战争时期的报告》一文，回顾新民主主义革命的三个时期，总结我党、我军、红色政权

---

① 蒋卓（1901—1931），湖南长沙人，1926年加入中国共产党，曾任中共湖南省委巡视员，湘东区特别委员会常务委员，湖南省委宣传委员、代理省委书记。1931年被捕杀害。

建设的经验，指出："创造一切，任何困难都可以战胜。"①

在北京医院撰写《评列昂节夫的〈政治经济学——第一章前五节〉》手稿，指出：要看列昂节夫《政治经济学》以外的马克思主义关于经济学的论著；马克思特别提出叙述的方法不是自由的，而是与收集材料、分析材料成一科学的系统，列昂节夫的叙述特别忽视了这一点。

做《读〈中国社会各阶级的分析〉》笔记，指出：党是群众的向导，向导要有不领错路和一定成功的把握。

做《景气变动论（一）》读书笔记，对资本主义社会17—20世纪的几次经济危机做了精辟分析，指出过度投机与生产引发了世界经济危机。

做《读〈论中国〉》的读书笔记，对新民主主义时期共产党与国民党、中国革命与农民的关系作了历史的反思。

做《政治经济学研究的对象及其方法》讲稿的一部分。

写下一系列关于《语言和语法》的笔记，指出：语言的规律是人类共同的，不分民族的；只有形式是各民族特殊的；一般地研究语法，是要阐明各民族之语法而会通之，找出抽象之共通点。

在《关于中国语文改革问题》笔记中写道：（中国语文）改革的原则是使中国语文更科学化和大众化，同时要照顾到传统的民族形式；我们中国语文改革是必需的，但不可盲目地去干。

在《汉语的特点》笔记中写道：我国语言是单缀，即缀句

---

① 武衡、谈天明、戴永增主编：《徐特立文存》（第四卷），广东教育出版社1995年版，第376—384页。

没有语尾变化，这是汉语特有的民族形式。

在《语言存在与语言创造》笔记中写道：语言是作为人们交际的工具而替全社会服务的，对社会是统一的东西；只要语言离开了全民立场，它就会变成某一集团的同行语，而退化下去，以致最终消失掉。

读《中国文法要略》、《语法修辞讲话》、《中国语法理论》，写语法笔记四则。

写成《随笔短文三篇》，写道：上层建筑不仅指社会制度，且包含思想作风等；当权者缺乏朝乾夕惕，自以为是，而人民又不监督，则外患或内忧，必然相乘而起。

读《中国语法（稿）》后作如下眉批："生造词汇倒是'语文学家'，不是群众和工作人员。词汇是随着社会发展的需要而增加，创造新词汇不能一笔抹杀（煞）。"

1954 年　77 岁

2 月 6 日至 10 日　中共七届四中全会在北京举行。会议揭露和批判了高岗和饶漱石的反党分裂活动，通过了《关于增强党的团结的决议》。

本月　写下读《关于增强党的团结的决定》的笔记。指出：党的团结，工人阶级的团结，劳动人民的团结，全国人民的团结是革命胜利的基本保证；阶级由党领导着，党由中央委员会领导着；党的团结必须是也只能是在马克思主义列宁主义基础上的团结，在正确的政治原则和组织原则的基础上的团结。

3 月　应《小学教师》编辑部的要求，撰写《小学教师的地位和前途问题》一文。文章指出：小学教师的政治地位是和广大人民群众的政治地位联系在一起的，并且是由国家的社会性质决定的；现在我们的国家已是人民民主国家，人民成了国家的主人翁，教育建设是整个国家建设必要的任务之一，而小学教育是整个教育建设的一个重要组成部分，“使广大人民群众得到科学和技术的基本教育，这种伟大的任务就落在小学教师身上”①。

① 武衡、谈天明、戴永增主编：《徐特立文存》（第四卷），广东教育出版社 1995 年版，第 391—393 页。

4月19日 与熊瑾玎同游北京颐和园，一起回顾当年在长沙县兴办梨江学校、五美学校的往事，感慨万千。熊事后赋诗一首：“七一翁随八十翁，颐和园里寄游踪。亦趋亦步今犹昔，共踏湖桥夕照红。”[①]

本月 视察长沙市修业学校。

8月8日 当选为湖南省第一届人民代表大会代表。

9月15日至28日 以湖南省人大代表的身份，出席第一次全国人民代表大会，被选为常务委员会委员。大会通过了我国第一部社会主义类型的宪法《中华人民共和国宪法》。

本月 退回作为补助人大代表之用的150元，并让秘书回信：我每月有薪金，人民代表应该为人民办事，不能增加人民的负担，以后不要再给我寄这笔款了。

12月21日至25日 全国政协第二届委员会第一次全体会议在北京举行。会议推举毛泽东为名誉主席，选举周恩来为主席，通过《中国人民政治协商会议章程》。

12月25日 以次子徐厚本的名义，写信给夫人熊立诚，以示安慰。[②]

年底 由西城区大红罗厂7号搬入新居西单堂子胡同20号。

是年 在颐和园会见沈钧儒。

---

① 安树芬、彭诗琅主编:《中华教育通史》(第十卷)，京华出版社2010年版，第2252页。

② 徐厚本早在1938年去世，因担心夫人熊立诚承受不起丧子之痛，徐特立与家人一直将徐厚本去世的消息瞒着熊立诚，直至她去世。

1955年 78岁

3月21日至31日 中国共产党全国代表会议在北京举行。毛泽东在会上讲话，提出要在大约几十年内，在经济上赶上或者超过世界上最强大的资本主义国家的设想。

是年春 回湖南视察，到长沙师范学校指导工作，深入课堂听课，并与语文教研组教师座谈，指出："学生要把语文这门课学好，要诀在于教师讲得透"；"讲透一篇文章一个词语，必须以教师深广的知识作背景，才有可能引导学生采取课文的思想内容，掌握其艺术形式。"对姜国仁[①]校长说，教学沿用的苏联教材"要删掉三分之二，加进我们国家的实际基础知识"[②]。

视察湖南第一师范学校，号召师生努力学习毛泽东思想，学习毛泽东的工作作风和生活作风。参观图书室和仪器室时，指出：读书要手脑并用，要重视科学实验；"有关家国书常读，无益身心事莫为"。还勉励在场的教师要热爱教育事业，树立专业思想，教育是立国之本，要一辈子甘做人梯。最后，指着墙

① 姜国仁（1896—1985），女，湖南宁乡人。抗战初到延安，曾在延安大学任教。新中国成立后，长期担任长沙师范学校校长。是湖南省第一、二、三届人大代表，第三届全国人大代表。

② 湖南省长沙师范学校编：《怀念徐特立同志》，湖南人民出版社1980年版，第121页。

上自己为学校写的“实事求是，不自以为是”的题词说：这是马列主义的精髓，也是我做人办事的座右铭。

5月21日 在杨献珍唯物主义讲座的讲稿上批注：“经验主义是用一方面或一时期的亲身体验所得，而在新的环境下不对现实重新考虑。教条主义是照搬一切科学的成果，不考虑时空的变化而依样使用。所以经验主义［和教条主义］在实质上是唯心主义。”①

本月 从湖南视察后回到北京，针对自己与林伯渠在湘发现的部分知识青年不安心在农村工作，特别是不安心在边远地区工作的问题，与《中国青年报》记者谈话，指出：湖南城乡的教育比旧中国有飞跃的发展，但是在农村需要科学技术的改进，群众和党政机关同样普遍需要知识分子；知识分子在农村有广大的活动场所；希望青年学生服务农村，建设家乡。

7月9日 教育部发出通知，要求各地正确地向群众和学生家长进行劳动教育的宣传，纠正“上学不当农民”、“种地不用文化”的错误思想。

10月8日 给大女儿徐静涵及女婿陶铮吾写信，希望他们关心政治，才有光明前途。

12月19日 参加北京中医研究院成立大会并讲话，指出：要重视中国医学这一宝贵遗产；中西医要合作，以便更好地总结这一对人类有伟大意义的遗产；中医研究院的成立能更好地使中西医合作，总结经验，推向前进，使经验在理论上

① 北京理工学院编：《徐特立读书眉批选》，广东人民出版社1989年版，第112页。

找到根据。

是年　周世钊拜访徐特立，并赋七绝一首："更从暇日谒徐公，往事谈来百感同。历尽艰难神更旺，喜看红雨润东风。"[①]

① 中共中央统战部统战理论研究中心编:《相遇贵相知（第 4 辑）——中国共产党领导人与党外人士交朋友的故事》，辽宁教育出版社 1992 年版，第 11 页。

1956年　79岁

1月14日至20日　中共中央召开关于知识分子工作的会议，周恩来作《关于知识分子问题的报告》，提出：最充分地动员和发挥现有的知识分子的力量，并且尽可能迅速地提高他们的业务水平，以适应国家对于知识分子的不断增长的需要，这就是我们党目前在知识分子问题上的根本任务。

1月30日至2月7日　全国政协二届二次会议在北京举行，周恩来代表党中央到会讲话，发出“向现代科学大进军”的号召。

5月2日　在最高国务会议上，毛泽东提出，在文学艺术和学术研究中应该实行“百花齐放、百家争鸣”的方针。

5月2日　与孙女徐禹强一道登香山，过鬼见愁，到门头沟，再到石景山，告诉孙女：“爬山有上有下，有攀有登，练的劲更全面。”

6月　视察湖南省长沙师范学校，赞成校长姜国仁建议适当缩短实习时间的看法，认为当时学校学习苏联，师范学生在一年级就开始实习，实习占用时间太多，“学师范的人，要干一辈子教学工作。教学方法，技能技巧，是不断改进的，何必实习那么多时间呢？告诉你吧，要紧的是学生的基础知识，要在学生的基础知识上下功夫”[①]。

6月　到湖南第一师范学校视察指导工作。

7月5日　与吴玉章、谢觉哉、帅孟奇等视察西安市灞桥区红旗农业社。

中共八大前夕　写信给党中央，请求辞去中共中央宣传部副部长职务。信中写道：若不这样，我是很不安心的。不久，杨尚昆、陆定一等同志去看望他，问他为何感到不安。他说：“不让贤怎么能安心呢？就是要让贤嘛。”他对家人说：“青年是国家的未来，只有青年人成长起来，我们的事业才有希望。”杨尚昆等人向毛泽东汇报，毛泽东没有表态。

9月15日至27日　出席中国共产党第八次全国代表大会，当选为主席团成员、中央委员会委员。大会分析了社会主义改造基本完成以后国内的主要矛盾，确定了政治、经济、文化和外交工作的一系列方针，提出了执政党建设的问题，强调要坚持民主集中制和集体领导制度，反对个人崇拜，发展党内民主，加强党和群众的联系。

10月10日　与彭德怀在上海参观中国福利会少年宫。

本月　在上海期间，与戴伯韬交谈中提到，上海是百年来帝国主义分子及其走狗的乐园，千万别为香风妖雾所迷误了；我们要改造旧世界，不要被旧世界所玷污。

本月　在上海观看京剧表演，并接见京剧表演艺术家周信

---

① 湖南省长沙师范学校编：《坚强的老战士》，1978年，第159页。

芳[①] 等演员代表。

11月 参观航空工业展，感叹航空工业“聚集了各种工业的精华”[②]。

12月15日 出席湖南省第一届人民代表大会第四次会议。

是年 在一份手稿中，谈到小学教师有着光荣的岗位和光辉灿烂的前途；小学教师要有出息有前途，必须建立专业思想和安心地工作；党与政府应该进一步提高其政治地位、物质待遇，积极吸收其入党入团。

是年 阅读政治经济学、哲学等方面的书籍，写下多篇读书心得，提出自己在政治经济学、哲学领域的思考。

---

① 周信芳（1895—1975），浙江慈溪人，著名京剧表演艺术家，“麒派”创始人。

② 顾诵芬等编著：《中国飞机设计的一代宗师徐舜寿》，航空工业出版社2008年版，第100页。

1957 年　80 岁

1 月 6 日　《中国青年报》刊登记者欧阳泛舟的文章《“身体要强壮，就得多锻炼！”——记热爱体育锻炼的徐特立同志》。

1 月上旬　为了避免北京同志们的祝寿，携夫人熊立诚、秘书徐乾回长沙。长沙故旧建议设宴、茶叙以示欢庆，但都被婉言谢绝：“去年全国遭受严重的水旱灾害，人民生活困难的还多，中央正大力提倡增产节约，勤俭建国，我们怎可为了个人的生日，浪费人民的财物呢？”①

1 月 16 日　《教师报》刊发张凌光的《向徐特立老同志学习》、何林天的《学而不厌，诲人不倦——访革命者、老教育家徐特立同志》两文。

1 月 19 日　在长沙至广州的火车上，用简单的两碗寿面度过 80 岁生日。

1 月 26 日　《中国青年报》刊登记者欧阳泛舟的采访文章《数十年如一日——记徐老艰苦朴素勤劳节俭的生活片断》。

本月　在长沙蓉园与一些担任中小学教师和教育行政管理工作的早年学生代表座谈，指出：小学教育是一切教育的基础，

---

① 湖南省长沙师范学校编:《怀念徐特立同志》，湖南人民出版社 1980 年版，第 102 页。

基础不稳固，上面就建筑不起来；一切工作要做好，都离不开两条，就是实事求是和虚心学习；教育工作者必须有勤勤恳恳的态度，老老实实的作风，还要从书本中、实践中不断学习，虚心向群众学习，向学生学习。

本月 与周世钊、王季范等人游岳麓山。

本月 在湘江宾馆接见五美学校校长章桂佛，询问此前送给学校的3000多册书，师生是否爱看，勉励师生要多读书、读好书。

2月1日 周世钊在《新湖南报》上发表《徐老不老》一文，提出要从四个方面学习徐老：学习徐老热爱学生、诲人不倦的精神；学习徐老边教边学、学而不厌的精神；学习徐老勤俭办学和艰苦朴素的作风；学习徐老革命的乐观主义精神和革命的崇高品质。

2月27日 毛泽东在最高国务会议第十一次（扩大）会议上作《关于正确处理人民内部矛盾的问题》的讲话，提出："我们的教育方针，应该使受教育者在德育、智育、体育几方面都得到发展，成为有社会主义觉悟的有文化的劳动者。"

4月1日至29日 应《文汇报》之约，周世钊撰写徐特立教育系列故事，连载刊出。

本月 所写《长征中的医院》一文被收入中宣部《党史资料》第三期，文章回顾了长征中红军医院的儿童、妇女、老头、病员和伤员爬雪山、急行军，以革命的乐观主义精神战胜种种苦难的经历。

本月 到北京师范大学给师生讲话。

是年春　与孙女、外孙等登香山，经门头沟，到石景山。走山路，越山梁，历时 5 小时，行程数十里。这是新中国成立后徐特立行程时间最长、路况最艰难的一次。

7 月 29 日　下午，到北京第一师范学校，接见毕业班同学，并和 20 多名毕业生代表座谈，殷切嘱咐未来的教师："做教育工作的人，一般总是先进分子，他们继承了民族的文化遗产和经验，他们是受尊敬的人。我希望你们一生都做教师，再也不想别的。想成为专家，只能钻研一门科学，我希望你们钻研教育科学。学习不能只学课本，把知识在实践中运用起来，才能丰富它。你们如果在教育科学中能解决实际问题，有创造，就是专家了。钻研科学不容易，要用心才行。没有条件，就自己创造条件，有了小创造才能有大创造。我希望你们树立起这个革命的人生观。"① 谈话内容于 8 月 20 日由《教师报》以《徐老的嘱咐》为题报道。

9 月 20 日至 10 月 9 日　中国共产党八届三中全会在北京举行。

11 月 8 日　与周恩来、贺龙、陈毅一同出席在北京举办的苏联国民教育展览会开幕式，并接受了展览会工作团团长谢尔吉茵柯夫赠送的列宁画册。

是年秋　参加北京市第 35 中学师生篝火晚会，勉励同学们要又红又专，做共产主义事业的合格接班人。

12 月 31 日　《中国青年报》刊载以《新年前夕谈幸福》为题的访问记。徐特立在接受采访时说：我对青年最主要的希望，

---

①　武衡、谈天明、戴永增主编:《徐特立文存》(第四卷)，广东教育出版社 1995 年版，第 349—351 页。

就是彻底克服个人主义，多为国家、为社会、为他人着想，不要斤斤计较个人得失；今天我们是搞社会主义，更需要大公无私的精神；一切为了社会主义的这种人是最幸福的人。

是年　在一本书上写下眉批：“社会主义的最后任务是改造大自然,（这是）无限的任务,（由）天定胜人到人定胜天。”强调社会主义的任务是建设。

1958 年　81 岁

1 月 11 日至 22 日　中共中央在南宁召开工作会议，讨论1958 年的国民经济计划和预算。毛泽东在会上再次批评了 1956 年的反冒进，认为反冒进使 6 亿人民泄了气，是方针性错误。会后，党内急于求成的“左”倾思想迅速发展起来，有些地区和部门开始提出一些不切实际的“大跃进”计划。

2 月 1 日　熊瑾玎在《北京日报》发表《向徐老学习》一文，祝贺徐老 81 岁生日。

2 月 17 日　与吴玉章、谢觉哉一道视察河南洛阳第一拖拉机厂。

3 月　参加重庆师范学院团干部工作会议并发表讲话；与谢觉哉、吴玉章、帅孟奇等人参观成都杜甫草堂。

本月　与林伯渠、董必武、吴玉章、谢觉哉、帅孟奇、陈少敏、蔡畅、王维舟、章蕴等人游武昌东湖并合影。

本月　与吴玉章、李卓然、何长工等人，应《中国青年》杂志社之邀，谈勤工俭学，邀约文章的总标题为“革命长辈谈勤工俭学”。徐特立撰写《劳心与劳力并进，手和脑并用》一文，发表于《中国青年》第 5 期。文章主张，勤工俭学的实质就是劳心与劳力并进，手和脑并用；勤工俭学又是为“学以致用，从用中学”打下基础，能培养和发挥青年的创造性和才能；“勤俭”两字是永远需要的，现在需要，到了共产主义社会也需要；有了勤俭，社会才能前进；在教育制度上有了勤俭，也可以使教育事业大大前进。

本月 与吴玉章、谢觉哉、帅孟奇在西安考察工作，应邀为《陕西青年报》题词：“勤工俭学，是具体实现学习和劳动相结合，知识分子和工农相结合，脑力劳动与体力劳动相结合的主要途径。是培养有社会主义觉悟的、有文化的、身体健康的、合于社会主义所需要的知识分子的重要方法。”[①]

本月 周世钊的《我们的师表》由北京出版社出版，该书回忆徐特立早年教育生涯，其中部分内容曾于1957年4月连载于《文汇报》。

4月 在《人民教育》上撰文《解答关于教育方针的几个问题》，指出无论是从社会主义要提高劳动人民物质生活和文化生活的目的来讲，还是从现在生产的需要来讲，都必须开始把劳心和劳力逐步统一起来，生产与学习逐步统一起来；要把青年培养成有社会主义觉悟的有文化的劳动者；要培养具有创造性的劳动者，只会接受书本上的现成知识还不够，还需要能够发现新知识；培养人的这同一方向就是建设社会主义社会，提高劳动人民的政治文化科学水平；这共同的原则，就是劳心与劳力结合，生产与学习结合，理论与实际结合。他强调，在学习普通知识当中，要特别注意培养辩证唯物主义的世界观和树立

---

① 陕西省地方志编纂委员会编：《陕西省志·共青团志》（第六十二卷），陕西人民出版社2007年版，第549页。

共产主义的方向。他告诫青年同志，不要只想由小学而中学而大学这一条道路前进，而要由多条道路前进。

5 月 5 日至 23 日　中国共产党第八次全国代表大会第二次会议在北京举行。大会正式通过了中共中央根据毛泽东的倡议而提出的“鼓足干劲、力争上游、多快好省地建设社会主义”的总路线。会后，全国各条战线迅速掀起“大跃进”高潮。

5 月 25 日　与毛泽东、刘少奇、周恩来、朱德、邓小平及全体中央委员等一起到北京十三陵水库工地参加义务劳动。

6 月 22 日　给上海第一师范学校历史专修科二年级四班全体同学回信，寄语青年人大胆地发挥创造性和坚持性，做“红、透、专、深”的教育工作者。

本月　与谢觉哉、邓颖超、康克清、李济深、陈叔通等人接见为中央内务部第四次全国民政工作会议演出的河南省民政厅童声豫剧团全体演职员，并观看演出。

8 月 8 日　王向天①在《新湖南报》上发表文章《向杰出的教育家徐特立同志学习——并介绍〈我们的师表〉一书》。

8 月 17 日至 30 日　中共中央政治局在北戴河举行扩大会议，讨论 1959 年的国民经济计划以及当前的工业生产、农业生产、农村工作和商业工作等问题，讨论和通过了《中共中央关于在农村建立人民公社问题的决议》，决定在全国农村普遍建立人民

① 王向天（1930—1992），湖南长沙人，1949 年加入中国共产党。曾任湖南省教育局高教处处长、副局长，省教育厅厅长、党组书记，中共湖南省委常委、宣传部部长，省人民政府副省长兼省教育委员会主任、省人大常委会副主任，国家教委副总督学等职。

公社。会后，在全国很快形成全民炼钢和人民公社化运动的高潮。运动中，以高指标、瞎指挥、浮夸风和“共产风”为主要标志的“左”倾错误严重泛滥。

9月12日 读完小说《我们的一家》后写下随笔:《我们的一家》反映我们的党公而忘私、国而忘家的典型；公而忘私、国而忘家是我们中国历史的遗训，我们的党继承之且发扬之；《我们的一家》是过去革命时代的典型，在今天再出版，不只有历史意义，扩大而应用之，且有极大的现实意义。

9月19日 中共中央、国务院发出《关于教育工作的指示》，提出:“党的教育方针是教育为无产阶级的政治服务，教育与生产劳动相结合。”提出:“全国应在三年到五年的时间内，基本上完成扫除文盲、普及小学教育”，“我们将以十五年左右的时间来普及高等教育，然后再以十五年左右的时间来从事提高的工作”。

9月27日 出席中国科学院原子能研究所基地建成暨原子反应堆和回旋加速器移交使用揭幕典礼，陈毅、聂荣臻、林伯渠、张闻天、吴玉章、谢觉哉、李济深、黄炎培、陈叔通、郭沫若、张劲夫以及中外来宾共1000多人参加。这个基地的建成，“标志着我国已经跨进了原子能时代”[①]。

9月29日 在甘肃省省长邓宝珊等人的陪同下，与习仲勋、余心清等人视察敦煌的人民公社发展情况，在听取了公社领导的汇报后，深入南湖大队，共同研究了人民公社化运动中存在

① 中共中央党史研究室编:《宋任穷纪念文集》，中共党史出版社2009年版，第77页。

的问题，如“一大二公”、吃食堂等具体问题。

本月　熊瑾玎撰写的《徐特立老爷爷的故事》一书由少年儿童出版社出版，先后发行70万册。

10月　与谢觉哉一道，到广西大学视察，对学生讲话并为该校题词："手脑并用，又红又专"。

10月17日　与谢觉哉、李先念等视察河南大冶。

是年秋　南下途经河南，在河南省委第一书记吴芝圃陪同下，到一个公社参观，当面质疑当地负责人关于皮棉亩产可达三四百斤、稻谷亩产可达数万斤的说法，并拒绝再去徐水参观。徐乾劝他："在外面讲话可要注意，不然会说你反对大跃进。"徐特立说："实事求是说起来容易，做起来太困难了，但我们每一个共产党员必须坚持实事求是！""讲大话容易，到头来还是老百姓遭殃！"①

11月8日　与周恩来、贺龙一道参观苏联国民教育展览会。

11月9日　毛泽东在郑州给中央、省市自治区、地、县四级党委委员写信，要求阅读《苏联社会主义经济问题》（斯大林著）及《马恩列斯论共产主义社会》，"每人每本用心读三遍，随读随想，加以分析"，"读时，三五个人为一组，逐章逐节加以讨论，有两至三个月，也就可能读通了。要联系中国社会主义经济革命和经济建设去读这两本书，使自己获得一个清醒的头脑，以利于知道我们伟大的经济工作。"又说："将来有时间，可以再

① 中国中共党史人物研究会编：《中共党史人物传》（第九卷），中共党史出版社2010年版，第321页。

读一本，就是苏联同志们编的那本《政治经济学教科书》。”[①]

根据这一指示，徐特立认真阅读了《苏联社会主义经济问题》等书，做了许多笔记与眉批。例如：“科学法则无论是自然科学、政治经济学都一样，是不以人们意志为转移的客观反映，能利用它为社会谋福利，但不能改变或废除”[②]；“人类始终只能提出自己能解决的问题，即问题本身。只当解决问题的物质条件已经存在，至少已经被包含在问题的生存过程中，那个时候才会发生”[③]；“经济法者，其特点在它的历史性，政权作用并不能消灭它。我国的生产力，特别在工业中具有社会性，但所有形式是资本主义私有。苏维埃政权使生产关系适合生产力，把私人占有生产力公有化，而克服旧制度的反抗力是工农联盟。”[④]

11月15日 到湖南株洲，先后视察电机制造厂、塑料厂、工业专科学校、铁道学院、汽车修配厂、轴承厂、六〇一厂、三三一厂和市二中等单位，以及清水塘地区的基建工地。

本月 视察长沙师范学校。

本月 回到家乡五美，调查乡亲们的生活情况，到敬老院看望陈三爷以及其他老人，发现老人们的铺盖比较单薄，回城后的第二天安排人买了50床草席和50套脸盆、毛巾送到敬老

---

① 中共中央文献研究室编:《毛泽东书信选集》，人民出版社1983年版，第552—553页。

② 北京理工学院编:《徐特立读书眉批选》，广东人民出版社1989年版，第59—60页。

③ 同上书，第88—90页。

④ 同上书，第299—300页。

院。公社干部请他吃中饭，因看到桌上摆的菜越来越多，就询问陪同干部，老百姓能吃得这样好吗？共产党人不能搞特殊，搞了会脱离群众。当即离开饭桌。

本月　在家乡看到山林被毁，对公社负责人说："我们不能毁祖宗山，造子孙孽！应该为子孙后代造福。"回到北京后，专门给湖南省委写信，并寄上2000元人民币，要省里帮助五美乡搞好绿化建设。

本月　在长沙接受《教师报》记者何林天的采访时指出：爱国主义和个人主义是不相容的，一个真正的爱国主义者，是从来不计较个人利益的，甚至个人的生命也不计较；一个人要全面发展，才能有各科知识；因材施教是指在教学中，应该由粗到精，由单纯到复杂，教育者要注意到儿童的年龄大小的不同，儿童的经验不同，来进行教育；应高度重视中国教育遗产问题；孔子是一个伟大的教育家，《论语》中有辩证法的因素，有唯物的思想因素；我们要好好地学习经验，要学习一切与今天的实际相结合的东西。

是年冬　与夫人熊立诚一道去广东视察；会见越南胡志明主席。

是年　徐乾根据徐特立的多次谈话，记录、整理成《我的生活》，原拟由中国工人出版社出版，清样出来后送徐特立审阅，徐特立认为文中记述的一些事情需要作进一步的补充和斟酌，坚持将文章撤了回来。

1959年　82岁

1月12日至3月1日　中共中央在北京召开教育工作会议，讨论贯彻执行教育方针的主要经验和存在的问题，指出全日制学校应该贯彻教学为主的原则，发挥教师在教学工作中的主导作用。

2月1日至3月2日　《工人日报》连载熊瑾玎的《革命老人——徐特立》。

2月　在湖南省委交际处接见湖南第一师范学校校史编委会全体成员和二年级“徐特立一班”（150班）全体学生，并合影留念。徐特立说，校史既要写出一师革命斗争的道路，也要写出一师优良的教育风气；勉励学生们做毛泽东时代的好青年。随后到学校与全体师生见面，在大礼堂发表讲话，激励青年学生艰苦奋斗，创造美好新生活。

4月18日至28日　出席第二届全国人民代表大会第一次会议，当选为常务委员会委员。大会选举刘少奇为中华人民共和国主席，宋庆龄、董必武为副主席，朱德为全国人民代表大会常务委员会委员长，并决定周恩来继续担任中华人民共和国国务院总理。

本月　《中国工人》在第8期发表采访报道《徐老谈毛主席

的几件事》。

本月 在《中国青年》第 8 期发表《纪念“五四”对青年的希望》一文，寄语青年要学习革命前辈国而忘家、公而忘私的忘我精神和伟大抱负，不避艰险、不惜牺牲、不辞辛苦、不怕困难的顽强的革命斗志。

本月 读书时写下一条随笔：起居饮食与学生共，不与教员共，拿钱少，做事多，起模范作用；创办学校，童年即有家族斗争，一直到老年，自己只受过小学教育；十八岁教蒙馆小儿，读书六年，创办许多学校，自己儿女没有中学毕业。

5 月 4 日 在北京煤炭工业学院参加纪念五四运动四十周年大会。

5 月 22 日 《中国青年报》发表文章《活到老学到老——徐特立刻苦学习的故事》。

本月 在《新建设》五月号发表《“五四运动”和知识分子改造》一文，针对当时教育革命出现的重体力劳动教育而轻文化学习的偏向，指出：“我们提倡知识分子和工农群众相结合，提倡理论与实践相结合，当然并不是否定读书和书本知识的意义。书是一定要读的，正确的书本知识也是极为重要的。列宁曾经告诉我们，必须善于吸收人类的全部知识遗产，只有用这种知识来丰富自己，才能成为共产主义者。所以，问题并不是在于读书，而是在于我们读书的方法和立场”；“一个真正的知识分子，必须既有书本知识，又有工作经验。”①

① 武衡、谈天民、戴永增主编：《徐特立文存》（第四卷），广东教育出版社 1995 年版，第 423—428 页。

本月　《学习导报》第9期发表肖月华的《长征途中的徐老》一文。

是年春　与彭德怀、萧华、谭余保等人登长沙岳麓山并留影。

是年春　劝外孙徐君强报考师范学校。

6月29日　《人民日报》发表对徐特立的访问记《响在心上，记在心里》。徐特立在采访中重点与青年学生谈报考师范学校问题，启发青年学生认识教师工作不仅是一个光荣的岗位，而且是崇高而愉快的事业。

7月2日至8月16日　中共中央政治局扩大会议和八届八中全会在庐山连续举行。徐特立正在东北视察，请假未出席。全会通过了《关于以彭德怀同志为首的反党集团的错误的决议》、《为保卫党的总路线、反对右倾机会主义而斗争的决议》和《关于开展增产节约运动的决议》。毛泽东批示："庐山出现的这一场斗争，是一场阶级斗争，是过去十年社会主义革命过程中资产阶级与无产阶级两大对抗阶级的生死斗争的继续。"会后，全党开展"反右倾"斗争。

7月30日　视察长春电影制片厂并题词，与《冰上姐妹》剧组演员合影留念。

本月　在东北，与曾三一道视察辽宁抚顺大伙房水库。

9月　出席北京工业学院（前身为延安自然科学院）校庆活动，参观校庆展览并与师生座谈，勉励师生发扬延安精神，经得起任何困难的考验；希望干部以身作则，处处带头；青年人任重道远，永远进步。

10月8日　与朱德、董必武、林伯渠、吴玉章、谢觉哉等一起参加中央档案馆开馆典礼，并留影。

本月 参观中国革命历史博物馆开馆展览。

12月9日 《中国青年报》以《怀更大志气，抱更大的理想》为题刊发徐特立致青少年朋友的一封信。信中写道：我每次看到你们热情的来信，都似乎亲切地看到你们像花朵，像春芽，生气勃勃，天真可爱地活跃在我的周围。……你们应该比前一代怀更大的志气，抱更大的理想，负更大的责任，把祖国建设得繁荣兴旺。[①]

本月 《中国青年报》发表社论《做有伟大革命志气的新一代》,《中国青年》第24期发表评论《向青年进行一次立大志的教育》，在全国的青年中开展革命志向教育运动。

是年 响应毛泽东在广州会议上关于党内同志的最高工资发到400元的倡议，提出降低自己的工资级别（当时的工资刚好是400元）。在推辞不了的情况下，把结余下来的存款一并交给党组织。

---

① 武衡、谈天民、戴永增主编:《徐特立文存》(第四卷)，广东教育出版社1995年版，第429—431页。

1960 年　83 岁

1 月 17 日　农历 83 岁生日。谢觉哉写诗祝贺:“祝词犹记杜陵川，长是红霞布满天。国盛民殷娱老眼，移山造海庆高年。攀跻峰顶松为杖，徒倚庭前花作筵。南北东西人共仰，寿星今夜在温泉。”

本月　与谢觉哉游广东从化温泉西山瀑布，两人作诗唱答。谢觉哉诗:“和风暖日正宜行，腊月如春景物明。石上泉流随意转，道旁花放不知名。绕峰石磴人难上，悬壁涛声鸟亦惊。八十年华三老汉，扶筇健步共登临。”徐特立和诗:“我年较长足犹健，喜爱爬山四望明。濯足濯缨无所择，游山游水不留名。老怀喜见民生旺，跃进当令听者惊。飞瀑喧泉无限好，老夫屈指已三临。”

本月　参加在广州科学馆举行的广东法院审判工作会议并讲话。

本月《新体育》杂志在第 1 期发表由熊瑾玎口述、方芾整理的文章《徐老的身体锻炼》。

2 月 8 日　与谢觉哉一起到宁乡师范学校视察，提出：学生劳动要适度，搞多了可不行，学校要像个学校的样子。回北京后，给宁乡师范学校写信，勉励师生努力把具有光荣革命传统的学校办成具有社会主义特色的新型师范学校。

2月11日　与谢觉哉一起到长沙师范学校视察留影。

同日　嘱咐徐乾代表自己给上海市第六师范学校师生复函，并用毛笔为上海市第六师范学校题写校名，在题词纸的右边和下面专门用铅笔作说明。右边："制版或制证章，可以随意缩小或放大。"下面："我老眼已花，不能写小字，只能写如此大小。"3月，该校名正式挂牌。

2月21日　夫人熊立诚去世，享年83岁。

3月10日　与谢觉哉、竺可桢、俞平伯等人同赴西郊北辛安路石景山中苏友谊人民公社视察。

5月　"六一"前夕，应人民日报记者约请，给少年儿童题词。

6月1日至11日　作为主席团成员，与刘少奇、周恩来、朱德、宋庆龄、董必武、邓小平等出席全国教育和文化、卫生、体育、新闻方面社会主义建设先进单位和先进工作者代表大会（简称全国文教群英会）。

6月5日　在北京观看湖南省话剧团演出的话剧《赤胆红心》后提出："多演一些革命传统戏好，让青年人想想过去，看看过去，受教育"。并与谢觉哉一道题词："用革命的名义想想过去，也看看过去"。

本月　"七一"前夕，接受《人民日报》记者丁浪的采访，讲革命传统，谈青年一代的成长，谈加强锻炼等。

9月　在北京平安里中央招待所，接见由湖南第一师范学校保送到北京师范大学学习的李保初、徐征等十多位学生。

是年　视察熊猫电子工业公司并题词："思想争上游、技术达尖端、产品超国际、量多质又高"[①]。

① 刘海燕主编：《中国企业史·典型企业卷》（下册），企业管理出版社2002年版，第159页。

1961 年　84 岁

1 月 26 日至 2 月 4 日　教育部在北京召开全国重点高等学校工作会议，着重研究贯彻执行“调整、巩固、充实、提高”的方针，对全国重点高等学校实行“四定”（定规模、定任务、定方向、定专业）的问题。

2 月 1 日　《光明日报》记者曹青阳以《发扬延安作风》为题，报道了徐特立与北京工业学院学生们的谈话。徐特立说：你们生活在幸福的环境中，绝不能忘记过去革命的艰苦斗争，一定要继续发扬延安时代的作风。延安作风就是革命的作风，就是毛主席概括的三句话、八个字。三句话就是：坚定正确的政治方向、艰苦朴素的工作作风、灵活机动的战略战术；八个字就是：团结、紧张、严肃、活泼。这“三八作风”不独解放军必须具有，每一个革命者、革命青年都应具有。因为“三八作风”是工人阶级革命作风的一个集中表现，是战斗的无产阶级精神面貌的生动反映。我们革命者深深懂得，为了无产阶级革命事业，为了创造新的世界而艰苦奋斗，这是最大的愉快，是值得自豪的，因此我们艰苦的革命生活也是很甜的生活。

2 月 4 日　在福州过 84 岁生日。谢觉哉写《寿徐老生日》诗祝贺：“胸中贮有万重天，饮露餐霞不计年。东海涛声无限远，西湖月影自来圆。一尘不染人中凤，万里皆行陆上仙。若问寿星何处是，今宵依旧在温泉。”①

2月5日 与朱德、谢觉哉等在中共福建省委第一书记、福州军区司令员兼政治委员叶飞陪同下乘船游闽江。

2月7日 与朱德、谢觉哉等视察福州第二脱胎漆器厂、福州木画厂、福州石刻工厂。

2月27日 与谢觉哉一同听取福建省档案局局长刘田、副局长吴清传关于各地编修新县志的情况汇报，指出：编史修志工作是件大事情，历代统治阶级都很重视修志，许多地方都能找到旧的县志或省志，这些县志、省志一般都反映了旧的时代特点，今天编县志必然也应当反映出时代特点；编写时材料要广泛搜集，要从机关档案中搜集，也要从人民群众那里搜集，有了丰富的材料，才有条件选择；编写时要注意去其糟粕，取其精华。编县志之外也要编省志，大胆编写，编出来后再广泛征集意见，逐渐修正。

本月 与毛泽东、刘少奇、周恩来、朱德、宋庆龄、董必武、刘伯承、贺龙、张鼎丞、罗瑞卿、沈钧儒、陈叔通、赛福鼎、孔原等人一同出席春节军民联欢会。

本月 视察长沙师范学校并与师生代表合影留念。

3月 为孙女徐禹强参军题词：“你们要继承的不是财产，而是前辈尚未完成的革命事业，继承和发扬前辈的革命精神，发奋图强，做好革命接班人。”②

---

① 周振甫、陈新注释：《谢老诗选》，中国青年出版社1980年版，第109页。

② 徐禹强、徐文浩主编：《万世师表徐特立》（上），中国档案出版社1998年版，第736页。

6 月底　与吴玉章、谢觉哉等在董必武家欢聚。

本月　《中国青年》第 11 期首页发表题为《做红色的接班人，做坚定的革命者——徐老对青年的勉励》的文章。

8 月 17 日　在北戴河休假，接见北京科技大学、北京航空学院、哈尔滨军事工程学院、北京师范大学女附中、北京四中等院校的干部子弟，讲话并题词："青年同志们：你们均系党的干部子弟大学生，你们应该继续发扬我党和我国人民艰苦朴素老实的作风，要与群众密切联系，反对特殊思想，努力学习，刻苦钻研，并要锻炼身体，饮食起居有规律，做一个身强体健、知识丰富、思想前进的优秀的接班人"；"你们应该比一般青少年要求要高些。第一，不要有特权思想，特权思想是封建社会来的，不是什么好东西；第二，不要有优越感，父母对革命有功劳，那是父母的光荣；第三，不要脱离群众，对广大群众要有同情心。总起来一句话，自己的路要自己走。"①

8 月 21 日　田海燕在《体育报》上发表《四老（徐特立、吴玉章、谢觉哉、董必武）图记》。

是年秋　在全国人大常务委员会办公厅 8 月 17 日印发的通知上写下随笔："浮夸风其目的是骗他人，结果把社会信用失掉，使自己孤立而垮台，并人格也丧尽。一切自谓聪明缺乏老实作风者必遗害社会且灾及子孙。"②

---

① 金戈著:《毛主席和我们这些孩子》，中国人民大学出版社 2013 年版，第 97—101 页。

② 武衡、谈天民、戴永增主编:《徐特立文存》（第五卷），广东教育出版社 1995 年版，第 300 页。

9月5日　《中国青年报》刊发记者谷斯涌、王裕乐对徐特立的访问记《锻炼有恒生活有节——访坚持锻炼数十年如一日的革命长辈徐特立》。

9月上旬　视察北京育英学校[①]中学部，勉励同学们从小立志，做祖国的有用之材。

10月1日　与朱德、谢觉哉一同参观由唐山市人民委员会在首都劳动人民文化宫举办的陶瓷展览会，并题词："推陈出新，后来居上"[②]。

11月29日　在《北京晚报》发表文章《对青年人的几点希望》，提出：青年人要处理好创业与守业、继承与发扬的关系；保持老实的科学作风；学习要持之以恒；要积极锻炼身体。[③]

是年冬　与记者丁浪谈自己的读书方法，认为读书的方法应以"定量"、"有恒"为主；每个人学习应有计划，并且要持之以恒；时间就是生命，浪费时间就等同于自杀；书本知识一定要同实际结合才有用；学习是没有止境的，要学以致用，也要善于在用中学，这是辩证的，相辅相成的。此外，还指出：报纸应教育青年一定要老实，就是要不自欺欺人，脚踏实地不占便宜；凡是有志为社会出力、为国家成大事的青年，一定要十

---

① 育英学校的前身是抗日战争时期的延安保育院，后迁往河北省平山县西柏坡，1948年11月7日正式建校，起名为"中共中央直属机关育英小学"，1949年学校迁入北京，1956年更名为"北京育英小学"。

② 靳宝峰、孟祥林主编:《唐山市志》(第二卷)，方志出版社1999年版，第1098页。

③ 参见《中国青年报》和《人民日报》分别于11月30日、12月5日转载这篇文章。

分珍惜健康，为革命锻炼身体。

年底　通过《中国青年报》向全国的教师和辅导员祝贺新年，希望他们在少年一代身上培养艰苦朴素、发奋图强的作风和孜孜不倦的学习精神，使新一代既有丰富的文化科学知识，又有高尚的社会主义品质。

是年　分别偕同帅孟奇、徐乾、林山先后三次专程去北京西郊吴家花园看望彭德怀，同彭德怀倾吐心怀，嘱其保重身体，将来继续为党工作。

1962 年　85 岁

1 月 11 日至 2 月 7 日　中共中央在北京召开有七千人参加的扩大的中央工作会议，初步总结了“大跃进”的经验教训，开展批评和自我批评。

3 月 3 日　《中国青年报》以《任重道远，艰苦奋斗》为题，刊发徐特立和清华大学动力系燃气轮专业一班应届毕业生的谈话。徐特立说：党给你们指出了方向，路要你们自己走，经验要自己积累。你们现在都是年轻的专门家，你们的任务是重的，道路是远的。因此，你们必须有艰苦奋斗、克服困难的思想准备。你们是一批新生的力量。我相信你们是能够克服各种困难的，你们的前途是光明远大的。

5 月 3 日　在周世钊、徐乾的陪同下，在中央招待所接见湖南第一师范保送到北京师范大学学习的学生雷晋虞、段淑华等 30 余人，勉励他们思想进步、努力学习、锻炼身体，并合影留念。

7 月 13 日　函复新疆生产建设兵团农八师子女学校全体同学 6 月 1 日的来信，鼓励同学们养成“尊师好学、不怕困难、不占便宜、不说假话的老实作风”，并祝同学们“健康活泼，天天向上”，随函附照片一张作纪念。

9 月 24 日至 27 日　中共八届十中全会召开。会议把社会主义社会一定范围内存在的阶级斗争进一步扩大化和绝对化，强调阶级斗争必须年年讲、月月讲、天天讲。

10 月 2 日　登八达岭长城。

是年秋　复函长沙县五美学校，信中说："前天收到你们热情的来信，知道你们都很努力，各方面都有进步，成绩很好，令人欣慰。柚子是你们辛勤劳动的收获，应当留给你们大家享受。年年承受你们热心送给我，分享你们的劳动所得，十分感激。嘱送毛主席的一份，待收到后照转。今年冬天有机会回湘，一定去看望你们。"①

11 月　应湖北天门县函授教师之请，为《天门函授》杂志题写刊头，并给全体函授教师写信。

12 月 4 日　函复湖南第一师范学校李济源及 170 班师生，勉励师生取得更大的进步。

12 月 26 日　参加湖南第一师范学校建校 59 周年庆祝大会并讲话。

12 月 20 日　应《北京日报》记者丁浪邀请题词："青年人任重道远，要继承的不是财产，而是前辈留下来的尚未完成的革命事业，发扬前辈的革命精神。"

12 月 28 日　在与《长沙晚报》"桔洲"栏目记者谈话时谈到，要大力提倡勤俭，勤俭是革命的传家宝，勤与俭是没有时代限制的，要注意节约；浪费物质，也是道德品质的问题。为

① 徐凡营著:《一代师表徐特立》，山东人民出版社 1985 年版，第 122 页。

《长沙晚报》题词："创业难，守业亦难，须知物力维艰，事事莫争虚体面，老老实实，勤俭建国，发愤图强。"①

是年冬 回湖南，与谢觉哉一道视察长沙师范学校、周南中学。

是年 读《中国经营西域史》并做眉批："古代的西域为中、印、伊兰（朗）、苏联各大国之间，以土耳基（其）契丹及高加索其他少数民族杂居的区域，是古代欧亚大陆的巴尔干，即文化经济以及民族关系变化的桥梁，在世界史上应列特别一章，在今天仍然有极重要的国际意义，今天仍然是中苏印的联系的环节。"②

是年 面对国民经济处于严重的困难时期，勉励大家勇敢地面对困难，把国家事业建设好。

是年 新疆生产建设兵团少年儿童开展"学习徐特立老爷爷刻苦读书"的活动。

① 徐禹强、徐文浩主编：《万世师表徐特立》（上），中国档案出版社1998年版，第89页。

② 北京理工学院编：《徐特立读书眉批选》，广东人民出版社1989年版，第342页。

1963 年　86 岁

1 月 1 日　在长沙湘江宾馆和昔日学生欢聚一堂，共庆元旦。

1 月 16 日　《解放军报》以《谈话剧〈年青的一代〉》为题，报道了徐特立的谈话：一个人的成长，主要取决于三个方面：一是家庭教育，二是社会教育，三是自己的努力。这三者又是相辅相成的。我认为要把我们的后代培养成革命的红色接班人，就必须把这三方面的工作都做好。我们留给后一代的，不应该是什么万贯家财，而只能是十分艰巨的革命重担，要想使他们能把这副担子挑起来，并且沿着我们所开辟的道路一直走到底，那就必须在交给他们任务的同时，也交给他们力量。这力量不是别的，就是革命的思想和作风。我觉得对学生的教育，应该强调一个"严"字，不能放松，尤其对那些革命家庭出身的孩子们更不应该放松。我看青年人如果把"活着是为了什么"，"什么是我们应该追求的幸福"这两个问题搞清楚了，那么很多问题就容易解决了。

1 月 20 日　下午，在武昌洪山宾馆会见湖北省 300 余名高级知识分子并座谈，勉励大家鼓足干劲，力争上游，为更好地支援农业技术改造作出更大的贡献。

1 月 24 日　教育部发出《关于当前中学教学工作的几点意

见》，指出：升学率的高低只能反映学校教育质量的一个方面，不能以此作为衡量学校工作的唯一标准。

1月29日 与朱德在桂林登叠彩山明月峰。在朱德赋诗“徐老老英雄，同上明月峰。登高不用杖，脱帽喜东风”后，作诗回赠：“朱总更英雄，同行先登峰。拿云亭上望，漓水来春风。”

游七星岩，作诗《游七星岩》：“七星岩洞，风景独好。地灵人杰，祖国之宝。”

本月 在桂林八路军办事处纪念馆对工作人员讲述当年斗争情况。

3月26日 为上海中共一大旧址题词：“实事求是不自以为是，虚心使人进步，骄傲使人落后，青年饱受锻炼，老来不畏风霜。”

3月28日 在一则随笔中写道：“辩证法是非明显，在一定条件下也可能是变成非，非可变成是。认真学习，认真工作，使理论与实践结合起来。以其昭昭使人昭昭，以其昏昏使人昏昏。以人家的昭昭破除自己的昏昏，而达到自己的昭昭，达到昭昭随人说短长。”①

4月至9月 《中国青年》杂志在第7—18期上，讨论“青年应该有什么样的幸福观？”

5月17日 致信长沙师范（时名湖南省幼儿师范学校）全体师生，祝贺该校五十周年校庆，并题词两幅。信中写道：“幼儿教育是社会主义建设事业中一项极其重要的工作。幼儿本性

① 武衡、谈天民、戴永增主编：《徐特立文存》（第五卷），广东教育出版社1995年版，第300页。

是很纯洁的，而他们的习惯好坏是在成长过程中所接触的环境逐渐模仿形成。昔日‘孟母择邻’就是给孩子选择好的邻居作榜样。幼儿教育是教好后一代的基础的基础，它关系到进入青少年时期德育、智育、体育的健康发展。所以说幼儿教育是一项重要的工作，是非常细致耐心的工作，也是一项极其光荣的工作。做好这个工作，首先要求搞幼儿教育工作的同志自身要有高尚的共产主义的道德修养，热爱自己的专业，专心致志，钻研业务，对培养好幼儿具有高度的责任感。……希望你们高举毛泽东思想红旗，以雷锋作榜样，为培养又红又专的幼儿教育工作者而奋斗！”①

两幅题词一幅为：“认真搞好幼儿教育是共产主义事业中最光荣的任务”，另一幅为：“高举毛泽东思想红旗，以雷锋事迹作榜样，为培养又红又专的幼儿教育工作者而奋斗。”

6 月 1 日　长沙师范（时名湖南省幼儿师范学校）举行建校五十周年庆祝大会。

本月　所撰《让革命的红旗世代相传》在《新湖南报》发表。文章指出：应帮助青年人了解过去的痛苦，了解历史赋予的任务和责任。正因为老一辈的革命者是以民族解放和人民幸福为奋斗目标的，才能去除个人主义，以苦为荣、以苦为乐，一往直前，毫不动摇。青年应继承前人的事业，还要后来居上。

7 月 3 日　给清华大学工程力学数学系毕业生的信在《新清华》报上刊登。信中说：有的青年甚至把艰苦奋斗当作历史上

① 武衡、谈天民、戴永增主编：《徐特立文存》（第四卷），广东教育出版社 1995 年版，第 439—440 页。

的一个名词来理解，忽视了它的现实意义和长远意义，这是错误的；虽然你们在前进的道路上免不了会碰些钉子，受一些挫折，但这是好事，而不是坏事。碰了钉子才会老练起来，受了些挫折才会坚强起来。

9月 外孙徐君强考入北京师范学院。甚慰，送书并嘱咐他学好知识，将来做一名合格的人民教师。

12月 为家乡五美学校建校五十周年题词："勤俭办校，继承和发扬革命光荣传统，为培养具有社会主义觉悟有文化的劳动者而奋斗"①，并题写校名。不久，再次为五美学校题词："大家努力教育后一代，培养德才兼备的接班人，继承和发扬我党艰苦奋斗的优良传统，高举毛泽东思想红旗，将革命进行到底。"②

是年 为迁址后的上海市第六师范学校再次题写校名。

---

① 湖南长沙师范学校编：《怀念徐特立同志》，湖南人民出版社1979年版，第130页。

② 徐禹强、徐文浩主编：《万世师表徐特立》（上），中国档案出版社1998年版，第113页。

1964 年　87 岁

2 月 13 日　毛泽东在人民大会堂召开教育工作座谈会，在会上指出：教育的方针路线是正确的，但是方法不对；教育要改革，学制可以缩短，课程可以砍掉一半。

3 月 28 日　抱病参加周震鳞的遗体告别仪式。

5 月 1 日　在北京景山少年宫与少年儿童朋友一起欢度五一国际劳动节，给少年朋友讲革命战争中的故事。

5 月 4 日　中共中央、国务院批转教育部临时党组《关于克服中小学学生负担过重现象和提高教学质量的报告》。中央批示：解决这些问题，不但是提高教学质量所必需的，而且关系到办什么样的学校，培养什么样的人的重大问题，必须引起各级党委和政府的足够重视。

本月　与徐乾、钱瑛[①]、郭光舟一道去贵州农村视察，与中曹公社的贫困家庭座谈，调查了解农民的生产生活情况。看到贫困农民的孩子穿的衣服破破烂烂，内心沉重而难过，说："想不到解放都快 15 年了，贵州人民的生活还这样的苦。现在我们

---

① 钱瑛（1903—1973），女，原名钱秀英，湖北咸宁人，中共党员。曾任中南局组织部部长、纪委书记，中央纪检委副书记，兼政务院监委副主任、监察部部长，中央监委副书记等职。

的生活过好了，但要想想还有许多人吃不饱，穿不暖，我们有责任帮助他们呀！”[1] 林山有诗记其事：“徐老四清到贵阳，访贫问苦老心伤。解放多年应改进，为何缺粮百补偿。党的政策未兑现，领导作风气不张。回来约会毛主席，屡无回音感忧伤。”[2]

9月22日 经湖南省第三届人民代表大会第一次会议选举，当选为第三届全国人民代表大会代表。

12月21日至翌年1月4日 出席第三届全国人民代表大会第一次会议，继续当选为全国人大常务委员会委员。周恩来在《政府工作报告》中提出，要在不长的历史时期内，把我国建设成为一个具有现代农业、现代工业、现代国防和现代科学技术的社会主义强国。大会选举朱德为全国人大常委会委员长，刘少奇为国家主席，宋庆龄、董必武为副主席，决定周恩来为国务院总理。会议通过政府工作报告、1965年国民经济计划主要指标和1965年国家预算的初步安排。

---

① 徐禹强、徐文浩主编：《万世师表徐特立》（下卷），中国档案出版社1998年版，第633页。

② 陈桂生著：《徐特立教育思想研究》，辽宁教育出版社1993年版，第103页。

1965年　88岁

2月　视察长沙师范学校，与寒假留校学生及幼儿园的小朋友合影。

4月18日　送给外孙徐君强一套《毛泽东选集》，并在第一卷扉页上题写：“认真读毛主席的书，按毛主席的指示办事。”

5月　身患偏瘫、右侧失灵的老友谢觉哉在夫人王定国搀扶下前来拜访，二老相见，不胜喜悦，感慨万千。谢觉哉回家后，在亲人帮助下用左手写诗一首记其事：“九十高龄力有余，身闲不住待何如。老人又羡耕和读，想傍桑荫学养猪。”①

7月　与青年一道，在北京颐和园昆明湖游泳。

9月11日　出席第二届全运会开幕式，观看团体操表演及几场比赛。

10月中旬　接受《新体育》记者的采访，并针对青少年的体育锻炼发表谈话：“身体好是‘斗’出来的，但是要懂得斗争艺术。有些年轻人很积极，不分昼夜，废寝忘食地工作、学习。但他们应该懂得爱护身体，锻炼身体也是革命的需要。年轻时，不爱惜身体，不锻炼身体，等到有比较丰富的革命经验时，却

---

① 湖南省长沙师范学校编：《怀念徐特立同志》，湖南人民出版社1979年版，第63页。

住了医院，不但不能为革命工作，还要别人来护理照顾。这是亏本的买卖，是不值得做的。当然，当革命需要时，昼夜工作是应该的，甚至牺牲自己的生命对革命者来说，也是义不容辞的。”[①]《新体育》和《体育报》先后以《听徐老谈锻炼身体》为题发表该谈话。

11 月 10 日 上海《文汇报》发表《评新编历史剧〈海瑞[②]罢官〉》。该文的发表及在文艺等领域的批判运动，成为“文化大革命”的导火线。

11 月 20 日 在审阅人民教育出版社新编的小学语文课本（送审本）后，给该社刘松涛、张凌光写信，谈语文课本的编写与教学问题，提出：“国语读本包含着形式和内容两方面，而教学方法还需要加上技术。实习批评还要批评课本的内容及形式并教师的技术。这一类的复杂问题怎样进行，又综合进行，值得加以考虑。”[③]

---

① 人民体育出版社编：《为革命而锻炼》，人民体育出版社 1966 年版，第 1—7 页。

② 海瑞（1514—1587），字汝贤，广东琼山（今属海南）人。明朝著名清官。历任教谕、知县、州判官、户部主事、兵部主事、尚宝丞、两京左右通政、右佥都御史等职，有“海青天”之誉。赠太子太保，谥忠介。

③ 湖南省长沙师范学校编：《徐特立文集》，湖南人民出版社 1980 年版，第 635 页。

1966 年　89 岁

1 月　接待前来拜访的十多位青少年代表，一起打乒乓球，演示自己编的一套室内定位快跑的运动方式，并殷切勉励："老年一代，总是希望你们后来居上，希望你们一个个锻炼成思想红、身体壮、业务专，挑起革命重担，经得起大风大浪，能吃大苦、耐大劳的革命接班人。"①

2 月 2 日　最后一次回湖南，参观韶山毛泽东同志故居并留影。在湘期间，应邀到长沙的中小学作革命传统报告，教育青年学生要树立"后来居上"的雄心壮志："应当比前一代怀更大的志气，抱更大的理想，负更大的责任，把祖国建设得繁荣昌盛。"② 视察长沙师范学校（时名湖南省幼儿师范学校），与学生一起打乒乓球，与幼儿园的小朋友合影，并亲手在校园内栽下四棵蜜橘树以示教育事业像蜜橘那样甜美，鼓励师生专心专意把自己的事业做好；视察湖南第一师范学校，与师生座谈，了解办学情况，题词"突出政治，又红又专"勉励师生，并在

---

① 谷斯涌著：《革命老爷爷徐特立》，中国少年儿童出版社 1980 年版，第 97 页。

② 中央教育科学研究所编：《徐特立教育文集》，人民教育出版社 1979 年版，第 279 页。

学校幼儿园前坪栽下两棵白玉兰树；还到长沙县五美学校视察，与师生座谈、合影，栽下两棵蜜橘树。

2月4日 元宵节。邀请昔日学生黎升洲全家到蓉园宾馆见面，询问近况，一起吃饭、看电影、打乒乓球。黎感动地说，他老人家的关心真是始终如一啊！

3月 在长沙蓉园宾馆住所，用毛笔书录毛泽东的诗词《卜算子·咏梅》:“风雨送春归，飞雪迎春到。已是悬崖百丈冰，犹有花枝俏。俏也不争春，只把春来报。待到山花烂漫时，她在丛中笑。”

4月 与朱德一道参观南昌八一起义纪念馆，赋诗一首:“八一之前老学生，学书学剑两无成。而今重话南昌事，我是当年一老兵。”①

5月7日 毛泽东致信林彪（这封信后来被称为“五七指示”），要求全国各行各业都要办成一个大学校，学政治、学军事、学文化，又能从事农副业生产，又能办一些中小工厂，生产自己需要的若干产品和与国家等价交换的产品，同时也要批判资产阶级。“五七指示”也成为“文化大革命”中办学的方针，造成教育制度和教学秩序的混乱。

5月16日 中共中央政治局扩大会议通过了康生、陈伯达起草，毛泽东修改的《中国共产党中央委员会通知》（即“五一六通知”），标志着“文化大革命”正式开始。

---

① 解放军红叶诗社选编:《星火燎原诗词选萃》，解放军文艺出版社2007年版，第34页。

初夏 接待李维汉、周竹安[①]来访并合影留念。

8月18日 毛泽东等在天安门广场接见来自首都和全国各地的红卫兵及群众。红卫兵运动迅速遍及全国。到11月下旬，毛泽东共八次接见红卫兵1100多万人次。

同期 “文化大革命”开始后，每天都收听广播，却又经常要身边的工作人员把收音机关掉，对广播中“打倒”、“火烧”、“炮轰”、“油炸”老一辈革命家的呼叫表示不解和不满。曾对身边的工作人员说：“马克思还有个恩格斯，马克思也不是神；毛泽东也说过‘一个篱笆三个桩，一个好汉三个帮’，红花还要绿叶扶嘛！”听到“万寿无疆”、“永远健康”、“万岁！万岁！万万岁！”的呼喊，便立即关掉收音机，说：“这不成了神了吗？谁能活到一万岁呢？我们无产阶级怎么也搞这些呀？！”[②]

10月1日 上午，出席国庆观礼，一心与毛泽东见面，谈谈对国家前途的忧虑，但因人多未能如愿。此前，曾几次要家里人和毛泽东挂电话，但一直挂不进去。

12月 用毛笔书写毛泽东的《反对自由主义》全文。

---

① 周竹安（1891—1979），湖南长沙人。新中国成立后，曾任外交部办公厅机要处处长、办公厅副主任、驻保加利亚大使等职，是第三、四届全国政协委员。

② 《徐特立》编委会编：《徐特立》，中国和平出版社1996年版，第134页。

1967 年　90 岁

2 月 1 日　在北京西单堂子胡同 20 号迎来 90 岁生日。送孙女徐禹强一套《毛泽东选集》合订本，在扉页上题写："认真读毛主席的书，为人民一辈子做好事，不做坏事。"

接待湖南第一师范学校专程去北京贺寿的代表，再次为学校题词："发扬革命光荣传统，做毛主席的好学生"，并用毛笔书录毛泽东的《为人民服务》全文，送给一师全体师生。

10 月　用毛笔书录毛主席的《为人民服务》全文，送给老友谢觉哉。

是年　邀请老友陈述来家见面，一再嘱咐："你们一定要坚持完成《辽史补注》，以后要多来。"

是年　安排徐乾到北京饭店接因受造反派冲击而到北京暂住的周世钊到家里住了两个月。周是徐特立在湖南第一师范时的学生、毛泽东的同班同学。

是年　记忆力明显衰退，仍坚持看书学习。把《联共（布）党史》、《苏联社会主义经济问题》、《为人民服务》、《纪念白求恩》中的重要章节、言语用大字抄下来，张贴在书房墙壁上，朗读记诵。为了研究某个问题，常常苦思力索，白天若得不出结论，晚上睡醒后还在思考。

一次，有人称他是毛泽东主席的老师，他连忙说：“毛主席是我的老师。我曾在湖南第一师范教书，不过是毛主席的一日之师，而毛主席则是我终身之师。”①

应曹瑛②之请，书录毛泽东的《采桑子·重阳》：“人生易老天难老，岁岁重阳。今又重阳，战地黄花分外香。一年一度秋风劲，不似春光胜似春光，寥廓江天万里霜。”

① 湖南省长沙师范学校编：《怀念徐特立同志》，湖南人民出版社 1979 年版，第 114 页。

② 曹瑛（1908—1990），湖南平江人。1925 年加入中国共产党。新中国成立后，历任中共湖南省委常委、长沙市委书记，长沙市政协主席，长沙警备司令部政委，中国驻捷克斯洛伐克大使，全国政协常委，中共中央纪律检查委员会常委，中央顾问委员会委员等职。

1968 年　91 岁

1 月 7 日　送外孙徐君强一套《毛泽东选集》合订本，在扉页上题写："大海航行靠舵手，干革命靠毛泽东思想。以示君强孙儿。"

2 月 1 日　91 岁寿辰，毛笔书写条幅："东方红，太阳升，中国出了个毛泽东，您是中国人民和世界人民的大救星，我五十岁跟着您闹革命，矢志做您的红老兵。大海航行靠舵手，干革命靠毛泽东思想，我们世世代代紧紧沿着您指引的航向，在革命斗争的大风大浪中奋勇前进！"

7 月　由西单堂子胡同 20 号搬至西四大红罗厂南巷。

8 月 15 日　外孙徐君强赴部队农场锻炼。老人唯一一次送他到大门处，并留给他最后一句话："好好锻炼，注意身体。"

本月　因病住进解放军总医院。

11 月 28 日　因病医治无效，在北京逝世，享年 91 岁。逝世前留有遗言：过世后，把遗体献给医学科学部门。

12 月 1 日　中共中央为徐特立举行隆重的追悼大会。毛泽东敬献花圈，并在审定悼词时亲笔加上"光荣的一生，革命的一生，伟大的一生"一句，高度赞扬他不平凡的光辉业绩。周恩来参加了追悼会。陈伯达主祭，滕代远代表党中央致悼词。[①]

徐特立同志，湖南省长沙县人，生于1877年2月1日。青年时代，目睹清朝政府的黑暗腐朽，帝国主义在中国的横行霸道，积极探索救国救民道路。他在一次讲演会上，曾断指血书，激励国人，奋起反抗。

武昌起义爆发，他积极响应，被选为省临时议会副议长。辛亥革命失败后，愤然辞去副议长职务，潜心办学，继续从事教育救国运动。

五四运动加深了他反帝爱国的思想。湖南人民驱逐军阀张敬尧，他成为运动的先锋。后来，为了学习先进的科学技术，他提倡并亲自参加留法勤工俭学。1924年回国后，兴办教育更为积极。

大革命时期，如火如荼的工农运动，使他认识了人民群众的伟大力量，认识了共产党领导革命的伟大作用，因而抛弃教育救国的思想，投身于汹涌澎湃的农民运动的洪流。他担任湖南省农民协会教育科科长兼农村师范农运讲习所主任，全力以赴，推动农民运动的发展。

1927年国民党反动派叛变革命，疯狂镇压共产党人和革命群众。面对腥风血雨的白色恐怖，徐特立同志年过半百，而壮志凌云，冒着杀头的危险，毅然决然加入中国共产党。随后，参加了具有伟大历史意义的南昌起义，任革

① 1981年3月，根据中共中央书记处意见，中共中央组织部委托教育部重写徐特立同志的悼词，以下是重写的悼词的主要部分。

命委员会委员和第二十军三师政治部主任，成了我党的一位坚强的老战士。

1928年在上海做党的地下工作，不久接受党的派遣，赴苏联入莫斯科中山大学学习，认真读了马克思、列宁的经典著作，拿革命的理论同自己多年从事的革命实践结合起来，牢固地树立了共产主义世界观。

1930年年底，进入中央苏区，任教育部副部长、部长。1934年震惊中外的二万五千里长征开始，徐特立同志以五十八岁高龄参加，坚韧不拔，不辞艰危，翻雪山，过草地，表现了老英雄的大无畏的革命气魄。到达陕北后，继续从事宣传教育工作，历任边区教育厅厅长、延安自然科学院院长和中共中央宣传部副部长。

抗战时期，任十八集团军总司令部高级参议，驻湘代表，回到湖南开展抗日民族统一战线的工作，对于团结和发展抗日救国力量，作出了很大的贡献。

全国解放后，徐特立同志年过古稀了，但是老当益壮，朝气蓬勃地致力于新中国的文化教育建设事业，团结学术界，孜孜不倦地从事学术研究，并以满腔的热情，对青年一代进行革命传统教育。到了晚年，他继续保持党的优良传统，坚持实事求是的原则；痛恨和反对虚伪与浮夸，不按照客观规律办事的不良作风。有的同志受到错误的处理，他关心他们，经常去看望他们。“文化大革命”开始，他对林彪、江青一伙残酷迫害革命老干部，疯狂镇压革命群众，非常气愤，深为党和国家的前途忧虑。

徐特立同志德高望重，赢得了全党和全国人民的尊敬和爱戴。在党的第七次和第八次代表大会上，都当选为中央委员；1949年全国第一次政协会议，被选为中央人民政府委员；嗣后，又被选为第一、二、三届全国人民代表，全国人民代表大会常务委员会委员。

徐特立同志一生走过了一条艰苦曲折的道路。他开始信奉康梁，继而拥护孙中山，随后又主张教育救国，由于革命的实践，由于党的影响和启发，成了一位激进的民主主义者，最后终于成为无产阶级先锋战士。他之所以能有这个转变，是因为他始终站在劳动人民一边。热爱光明，追求真理，随着时代的步伐前进，终于找到了马克思主义的真理。从此，矢志为实现共产主义的远大理想而奋斗。他所走的道路，是中国革命知识分子前进的正确道路。

徐特立同志十九岁开始教书，由从事平民教育，发展到从事无产阶级教育，七十年如一日，兢兢业业，勤勤恳恳，献出了毕生的精力和全部智慧，作出了卓越的贡献。

他在大革命以前，既反对把学校当作政治投机的资本，去投靠反动统治者；也反对把学校当作私人产业，从中牟利肥私，他主张为劳动人民办学，学校向劳动人民开门。他亲手创办了梨江高小、五美高小、长沙师范、长沙女子师范和各种短期训练班，并长期任教于周南女校、湖南省立第一师范、省立第一女子师范、高等师范等学校，教育和培养了大批优秀人才。我们党的一些重要领导干部如毛泽东、蔡和森、向警予等同志，都做过他的学生。

他入党以后，更是旗帜鲜明地以马列主义作指导，忠实地执行党的教育方针和路线，坚持为革命办学，以革命精神办学。在硝烟弥漫的战争年代，他领导和发动革命根据地人民举办列宁夜校和列宁小学，深入开展扫盲运动和普及小学。并因陋就简地在中央苏区创办列宁师范、农业学校，在陕北创办鲁迅师范，以及各种师资培训班，及时地培养了一批人民教师和农业技术干部。

他具有远见卓识，在抗日战争时期，预计到胜利后新中国的需要，克服重重困难，努力办好延安自然科学院，培养造就了我党的第一代科技人才，对我国自然科学事业的发展起了重大作用。

在解放战争时期，他领导中央宣传部教育研究室，认真总结研究老解放区的教育经验，编写各种教材，为发展新民主主义教育做了不少有益的工作。

新中国成立之后，徐特立同志写了不少的教育论文，论述马列主义教育理论，阐明和宣传党的教育方针政策。

徐特立同志一生办教育，注重理论与实践的统一，重视革新创造，反对因循守旧。他积有数十年的教学经验，又曾先后赴日、法、比、德和苏联留学或考察教育，对古今中外的教育理论进行过深入的研究，批判地继承了人类文化教育的优秀遗产，在学术上有独到见解。他的许多著述，闪耀着马克思列宁主义的光辉，有力地宣传和深刻地阐述了党的教育方针与政策。

他学而不厌，诲人不倦，提倡教学相长，能者为师，以民教民，在实践中取得很好的效果。

他热爱学生，尊重学生，认为每一个学生都有自己的长处，也有自己的短处，教育者不应偏爱，而应因材施教，循循善诱，引导学生成长为德才兼备的有用之材。

他强调教师应教给学生良好的学习方法，养成独立思考、刻苦自学的习惯，培养提出问题、分析问题和解决问题的能力。

他指出小学教育是一切教育的基础，必须高度重视，切实办好。他一生致力于小学教育、女子教育和师范教育，多有建树。

他认为教师是智力劳动者，应该得到整个社会的尊重，提高教师在政治上、经济上的地位是十分必要的。新中国成立初期，他倡议《教师报》发起“小学教师有没有前途”的讨论，不仅促进了广大教师热爱本职工作，而且提高了人民群众对教育工作意义的认识。

徐特立同志是一位杰出的无产阶级教育家，他遵循以毛泽东同志为代表的马克思列宁主义路线，为创造新民主主义教育事业，作出了卓越的贡献，为社会主义教育事业建设做了奠基的工作。他又红又专，学识渊博，通晓哲学、社会科学和自然科学；他懂得很多，却时刻以为不足，做到了活到老，做到老，学到老，革命到老；言传身教，教育了几代青年，桃李满天下，不愧为人民师表。

徐特立同志是一位伟大的共产主义战士，是一个高尚的人，一个有道德的人，一个有益于人民的人。他在长期的革命斗争中，认真学习马列主义、毛泽东思想，坚持党的正确路线，对党和人民的事业抱有无限的忠诚。无论在战争年代，还是在和平建设时期，都是以一个共产党员的标准严格要求自己，表现出来的最大特点是革命第一，工作第一，他人第一。

他在思想作风和工作方法上，坚持辩证唯物主义和历史唯物主义，反对形而上学和唯心主义；他深入调查研究，一切从实际出发，实事求是，不自以为是，反对迷信，痛恨官僚主义和铺张浪费；他密切联系群众，不搞任何特殊，总是言行一致，表里一致，口里说的就是心里想的和手里做的；他为人和蔼可亲，平易近人，勤俭节约，艰苦朴素；他有着毫不利己，专门利人，廉洁奉公，助人为乐，从不计较个人得失，全心全意为人民服务的革命精神和共产主义道德。他是全党自我牺牲的模范，艰苦奋斗和遵守纪律的模范。他的一生是光荣的一生，革命的一生，伟大的一生。

我们沉痛地悼念徐特立同志，一定要学习他崇高的共产主义精神，遵循党的三中全会的马克思列宁主义的路线，坚持四项基本原则，发扬党的优良传统，同心同德，把我们伟大的祖国建设成为一个现代化的有高度民主、高度文明的社会主义强国。

徐特立同志永垂不朽！

董必武挽诗：“晚节全持好，堪为我辈师。救亡存断指，入党在危时。亲切长征伴，叮咛小集期。何图堪永诀，魂梦郁哀思。”①

曹瑛挽诗：“平凡伟大马列真，一代师表启后昆。道德文章垂万世，堪称革命一完人。”②

同日　新华社发布电讯《中共中央委员、人大常委会委员徐特立同志逝世》。③

新华社一日讯　中国共产党中央委员会委员、中华人民共和国全国人民代表大会常务委员会委员徐特立同志，因病医治无效，于一九六八年十一月二十八日在北京逝世，终年九十一岁。

徐特立同志很早就献身于中国人民的伟大革命事业，提倡并亲自参加勤工俭学运动。一九二七年国民党叛变革命后，他加入中国共产党，同年参加了南昌起义，随后在中央红区工作。一九三四年他跟随伟大领袖毛主席参加了红军伟大的两万五千里长征，在延安时从事革命的教育宣传事业，一九四九年全国政协第一次会议上被选为中央人民政府委员，一九五四年又被选为全国人民代表大会常务委员会委员。在党的第七次和第八次代表大会上，都当选为中央委员。徐特立同志的一生，是光荣的一生，是伟大

① 湖南省长沙师范学校编:《怀念徐特立同志》，湖南人民出版社1979年版，第204页。

② 湖南省长沙师范学校编，陈志明执笔:《徐特立传》，湖南人民出版社1984年版，第208页。

③ 《人民日报》1968年12月2日。

的一生，革命的一生。

今天下午，在八宝山举行了追悼大会，悼念中国人民的伟大革命战士、中国共产党的优秀党员徐特立同志。

中共中央、中央文革和其他方面的领导同志，参加了追悼会。

参加追悼会的，还有中共中央各部门负责同志。

参加追悼会的，还有中国人民解放军的负责同志。

中国人民解放军指战员，中共中央、国务院各部门和其他机关的革命群众也参加了追悼会。

陈伯达同志主祭，滕代远同志致悼词。

徐特立同志逝世以后，中央、中央文革和其他方面的领导同志，以及徐特立同志的生前战友，曾到医院向徐特立同志的遗体告别。

后　记

对于徐特立的研究，迄今已80余年，在关于其生平、革命实践、人格精神、教育思想等方面都涌现了不少成果，包括40多种著作、上千篇文章。这些成果，从不同层面、不同角度展示了徐特立的人格、魅力和贡献，引导我们走近这位伟人。但在学习和研究之中，由于《徐特立年谱》的缺失，我们深感不便甚至困惑。因为，没有年谱，就难以对其生平有整体、细致的了解，就难以准确把握其一生的心路历程与思想脉络，对不同渠道关于徐特立的不同说法也就难以甄别和取舍。因此，在已有研究基础之上编纂一部比较翔实、准确、全面的《徐特立年谱》，既是对以往研究工作的总结，又是对空缺的弥补，更能推动徐特立研究工作走向深入和持久。于是，我们决心担起这一责任，从动议到付梓，一起走过了5年的奋斗历程。

相对于编纂一部较为完整呈现徐特立风云激荡、奋斗不止伟大一生年谱的神圣使命，5年时间不算太长，但期间我们历经艰辛：从最初的想法到方案制定并逐步落实；从史料、线索的寻找、补充、甄别到互相印证、确认，从体例、文风的反复斟酌讨论到最终基本统一，从第一轮统稿到第二轮、第三轮……

直至第六轮的反复修订、用心打磨，最终定稿，其中的艰辛，唯有亲历者方能体会、感受得到！在这过程中，我们不断发现新史料，订正以讹传讹、经不起仔细推敲的不实说法，每次都是一种实实在在的收获，都感觉到一种对谱主负责、对读者负责、对历史负责的内心踏实与欣慰，乃至升腾起一种神圣与庄严之感。就这样，我们痛并快乐着，一路走了下来：

2012年10月，编纂工作正式启动，专家队伍来自徐老生平的4个主要活动地点——湖南、江西、陕西、北京，基本揽括全国主要徐特立研究专家和基地，涉及长沙师范学院、北京理工大学、湖南第一师范学院、中南大学、湖南科技大学、赣南师范学院、湖南图书馆、中共长沙市委党史研究室、陕西省子洲县教研室等多家单位。

2013年9月，第一次《徐特立年谱》编纂工作会在长沙师范学院召开，初步确定人员分工、编撰体例、进度安排以及预期成果等问题。

2014年6月，第一稿初步完成。

2014年7月，正式向人民出版社申报选题。

2014年10月，第二稿完成。

2014年12月，召开第二次编纂工作会议，人民出版社编辑与会。

2015年3月，第三稿完成。

此后是长达6轮的统稿：根据徐老亲友的意见进行补充、修改；全面、系统地核对资料出处；从全书着眼，增删背景史料；补充、修订相关人物介绍；校对、修订全书的注释；统一全书格式、文风，等等。

2016年10月，书稿的完整电子版提交人民出版社。

……

年谱编撰工作由长沙师范学院原党委书记、湖南省徐特立研究会会长彭世华统筹。具体内容的分工大致如下：1877年2月至1895年12月，梁堂华编纂；1896年1月至1904年12月，彭红霞编纂；1905年1月至1919年6月，孙海林编纂；1919年7月至1927年7月，孙光贵、叶利军编纂；1927年8月至1935年9月，曾维才编纂；1935年10月至1937年11月，吴瑞高编纂；1937年12月至1939年12月，李敏编纂；1940年1月至1944年12月，靳贵珍纂；1945年1月至1949年9月，李龙如编纂；1949年10月至1951年12月，吴克明编纂；1952年1月至1963年12月，荣复康编纂；1964年1月至1968年11月，谷安仕编纂。全书由伍春辉、梁堂华统稿，叶利军、彭红霞、刘宏伟、吴振尘参与了部分工作。应指出的是，统稿工作做得非常之艰难，以上几位同志为此付出了大量时间、精力和心血。

当然，尽管我们尽了最大的努力，但限于能力和水平，肯定还有不少错漏之处，敬请读者朋友批评指正，以待再版时修改。

感谢整个团队的艰辛努力！感谢徐特立研究领域的各位前辈先贤！感谢徐老亲友徐舟、黄墨滨、徐禹强、徐君强、王太行等老同志的悉心关注和支持！感谢北京理工大学校领导和戴永增、郑焱等同志的关心指导！感谢人民出版社各位领导的特别支持以及相关工作人员的辛勤劳动！最后，感谢因缘际会，让我们走到一起，完成了一件有意义、有价值的工作，并得以在徐老诞辰140周年，献上这份薄礼！

《徐特立年谱》编纂委员会

2017年9月

责任编辑:忽晓萌
封面设计:汪　阳
责任校对:吕　飞

图书在版编目(CIP)数据

徐特立年谱/《徐特立年谱》编纂委员会 编. —北京:
人民出版社,2017.10(2022.5 重印)
ISBN 978-7-01-018314-5

Ⅰ.①徐…　Ⅱ.①徐…　Ⅲ.①徐特立(1877–1968)–年谱
Ⅳ.①K825.46

中国版本图书馆 CIP 数据核字(2017)第 237671 号

徐特立年谱

XU TELI NIANPU

《徐特立年谱》编纂委员会　编

人民出版社 出版发行
(100706　北京市东城区隆福寺街 99 号)

中煤(北京)印务有限公司印刷　新华书店经销

2017 年 10 月第 1 版　2022 年 5 月北京第 2 次印刷
开本:880 毫米×1230 毫米 1/32　印张:10.375　插页:1
字数:220 千字

ISBN 978-7-01-018314-5　定价:58.00 元

邮购地址 100706　北京市东城区隆福寺街 99 号
人民东方图书销售中心　电话 (010)65250042　65289539